イギリス王立化学会の化学者が教えるワイン学入門

イギリス王立化学会 公認化学者
ディヴィッド・バード

X-Knowledge

ブックデザイン　米倉英弘（細山田デザイン事務所）
本文組版　竹下隆雄
編集協力　小泉伸夫
カバーイラスト　竹田嘉文
翻訳協力　(株)トランネット

私をマスター・オブ・ワインへと導いてくれたメンターであり、
よき友であったコリン・ゴーティンに捧げる――

ワインとは、世界でもっとも素晴らしい飲み物である。

そんなワインを、ブドウを植えたノア、そしてブドウを搾ったバッカスに思いを馳せながら、童心にかえり愉しもう。

——ジャン・アンテルム・ブリア=サヴァラン（1755〜1826年）

Contents

目次

第3章 ブドウの成分 p.61

第4章 酸素の役割 p.81

第5章 ブドウ果汁と搾汁方法 p.97

Contents

第8章
赤ワインとロゼワインの醸造
p.177

第9章
白ワインの醸造
p.205

Contents

第13章
澱引きと清澄

第14章
酒石の安定処理

Contents

Contents

第19章 分析と品質管理 p.403

第20章 ワインの欠陥 p.433

第21章 テイスティング

第22章 品質保証

Contents

第23章
法律と規則
p.491

謝辞

1983年、パメラ・ヴァンダイク・プライス（1923〜2014年。イギリス初の女性ワイン記者として、第2次世界大戦後の同国でワインの普及に多大な貢献をした人物）と一緒にハンガリーのワイン産地を巡る旅の途中で、一般の読者向けにワインの科学に関する本を書かないか、と彼女から持ちかけられた。この本は、16年もの年月をかけて私を甘い言葉で説得し続けた彼女の努力の賜物《たまもの》と言っても過言ではない。まさに、パメラの情熱と愛情あふれる人柄のおかげだ。初めて本を書く者が必要とするさまざまな面において惜しみない協力と助言を与えてくれ、的確に私を導いてくれたことに心から感謝している。

また、本書の第1版を刊行した際に力を貸してくれたマスター・オブ・ワイン（MW）のキム・ミルン（ワイン醸造家としても有名である）にも改めて御礼を申し上げる。彼なくしては、この第3版が生まれることはなかった。

そして、ロイヤル・トカイ・カンパニーで一緒に働いたヒュー・ジョンソン（世界的に有名なイギリスのワイン評論家）にも心からの感謝を。この第3版の刊行にあたり、彼は素晴らしい序文を寄せてくれた。

そのほかにも、本書が完成するまでにはたくさんの方々から力添えをいただいた。濾過で使用したフィルターの顕微鏡撮影に協力してくれたザルトリウス社のスティーブ・エリスとザイツ社のキース・プライス、そしてカールソン・フィルトレーション社のマーク・バニスター。酵母の顕微鏡撮影に協力してくれたウェイバリー・ヴィントナー社。それから、第23章の確認作業を手伝ってくれたワイン&スピリッツ・トレード・アソシエーションのジョン・コルベット＝ミルワード。第11章の情報と写真を提供してくれたタランソー・トネルリー。機械式のラガール（ポートワインを造る際に使用される伝統的な発酵槽）の写真を提供してくれたW&J・グラハム社。ヴィノ・ロック（ワインボトル用のガラスキャップ）の写真を提供してくれたオマー・ホーニッヒ＝チズマディア。詳細な科学的論評を寄せてくれたブライアン・ケーン。そして印刷技術に関してさまざまなアドバイスを寄せくれたエリオット・マッキー。以上の皆さんにも、この場を借りて感謝を申し上げる。

最後に、私の原稿に目を通し、索引のチェックをしてくれた妻のアリスにも心からの感謝を伝えたい。

序文——ヒュー・ジョンソン（ワイン評論家。2007年OBE〔大英帝国勲章〕受賞）

今日の私たちは、テクノロジーやサイエンスの恩恵を享受しながら日々の生活を送っている。理数系でもなければ、科学の試験を受けたこともなく、ましてや科学の世界を勉強するなどこれっぽっちも望んでいなかった私だが、もうそんなことを言っていられる場合ではない。ワインの世界もしかり。大半の人たちは、ワインが科学と密接に関係していることを知らずにこの世界に足を踏み入れる。そして、ワインについての理解を深めていくうちに「科学」という壁にぶち当たる。その理由は、現代科学がワインができるまでのメカニズムを解明し、それを応用した栽培・醸造技術がさまざまな場面で用いられているからである。

かようにワインという飲み物は、もはや科学を抜きに語れない。だが、科学に疎い人でも何ら恐れることはない。なぜなら、ワインができるまでの科学的メカニズムを体系立ててまとめ、やさしい言葉で詳細に説明してくれる本書があるからだ。この本は、ワインに興味を持つ一般の方たちの理解を助けるだけでなく、ワイン資格の取得を目指す方々や、私のようなワイン業界に身を置く者にとっても大いに役立つ情報が詰まっている。

実際に私は、デイヴィッド・バードがまとめた本書の第1版を何年にもわたり持ち歩いている。もちろん、ボルドー大学教授エミール・ペイノーの『Knowing and Making Wine（ワイン醸造を知る）』や、カリフォルニア大学デイヴィス校教授メイナード・アメリーンの『The Technology of Wine Making（ワイン醸造の技術）』、同校教授メイナード・アレキサンダー・ジョスリンの『Elements of Wine Making（ワイン醸造の要諦）』、そしてワインライターでありワインコンサルタントでもあるマイケル・シュスターの『Essential of Winetasting（ワインテイスティングの本質）』などの著名な本も持っている。だが、これらの本は専門的すぎるきらいがあり、そんなときにデイヴィッドの本が非常に役に立つ。私にとってデイヴィッドの本は、ワインの科学的側面を理解するうえでなくてはならない教材なのだ。

この第3版では、情報が最新のものに更新されるとともに、新たに現在の世界の主要な醸造スタイルが追加されている。これはワイン資格の取得を目指している方たちにとって、特に価値のあることだ。もちろん一般のワイン愛好家にとっても、この飲み物の魅力をより深めるための一助となるだろう。またワイン業界に身を置く方たちにとっても、本書は必携の1冊と言える。たとえば近年ワイナリーが直面している食品衛生法の問題に対応する際に、HACCP（危害分析重要管理点）について詳しく解説している第22章などは大いに役立つだろう。

はじめに

　本書は、ブドウ栽培やワイン醸造のメカニズムなど、ワインができるまでの科学的な背景に興味を持つ一般の方たちを対象としている。そのため、科学の世界で使用されるテクニカルな言葉を極力省き、日常的に使われている言葉をできる限り用いて記述した（重要なトピックを説明するのに、どうしても科学・化学の専門用語を使用せざるをえなかったところもあるが……）。科学に精通した方たちのなかには、そうした本書のスタンスに眉をひそめる方や、物足りないと思われる方もいるかもしれない。しかし本書は科学者向けにまとめたものではなく、一般の方々にワインがどのようにしてできるのかを科学的側面も含めて知ってもらうために、可能な限りわかりやすく、かつ丁寧に解説した1冊であることをあらかじめご理解いただきたい。

　文系の教育を受けてきた方たちに、科学の世界を理解しろと言うこと自体が酷な話だ。ただ残念なことに、ワインの世界はさまざまな面において科学的要素と芸術性が複雑に絡み合っている。したがって、ブドウ栽培およびワイン醸造における科学的なメカニズムなどを深く学ぶことのできるオーストラリアのアデレード大学ローズワーシー校やドイツのガイゼンハイム大学、フランスのボルドー大学などを卒業された醸造家は間違いなく科学者であり、芸術家であると言える。また、美しいものを創り出すには天賦《てんぷ》の才も必要であろう。偉大な画家であれば息を呑むような画を描き、偉大な作曲家であれば心を揺さぶる音色を奏で、偉大な醸造家であれば類を見ないワインを造る才能を持っている。つまり素晴らしいワインというのは、醸造家の生来の芸術性と科学的知見が結びついて生まれるものなのだ。そんなところもワインの魅力のひとつである。

世界には無限と言っていいほどのワインが存在し、そのなかから私たちは自分に合った1本を楽しむことができる。なんと素晴らしいことだろう。だが、ワインを造るための法則など存在しない。醸造のどの工程においてもさまざまな選択肢が存在し、決断を迫られる場面の連続だ。だからこそ、そこには無限の可能性がある。もし生まれ持っての才能のほかに、偉大な醸造家と凡庸な醸造家を分かつものがあるとすれば、前者は醸造の工程において常に正しい選択をし、後者は間違った選択をしているということに尽きるだろう。

この第3版では、一般のワイン愛好家のみならず、ディプロマ（Diploma：最大のワイン教育機関であるワイン&スピリッツ教育協会［WSET：Wine & Spirit Education Trust］によって認定される最上位資格）やマスター・オブ・ワイン（MW：マスター・オブ・ワイン協会［IMW：Institute of Masters of Wine］によって認定されるワイン界最高峰の資格。

ディプロマ取得者のみに受験が認められる）の資格取得を目指している方々向けに、第2版から情報を最新のものに更新した。さらに、現在世界各国で行われている主要なワイン醸造のスタイルも新たに追加した。これらの情報は、ワイン資格の取得を目指す方々でなくとも楽しんでいただけると思うし、醸造のメカニズムを深く知りたい方であればなおのこと興味を持って読んでいただけるはずだ。

本書を通し、すべてのワイン愛好家が新たな発見を得て、ワインという素晴らしい飲み物をより一層楽しんでもらえるようになれば、筆者としてこれ以上嬉しいことはない。

第1章

自然からの贈り物

素晴らしいワインは破産を招き、
粗悪なワインは腹痛を招く。
——スペインのことわざ

ワインの起源

ワインという飲み物はブドウ果汁を発酵させただけのシンプルな醸造酒であるが、品質や味わいにはそれぞれのワインごとに大きな差がある。野蛮と言いたくなるような劣悪なものから、天使のように美しく魅惑的なものまで、まさに千差万別だ。同じブドウという果実から造られるワインに、なぜこれほどまでに大きな違いがあるのか、好奇心旺盛な人であれば疑問を持たれるに違いない。

ブドウは何千年も前から存在する植物であり、非常に栄養価が高く食用として古くから人々に親しまれてきた。そしてワインは、ブドウの果汁が何らかの理由で容器に入れられたまま放置され、偶然の産物として生まれたと言われる。だが、私はその説に少々疑問を感じている。というのも、発酵の初期段階ではブドウ果汁の腐敗にともなう異臭や変質による鼻をつくようなにおいがあるため、そのまま放置しておいたとは考えにくいからだ。これは、ブドウが持つ有機質をワインの成分へと変化させる第一歩であるが、そのことを知るよしもない人々は、当然ながらそれが飲み物になるとは思わず、この段階で処分していたはずだ。

そこで私はこう考える。その変質したブドウ果汁を興味本位で味見した誰かが、さらに果汁がどう変わっていくかを辛抱強く見守った。やがて果汁には、どういうわけかアルコールが生成し（これは、空気中やブドウの果皮に存在している野生酵母の働きによってブドウの糖が分解されるために起こる)、その風味もどんどん変化していくのを目の当たりにする。そしてついに、今までに味わったことのない官能的な飲み物へと生まれ変わるのを見届けた――。

いずれにしても、ワインの歴史は古代エジプトの王家の墓にこの飲み物が描かれていることから、少なくとも5000年前にまでさかのぼることができる。古代ギリシャ時代には医師のヒポクラテス(BC460頃~同370年頃)が、ローマ帝国時代には軍人であり博物学者でもあった大プリニウス(23~74年)が、ワインがいかに健康によいかという文献を残している。だが、そのメカニズムについては、近代細菌学の祖と称されるフランスの化学者ルイ・パスツール(1822~95年)が、19世紀半ばに酵母という微生物の働きによって発酵が起こることを解明するまではわからないままであった。さらに、ワインに対する科学的アプローチが始まったのは20世紀も後半に入った1980年代からであり、ここ30年ほどの話だ。

とはいえ、古代の醸造においても自然界の微生物の力を借りてブドウの果汁からワインを造っていたのだから、多少なりとも科学的な手法が用いられていたと言っていいだろう。ただし、適切な温度管理や分析などもせずに造られていた当時のワインは、ときとして飲み物とは言いがたい代物になっていたに違いない。

自然の摂理

ワイン造りとはある種の芸術であり、それを手掛ける醸造家は芸術家と言える。ただし、ワインを芸術品の域にまで高めるには、畑づくりからブドウ栽培、醸造の各工程、そしてボトリングにいたるまでの科学的なメカニズムについてもしっかりと理解しておく必要がある。なぜなら科学的知見なしに、ブドウのポテンシャルを最大限に引き出し、かつ安定した品質のワインを造ることは不可能であるからだ。

では、ワインを造るうえで欠かせないブドウの果実は、どのように育まれるのだろう。まずは、そのプロセスを簡単に説明しておこう。ブドウはつる性落葉低木であるブドウ科の樹になる果実である。ブドウ樹は太陽の光エネルギーを葉の葉緑素で吸収して光合成を行い、空気中の二酸化炭素（CO_2）と地中の水（H_2O）を利用してショ糖（スクロース）を合成する。そのショ糖はブドウ樹全体に送られ、成長の源となるだけでなく、子孫を残すための果実も成熟させる。このとき果実に送られたショ糖は、果実内にある酸やインベルターゼと呼ばれる酵素によって加水分解され、ブドウ糖（グルコース）と果糖（フルクトース）に変換される。

このようにしてブドウは夏のあいだ太陽の光を浴びて徐々に成長し、秋にかけて成熟していく。そして間もなく収穫期を迎えるが、ブドウの房は樹から切り離された瞬間からさまざまな化学反応を起こす。したがって収穫作業および収穫後のブドウの扱いは、ワインの品質を左右する重要な要素のひとつとなる。

だが、それ以上に重要なことがある――発酵を終えたワインの品質管理だ。なぜなら発酵後のワインは物質的に準安定状態であり、ブドウ果汁が二酸化炭素と水へとゆっくり分解される途中にあるからだ。ワインは、微生物による作用を受けてできる産物である。自然界のなかで見ると、すべての生物は最終的には水、窒素、二酸化炭素、無機物まで分解されるわけだが、ワインもこれと同じ経過をたどっているのである。

また、自然界では生物の体や空気を通して物質が循環しているが、特に炭素に着目した循環を炭素循環と言う。空気から吸収された二酸化炭素は植物体を構成する糖などに固定され、最後は微生物により分解されて二酸化炭素として再び空気中に放出される。ワインもこのような炭素循環の一環にあり、ブドウ樹のなかで二酸化炭素から生成された糖が微生物の作用でアルコールになる。そして微生物による分解が進むとアルコールは酢酸に、酢酸はさらに分解されて二酸化炭素

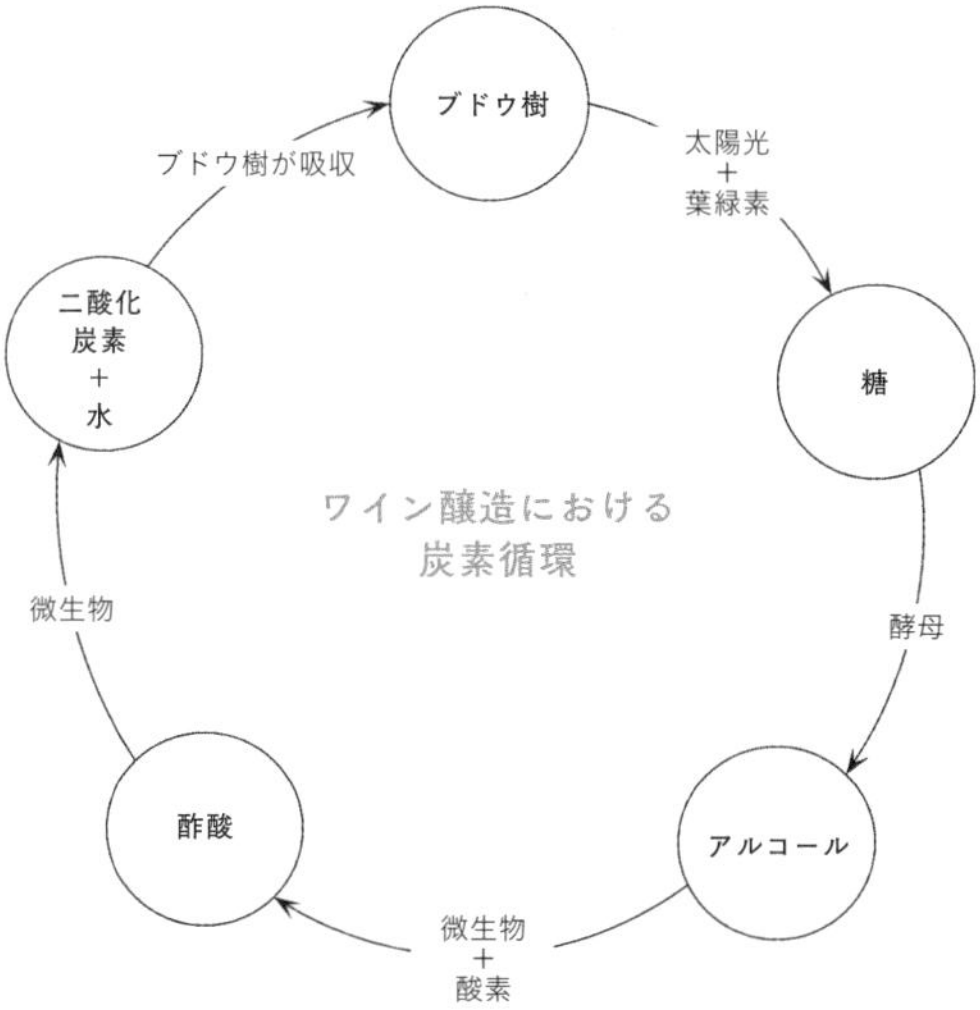

となり、再び空気中に戻っていく。炭素循環は、ワインの科学的メカニズムを学ぶうえで前提となる要素なので、以下にもう少し詳しくまとめておこう。

1

ブドウ樹が、葉の気孔から空気中の二酸化炭素を、根から地中の水を吸収する。と同時に、葉の葉緑素が太陽の光エネルギーを浴びて光合成を行い、二酸化炭素や水からショ糖を合成する。そのショ糖は果実に送られた後、果実に含まれる酸や酵素によってブドウ糖と果糖に加水分解され、蓄積されていく。

2

収穫されたブドウは破砕されたのち、発酵槽に移される（ただし、白ワインの場合は基本的に、破砕後に流れ出た果汁や圧搾果汁のみを発酵槽に移す）。ここでブドウ果汁に含まれる糖類は酵母の働きによりアルコールに変換され、やがてワインとなる。この過程で、炭素原子は二酸化炭素として空気中に放出される。

3

発酵後のワインが空気中の酸素と触れると酸化が起こる。もし酸素が大量に存在するなかで酢酸菌などの微生物が繁殖を続ければ、アルコールがすべて酢酸に変わってしまい、ヴィネガーとなる。

4

さらに微生物が活動を続けると、ヴィネガーは水と二酸化炭素に分解され、二酸化炭素は空気中に放出される。

5

その後、水も蒸散によって空気中に放出され、雨となり土に還る。そして再び二酸化炭素と水はブドウ樹の養分として吸収される、という循環を繰り返していく。

自然界の酵素

炭素循環と生命活動は、自然界に存在する酵素の働きにより維持されている。酵素は細胞内で合成され、生体内のさまざまな化学反応の触媒として機能しているタンパク質であるが、自己再生機能を持たず、毒に簡単に侵されてしまうという性質もある。そのため、もし青酸カリ（シアン化物の一種）などの毒素が人間の体内に入れば、生命活動を維持する酵素の機能が停止し、短時間で死にいたる場合もある。

ワインに含まれる酵素には、よいものと悪いものがあるため、それをしっかりと見極め、コントロールしなければならない。発酵を助ける酵素がある一方で、酸化を促してしまうオキシダーゼのようなものもあるのだ。ワインの醸造工程では幸いにも、こうした好ましくない酵素の活動をコントロールするために、致死性の高いシアン化物などに頼る必要はなく、毒性の少ない二酸化硫黄（SO_2：化学的に二酸化硫黄は気体。水に溶け込むと亜硫酸となり、酸化されると硫酸となる）が広く活用されている。

このように現在では、醸造家は科学に基づいたさまざまな技術を選択することが可能になった。醸造技術が飛躍的に進歩した結果、私たちは安定した高品質のワインを手頃な価格で購入できるようになった（ワイン醸造に使用される酵素についての詳細はＰ３３７を参照）。

ＣＢＳの調査報道番組『60ミニッツ』で１９９1年に放送された、脂質摂取と冠状動脈性心疾患の関係性を調べたドキュメンタリーが当時、大きな話題となった。「フレンチ・パラドックス」というタイトルのこの番組で、フランス人は日常的にバターや肉類など非常に多くの動物性脂肪を摂取しているにもかかわらず、従来の通説とは異なり心疾患を抱える者が少ないという、フランスの科学者セルジュ・ルノー（１９２7〜２０１２年）が提唱していた逆説的《パラドックス》な理論が取り上げられたのだ。その理由として赤ワインの消費量が多いことが指摘され、この番組が放送された後、アメリカでは赤ワインの消費量が急増するにいたった。

また２００8年には、『タイムズ』誌がヨーロッパの3都市の成人男性（35〜64歳）を対象に、冠状動脈性心疾患の死亡率の調査を行った。その結果は、フランスのトゥールーズでの死亡者は10万人のうち78人であったのに対し、北アイルランドのベルファストでは３４８人、スコットランドのグラスゴーでは３８０人であった。この3都市における成人男性の平均アルコール摂取量は同じであったが、ひとつ大きな違いがあった。トゥールーズの市民はほかの2都市に比べ、日常的に赤ワインを多く飲んでいたのだ。

２０００年に出版された本書の第1版の冒頭は、「ワインが健康によいと言われる時代に生きているなんて、なんと素晴らしいことだろう！」という1文で始まっていた。事実、ひと昔前の飲酒に対するイメージは、アルコール中毒や肝臓病、家庭崩壊といったネガティブなものばかりであった。その時代に比べたら、ワインを取り巻く状況は大きく変わったものだとつくづく思う。

しかし、ワインが健康によいというのはメディアの誇張報道ではないのかという疑いから、現在も数多くの研究機関がこのテーマに関して調査を行っている。その見解も研究機関によってさまざまだ。たとえば、ある研究機関は、赤ワインの大量摂取は癌になる可能性を高めるとし、別の研究機関は、赤ワインに含まれるポリフェノールには癌を抑制する効果があるとしている。また、ワインを摂取すると血圧が上昇するため心臓病を誘発するリスクが高まるとする研究機関もあれば、ワインには心臓の働きを助ける成分が含まれるとする研究機関もある。ともあれ、ワインは何千年にもわたり人々に親しまれてきたかけがえのない飲み物だ。私のアドバイスはただひとつ、研究機関の報告に一喜一憂することなく、節度を持ってこの素晴らしい飲み物を楽しんでほしいということだ。

もちろん、ワインを含むアルコール類の過剰摂取は禁物だ。特にジンやウォッカ、ラムなどのスピリッツ（蒸留酒）は、健康を害する危険性が高い。ワインやビールなどの比較的アルコール度数の低い飲み物は、体内でゆっくり吸収され、アルコール脱水素酵素（ADH：Alcohol Dehydrogenase）によって肝臓ですばやく分解・代謝される。一方のスピリッツは、ワインやビールよりもかなりアルコール度数が高く、血中アルコール濃度を一気に高めてしまう。そのためスピリッツを過剰に摂取すると、分解機能と代謝機能を阻害し、臓器も傷つけてしまうのだ。

ここで、信頼のおける研究結果を踏まえ、ワインに含まれる健康によい成分を紹介しよう。

⊙アルコール

長年の研究で、適度なアルコールは善玉コレステロールと呼ばれる高密度リポタンパク質（ＨＤＬ：High Density Lipoprotein）を増やし、動脈硬化を引き起こす悪玉コレステロール、すなわち低密度リポタンパク質（ＬＤＬ：Low Density Lipoprotein）のレベルを下げる働きがあることがわかった。つまり、心臓病のリクスを低減させる効果が期待できるということだ。アルコールにはまた、血液中の血小板の凝集を防ぎ、血栓症から人体を守る効果もある。さらに人体機能をリラックスさせる効果もあるため、乱用しなければ社会的価値も非常に高い。

⊙フラボノイド

フラボノイド（ポリフェノールの一種）は自然界に存在する有機化合物の総称であり、近年の研究で強い抗酸化作用を持つ物質であることが証明された。人体は年齢を重ねるにつれて細胞が酸化され、老化していくため、抗酸化作用のある食品を日常的に摂取することが大切だと言われている。その点、タンニンやアントシアニンなどのフラボノイド系ポリフェノールは、適度なアルコールと同様、健全な血小板を維持し、冠状動脈性心疾患を抑制する作用もある。このように、人体の健康維持に非常に重要な成分であるフラボノイドは、白ワインやロゼワインに比べて赤ワインのほうが多く含まれるため、1日2杯程度の赤ワインを摂取することをお勧めしたい。

⊙レスベラトロール

ワインに含まれる健康によい成分として昨今注目されているのが、近年の研究で発見されたポリフェノールの一種であるレスベラトロールだ。悪天候や害虫などの外敵の侵入により植物にストレスがかかると生成される抗菌性物質、ファイトアレキシンがその主要成分で、真菌類から植物を守る働きがある。レスベラトロールはブドウ以外にもいくつかの植物から見つかっているが、とりわけ多く含まれるのが黒ブドウ品種ある。この成分は抗酸化作用と抗変異原性を備えており、ステージ1〜3の癌に対する抑制効果があることもわかっている。さらに、肺炎クラミジアやピロリ菌などの増殖も抑制する働きがあると報告されている。

⊙カリウム

ワイン中の主要なミネラル成分のなかでも多く含まれるのがカリウムで、人間の体内で過剰になったナトリウムを尿とともに体外へ排出する働きを持つ。生物学的にナトリウムは人体にとって不可欠な物質であるが、ナトリウムを摂りすぎると血圧が上昇し、高血圧症を引き起こす原因にもなる。特に現代の食生活においては、スナック菓子やファストフードなど、さまざまな食べ物にナトリウムが多く含まれているため、過剰摂取となる傾向にある。カリウムも化学的性質はナトリウムに似ているが、ナトリウムのように健康に悪影響を及ぼすことはない。

⊙ヒスタミン

ヒスタミンは生体に広く分布する活性アミンの一種で、通常は不活性状態で体内に存在し、生命維持に重要な役割を果たしている。だが、怪我や薬などによって過剰に活性化すると、血管の拡張や血圧の低下、さらには痛みやかゆみなどのアレルギー症状を引き起こす。ワインにもヒスタミンが含くまれているため、これらの症状を引き起こす原因になるとよく言われるが、熟成チーズや魚、肉などにはワインの10倍以上のヒスタミンが含まれていることを申し添えておきたい。

モダン・パラドックス

各国政府はアルコールの過剰摂取による弊害を防ごうと、さまざまな方策を講じてきた。その最たるものが法律による規制であり、アルコール類の税率を上げたり、最低販売価格を定めたりしている。確かにアルコールに関係した問題が存在するのは事実だが、ごく少数の人たちが起こす不祥事に対処するために制定されたこれらの法律によって、良識ある多くの一般消費者が犠牲になっているのもまた事実である。

アルコールに関する法律はこのほかにもさまざまなものが存在し、未成年者に対しては販売・購入を禁止している国も多い。したがって、これ以上の規制はもはや必要ない。そもそも問題の根源は、一部の人たちの飲酒に対する意識の甘さにある。つまるところ、そうした人たちの意識を改めさせるような措置を講じさえすれば済む話だ。加えて若者たちに向けて、酔いつぶれることは決してクールなことではなく、哀れで愚かなことだということを啓蒙することが重要だろう。

ワインには、前述したように冠状動脈性心疾患や血栓症、癌、高血圧症などの病気を抑制する効能がある。加えて、酸化による老化や、現代病とも言える塩分の過剰摂取からも私たちを守ってくれる。このようにさまざまな健康維持効果があり、何千年にもわたり人々に親しまれてきたワインという素晴らしい飲み物の恩恵にあやからない手はないだろう（もちろん、節度ある飲酒を心掛けていただきたい。男性ならボトル半分、女性ならそれよりもやや少なめが適量だろう）。

第2章

ブドウ畑

さて、ノアは農夫となり、ブドウ畑をつくった。

——『旧約聖書』創世記第9章20節

ブドウ樹

　ワインはブドウから造られる。ブドウからのみである——独断的に聞こえるかもしれないが、あえてこの言い方をしたい。というのも、アップルやラズベリー、カラント、ルバーブ、イラクサなど、ほかの果物や野菜からも「ワイン」なるものは造られるからだ。だが、これらを原料として造られたものには、必ず「アップル・ワイン」などとワインの前に原料の名がつく。

　ブドウはブドウ科（*Vitaceae*）に属し、ツタがほかの植物などに絡みついて成長していく特性を持つ。ブドウ科には約13属700種が存在し、これらの多種多様なブドウの品種や形状・組成、農学的な機能、原産地などを研究する学問をブドウ品種学（ampelography：ブドウを意味するギリシャ語の「ampelos」に由来する）と言う。ブドウ科に含まれる属のなかで我々にとって一番身近な存在が、ワインを造るのに適したブドウ属（*Vitis*）である。ブドウ属のほかには、ヴァージニア・クリーパーやボストン・アイヴィなどを含むツタ属（*Parthenocissus*）がよく知られている。

　ただし、60ほどの種が属するブドウ属のなかで、ワイン用ブドウとして使用されているのはわずか数種にすぎない。そのうち特に重要なのが中近東原産のヨーロッパ・ブドウとして知られるヴィティス・ヴィニフェラ種（*V.vinifera*）で、国際品種として世界中で栽培されているカベルネ・ソーヴィニヨン（黒ブドウ）やシャルドネ（白ブドウ）など

ブドウの科系図

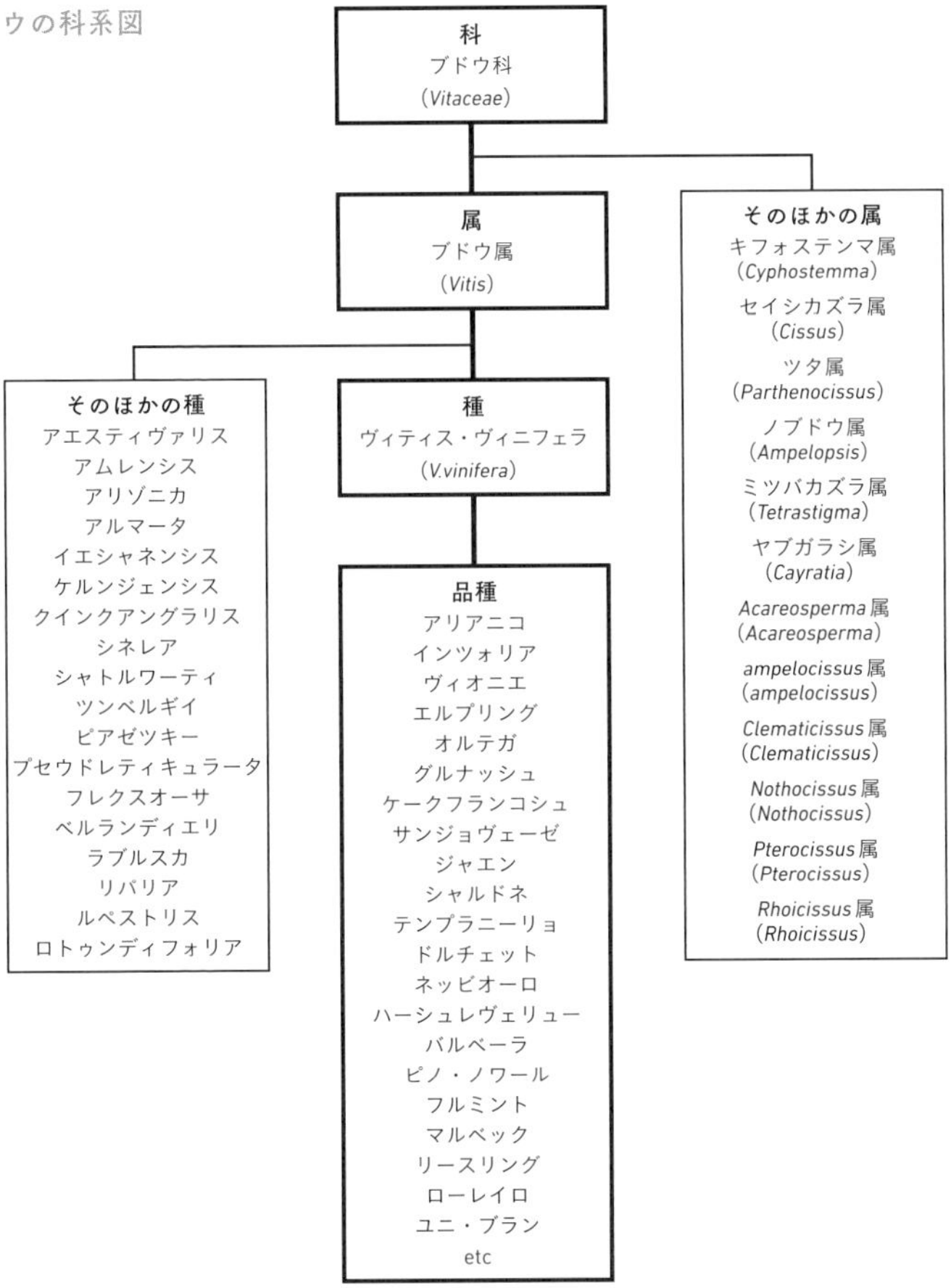
科
ブドウ科
(Vitaceae)
属
ブドウ属
(Vitis)
そのほかの属
キフォステンマ属
(Cyphostemma)
セイシカズラ属
(Cissus)
ツタ属
(Parthenocissus)
ノブドウ属
(Ampelopsis)
ミツバカズラ属
(Tetrastigma)
ヤブガラシ属
(Cayratia)
Acareosperma属
(Acareosperma)
ampelocissus属
(ampelocissus)
Clematicissus属
(Clematicissus)
Nothocissus属
(Nothocissus)
Pterocissus属
(Pterocissus)
Rhoicissus属
(Rhoicissus)
そのほかの種
アエスティヴァリス
アムレンシス
アリゾニカ
アルマータ
イエシャネンシス
ケルンジェンシス
クインクアングラリス
シネレア
シャトルワーティ
ツンベルギイ
ピアゼツキー
プセウドレティキュラータ
フレクスオーサ
ベルランディエリ
ラブルスカ
リパリア
ルペストリス
ロトゥンディフォリア
種
ヴィティス・ヴィニフェラ
(V.vinifera)
品種
アリアニコ
インツォリア
ヴィオニエ
エルブリング
オルテガ
グルナッシュ
ケークフランコシュ
サンジョヴェーゼ
ジャエン
シャルドネ
テンプラニーリョ
ドルチェット
ネッビオーロ
ハーシュレヴェリュー
バルベーラ
ピノ・ノワール
フルミント
マルベック
リースリング
ローレイロ
ユニ・ブラン
etc

を筆頭に、約1000にも及ぶ栽培品種が属している。このほかにも、アメリカ・ブドウとして知られるヴィティス・ラブルスカ種（*V. labrusca*）、リバーバンク・グレープとして知られるヴィティス・リパリア種（*V.riparia*）、サマー・グレープとして知られるヴィティス・アエスティヴァリス種（*V.aestivalis*）、マスカダインとして知られるヴィティス・ロトゥンディフォリア種（*V. rotundifolia*）などがワイン用ブドウとして用いられているが、世界中の人々を魅了する美しい香りをワインに与えてくれるのはヴィニフェラ種だけである。とはいえ、それ以外の品種も、フィロキセラ（*Daktulosphaira vitifoliae*：ブドウネアブラムシ）に対する耐性のないヴィニフェラ種を接ぎ木するための台木として重要な役割を担っている（次項参照）。

同じ品種であっても、それぞれのブドウ樹は、品質がよい、病気に強い、収量が多い、果実の色がきれい、実が小さいなどといった異なる個性を持っている。したがってワイン造りにおいては、ブドウ品種の選択のみならず、ブドウ樹自体を選ぶことも非常に重要になるが、今では多くの国際品種でさまざまなクローンを選択できるようにもなっている。ブドウ栽培におけるクローンとは、あるブドウ樹の完全なコピーという意味だ。これは、ブドウ樹が接ぎ木できる性質を持っているために可能なことであり、この方法により、ある樹が持つ個性をそのまま繁殖させられる。つまり、気候や土壌、醸造スタイルに適したブドウ樹のクローンを選択し、接ぎ木することで、求めている性質を持った「完全なコピー」を畑に導入・栽培できるのだ。

おそらく近い将来、遺伝子工学を利用したブドウ樹のクローンも誕生するに違いない。ブドウ樹は繊細で感受性の高い植物であるため、カビやうどん粉病、ウイルスなどに感染しやすい。ブドウ樹自体、これらの病害に対する耐性を備えているが、さらに耐性を強化しようと、遺伝子組み換え技術を用いた研究が着々と進められている。

フィロキセラと接ぎ木

故意ではないとはいえ、ワインの世界においてイギリスは過去に消すことのできない歴史的汚点を残している。19世紀後半、試験的にアメリカ大陸からイギリスのキュー・ガーデン（王立植物園）を通じてヨーロッパに持ち込まれたブドウ樹にフィロキセラが付着しており、瞬く間にヨーロッパ全域に広がったのだ。1㎜ほどの小さなこの害虫はヨーロッパ各地に根づいてきたブドウ樹の根に寄生して樹液を吸い、次々とブドウ樹を枯死させていった。だが当時の人々はフィロキセラのことを知らず、原因不明の根が腐る病気により、ブドウ樹が毎年毎年畑から姿を消していくのをただ見守ることしかできなかった。そして19世紀の終わりには、ヨーロッパ全体の約70％ものブドウ畑が壊滅し、ワイン産業は危機的状況に陥った。

そうしたなか偶然にも、この問題を引き起こしている犯人がフィロキセラであることがわかった。フィロキセラの成虫は羽を持ち、あちこちに飛散してブドウ樹に数百にも及ぶ卵を産みつける。そして孵化《ふか》した幼虫たちは地中に潜り、自身の成長に必要な栄養分を得るために根に穴を開けて樹液を吸引する。その結果、ブドウ樹は生育不良を起こし、やがて枯死してしまう——。こうしてブドウ樹を脅かす原因が明らかになり、いよいよフィロキセラを駆除する動きが始まった。だが、非常に有毒な農薬を散布するなど、ありとあらゆる対策を講じたにもかかわらず、思うような成果を上げることはできなかった。

そこで、さまざまな角度から科学的調査が進められた。その結果たどり着いたのが、フィロキセラの故郷であるアメリカのブドウ樹はなぜ大丈夫なのかという疑問であり、そこからアメリカ・ブドウにはフィロキセラに対し耐性があることが判明した。そうしてついに、アメリカの昆虫学者チャールズ・ヴァレンティン・ライリー（1843〜95年）と、フランスの植物学者ジュール・エミール・プランション（1823〜88年）らの研究グループが解決方法を発見する。それは、アメリカ原産のブドウ樹を台木として用い、ヨーロッパ・ブドウの穂木《ほぎ》を接ぎ木するというものだった。この方法が功を奏し、長年ヨーロッパのブドウ農家を悩ませてきたフィロキセラ問題はようやく終焉を迎えることとなった。

現在では、海や山などの自然の要塞に守られたごく一部の地域（チリ

アメリカ原産のブドウ樹の台木（乾燥しないように上部にワックスを塗っている）。この台木に、ヨーロッパ・ブドウの穂木を接ぎ木する。

やキプロスなど）を除き、世界各地でフィロキセラ耐性のある台木が用いられるようになっている。さらにその台木も、今や数多くの種類のなかからそれぞれの土地に合ったものを選んで使用できるようになっている。たとえば、肥沃な土壌であれば水分や養分の吸収性がやや低い台木が適しているし、白亜質の土壌であればアルカリ耐性のある台木が好ましい。

気候

ワインの味わいを決定付ける要素のひとつが、ブドウの糖度と酸度のバランスである。これは成長期から収穫期にかけてブドウの果実が浴びる日射量、つまり生産地の気候に大きく左右される。たとえば、日差しが強く、気温が高い地域であれば、ブドウは酸度が落ちて糖度が高くなり、必然的にアルコール度数も高いワインとなる。逆に日射量が極めて少ない冷涼な地域では、非常に酸度が高くシャープな味わいとなり、ときにワインと呼ぶには不十分なほどアルコール度数が低くなる。そのためEUでは、ブドウが持つ糖分のみでワインを造った場合の最低アルコール度数を基本的に8.5％以上（ゾーンA・B。ヨーロッパにおけるワイン産地の気候区分についてはP125を参照）、もしくは9％以上（そのほかのゾーン）と定めている。

ただ、この気候という問題だけはコントロールできないため、ブドウ栽培においては、その土地の気候に適した品種を選ぶことが必須となる。もっと言えば、ブドウ畑がどの方角を向いているか、また畑が平地にあるのか、それとも斜面にあるのかといった、ブドウ畑単体の気候および環境条件を考慮に入れる必要もある。

そうした各ブドウ畑という非常に狭い範囲における微細な気候・環境条件の差異を、マイクロクライメット（microclimate：微気候）と言う（ときには1本1本のブドウ樹、さらにはひとつひとつのブドウの房を指す場合もある）。マイクロクライメットの把握はブドウ栽培において非常に重要な要素であり、世界各地でこれを踏まえたブドウ栽培が大きな成果を上げている。たとえば日射量の少ない産地では、丘や山の傾斜を利用し、朝から午前中にかけて、もしくは昼から夕方にかけてブドウの果実に日光が十分に当たるようにすることで、不利な気候条件を克服している。

仕立てと剪定

ブドウのツタがほかの植物などに絡みついて成長していく性質を利用して、世界各地でさまざまな仕立てが行われている。これは、各地域の気候、もっと言えば各ブドウ畑特有のマイクロクライメットに適した仕立て方をすることで、ブドウに当たる日射量を調整し、その品質を高められるためだ。その際に特に重要なのが葉の茂り方の管理であり、葉や幹、枝、房などの地上に出ている部分（この部分をキャノピー［canopy］と言う）

を最適なバランスに整えることをキャノピー・マネージメント（樹冠管理）と呼ぶ。キャノピー・マネージメントには、ブドウ樹の仕立て方のほかに、剪定方法や植樹間隔の決定なども含まれる。

たとえば日射量が少なく冷涼な地域では、ブドウの果実が浴びる日光を最大限確保するために、葉などが日差しをさえぎらないような仕立て方をしている。その一例がイギリスで行われているジュネーブ・ダブル・カーテン（Geneva Double Curtain）という手法であり、ブドウ樹の枝を扇のように広げた形に仕立てることで果実の日照時間をできる限り増やし、糖度を高めている。

一方、日差しが強く温暖な地域では、葉を利用して日陰をつくり、日射量を極力抑える仕立てが施されている。これは、糖分ばかりが強調された果実になるのを防ぐためだ（こうした環境のせいなのか、これらの地域ではフレッシュ感がある軽めのワインに仕上げることを理想としたブドウ栽培を行う傾向にある）。その代表的な手法のひとつが、人の背丈ほどの高さに棚をつくり、そこにブドウの枝を張らせる棚仕立てである。これにより、葉陰ができて果実が日光を浴びずに済むようになるだけでなく、風通しもよくなり、地面にたまった熱も吹き流される。

それとは逆に、地面からの輻射熱《ふくしゃねつ》を利用するために、ブドウの幹を短くして地面に果実を近づける仕立て方を採用している地域もある。フランス南東部のシャトーヌフ・デュ・パプがそのひとつで、これはアルプスから吹き降ろす冷たく乾燥した北風「ミストラル」に対処するためである。地面に蓄積された熱は夜になるとヒーターのような役割も果たし、成長期を通してブドウに凝縮感を持たせるのに役立っている。

剪定は手間のかかる作業ではあるが、凝縮感のあるブドウを育てるには、毎年きちんとこの作業を行うことが重要である。もし剪定を怠れば、成長期に幹や枝葉にばかり養分が行き、果実が養分を得られなくなってしまう。ブドウの果実に栄養が行きわたらなければ、その果汁から造られるワインがどんな出来になるかは容易に想像がつくだろう。古くから伝わる格言にあるように、「よいワインはよい畑から造られる」のだ。また、「よいブドウからダメなワインを造ることは簡単だが、ダメなブドウからよいワインは造れない」と昔から言われていることも覚えておいてほしい。

土壌と水

ブドウ栽培においては、樹の根を可能な限り地中深くまで張らせることが重要になる。なぜなら深く伸びた根は、水やミネラルなどのさまざまな養分を地中からしっかりと吸い上げ、ブドウ樹全体に行きわたらせ

棚仕立てのブドウ畑。このように仕立てることで、葉が日差しをさえぎり、風通しをよくする効果がある。イタリアのマルケ州にて。

てくれるからだ。と同時にブドウ樹は葉で光合成を行い、水と二酸化炭素葉を利用してショ糖を合成する（P26参照）。そのショ糖を果実により多く届け、凝縮感を高めるために必要なのが、前項で述べた仕立てと剪定の作業だ。

ブドウ樹の根の張り方は、土壌のタイプによっても変わってくる。たとえば肥沃な土地では、浅いところでストレスなく水や養分を地中から吸収できるため、放っておくと根はあまり伸びず、太くもならない。その結果、果実にまで水や養分が十分に届かなくなり、幹や枝葉ばかりが成長することとなる。これは土地が肥えているがゆえの弊害であり、良質なワインに必要なブドウを育てるには不向きな土壌と言える。逆に水はけのよい痩せた土壌であれば、ブドウ樹の根は水や養分を求めて地中深くまで、ときには岩盤に達するまで成長する。そのため果実にまでしっかりと水や養分が運ばれ、収穫期を迎える頃にはブドウの個性がぎっしりと詰まった素晴らしい味わいになる。

かようにブドウ樹は、適度なストレスがかかった状態でこそ最高のパフォーマンスを発揮するという性質を持っている。甘やかされて育ち、遊んでばかりいる人間が興味深いものを創り出すことが稀であるように、ブドウ樹も肥沃な土地では幹や枝葉ばかりを大きくし、味も素っ気もない果実をつける結果となるのだ。そのようなブドウから造られたワインは、当然ながら深みも冴えもない飲み物となってしまう。これを証明するような記述も残されている。19世紀半ば、フランス南部に位置するラングドック地方の肥沃な土地で栽培したアラモンという黒ブドウ品種からワインを造ったところ、とても売り物にならない代物になってしまったというのだ。

ブドウ樹はハーブ系植物と同様、主根《しゅこん》（根の中心にある発達した太い根）から枝分かれした多くの側根《そっこん》が、表層の下にある地層まで水や養分を求めて深く伸びるという特徴がある。畑の水はけのよさがブドウの品質に直結していると言われるのも、これが理由だ。数年前にボルドー地方、メドック地区のジロンド川上流の畑でこの点について調査した結果も、それを証明している。メドック地区はもともと水はけのよい砂利質土壌で知られるが、ある丘の斜面に位置する畑でさらに水はけをよくした結果、ブドウの品質がより一層向上したのだ。

このように水はけのよさがブドウの品質に直結していることは広く知られているが、実は土壌のタイプの違いがもたらすブドウへの影響はいまだによくわかっていない。その理由としてまず、ブドウ樹の生育環境への適応能力の高さが挙げられる。さらにこの問題をややこしくしているのが、生産地の地域特性だ。たとえば、フランスのなかでもロワール地方のサンセールやシャンパーニュ地方のようなアルカリ性土壌が広がる地域では白ブドウ品種の個性を強調する傾向があるのに対し、前述のメドックのような砂利質土壌の地域では黒ブドウ品種に特化した栽培を行っている。とはいえ、これはあくまでも傾向であるため、土壌のタイプとブドウ品種の関係性についてはさらなる研究が必要だ。ただし、その研究対象は限りなく広い。世界を見渡せば、各地で多種多様なブドウ品種がさまざまなタイプの土壌で栽培され、そこから数々の素晴らしいワインが生み出されているのだから……。

また、ブドウの品質は栽培密度とも密接に関係している。なぜなら、表層やその下の地層から吸い上げ、果実にまで送り届けられるミネラルや風味物質の前駆体《ぜんくたい》［訳注：化学反応などで特定の物質が生成される前の段階にある物質］である養分の量は、栽培密度によって大きく変わるからだ。前述したように、ストレスなく養分を地中から吸収できる肥沃な土壌ではブドウ樹の根があまり発達せず、果実に届けられる養分が少なくなってしまう。それを防ぐには、ブドウ樹どうしが競争するように密植すればいい。つまり、栽培密度が高くなれば植物の競争原理が働き、適度にストレスがかかる状況をつくり出せるため、根が地中深くまで発達し、果実に十分な養分を届けることが可能になるのだ。

近年では、ブドウ樹の畝《うね》（列と列の間）にハーブなどの植物を植える取り組みも世界各地で行われている。これも植物の競争原理を利用したもので、ブドウ樹の根の発達を促し、果実の風味を豊かにするために行われる。ブドウ畑にほかの植物を植えるなど愚の骨頂だと考えられていた時代もあった。しかし現在では、ブドウ樹がほかの植物に負けじと水や養分を求めて地中深くにまで根を伸ばすため、ブドウの品質向上につながることが明らかになっている。この方法の利点はほかにもある。雨が多い年には周りの植物が土壌の余分な水分を吸収してくれるので、ブドウの凝縮感が増す効果も期待できるのだ。さらに、これらの植物をブドウの成長期に刈り込み、カバークロップ（表層を覆うための植物）として利用すれば、ブドウの成長に必要な成分である窒素を土壌に返すこともできる。こうしたさまざまな効果を得られることから、ブドウ農家のなかには、それぞれの畝の間にどのような植物の種をまくかまで考慮している人もいる。

灌漑

ブドウ畑に外部から人工的に水を供給する灌漑《かんがい》は、ヨーロッパのワイン産地では長らく禁止されていた。これは、人為的に水をやると果実の風味を損ない、ワインの品質が低下すると考えられてきたからだ。そもそもヨーロッパでは総じて降水量が多かったため、畑に水をまく必要もなく、雨の少ない年にこそよいワインができると考えられていた。しかし近年、ヨーロッパ各地でたびたび干ばつが起こり、そうも言っていられない状況になってきた。深刻な水不足により、フランス南部など一部の地域でブドウの収量が減少し続けているのだ。ブドウ樹に過度の乾燥ストレスがかかると、当然ながら果実もその影響を受ける。たとえ実をつけたとしても、果実味の乏しい、青さのあるタンニンだけが強調された風味となってしまう。

こうした事態を受け、フランスでは2006年に条件付きではあるが、灌漑を認可する法律が制定され、スペインやイタリアなどほかのヨーロッパの国々もこれに続いた。もともとニューワールド（ヨーロッパ以外のワイン新興国）では灌漑が広く取り入れられていたのだから、ヨーロッパ諸国も「自分で自分の首を絞める」かのような厳格すぎる法律にこだわる必要はなかったはずだ。要は、果実の風味がぼやけないようにバランスを考慮しながら水をやりさえすれば、何ら問題はないのだ。

ここで、灌漑技術の一例を紹介したい。パーシャル・ルート・イリゲーション（Partial Root Irrigation）、もしくはパーシャル・ルート・ドライング（Partial Root Drying）と呼ばれるもので、ブドウ樹の片側にのみ灌漑を行い、もう片側は乾燥したままにする、非常に優れた技術だ。乾いたほうからは、水が不足しているので繁殖活動を停止しろという信号が送られ、灌漑を行っているほうからは、子孫を残すための果実にまで水がしっかりと供給される。これにより、ブドウ樹は順調に成長しながらも無駄な実をつけることがなくなり、さらにその実は凝縮感を増すことになる。

もちろん、灌漑を過剰に利用すればブドウは水っぽくなり、果実の個性や風味が失われてしまう。そのようなブドウから素晴らしいワインが造れるわけがないことは、想像に難くないだろう。したがってブドウ栽培においては、畑の土壌中の湿度をいかにコントロールするかがカギとなる。

グリーン・ハーベスト

ワイン用ブドウは、健全に成長すれば食用ブドウよりも美味しく、凝縮感のある味わいになっていく。それには前述したとおり、キャノピー・マネージメントを行って、ブドウの果実に水や養分がきちんと届くようにしなければならない。もし葉が生い茂り、果実に日が当たらなくなればヴェレゾン（véraison：フランス語でブドウの色付きを意味する）がうまくいかず、青っぽい風味や茎のような味わいとなってしまう。つまるところ、ブドウの果実味をしっかりと凝縮させるためには、成長期でもっとも大切な夏の終わりに注意深く剪定を行う必要があるのだ。

それと同時に、ブドウの房を適正な数に間引く（これを摘房《てきぼう》と言う）ことも非常に大切である。これも、果実に水や養分を確実に行きわたらせるためだ。だが真冬の剪定期に、適正な数を想定するのは難しい。そこで行われるのが「グリーン・ハーベスト（Green Harvest）」と呼ばれる摘房で、成長期や成熟期に過剰な房（品種や仕立て方、さらには土壌や気候によって適正な数は変わってくる）を未熟な緑色の状態で摘《つ》む作業だ。

ただし、グリーン・ハーベストを行う際にはタイミングが重要になる。早すぎればブドウ樹が子孫を残す果実を失ったと判断して活動を停止してしまう恐れがあるし、逆に遅すぎれば必要な養分が数多くの果実に分散されてしまい、ぼやけた味わいとなってしまうからだ。一般的にこの作業に取りかかるタイミングは、ヴェレゾンの時期とされている。畑に捨てられたブドウの房を見ると、非常にもったいない気もするが、素晴

グリーン・ハーベストにより畑に捨てられたブドウの房。このまま腐敗して土に還る。

らしいワインを造るには、ブドウに凝縮感を与えるこの作業が欠かせないのだ。

テロワール

テロワール（terroir）に関しては数多くの本で解説され、ワイン関係者の間でも当たり前のように語られている。このフランス語の本来の意味は「土地」や「耕作地」だが、ワインの世界ではそれをはるかに超え、各ブドウ畑に固有の気候や地理的要素のみならず、それぞれの土地の風土や文化、ときにはそこに関係する人間までも含まれる。要するにテロワールという言葉は、ブドウの持つ自然・文化的環境要因の総称、さらにはワインの持つ地域的な個性と定義することができるだろう。

一方でこの言葉には、最高の区画を持つごく一部の人たちが、その畑の価値を高めるために使用してきた歴史もある。そうした姿勢に対し、多くの人たちが傲慢で思い上がりも甚だしいと非難してきたのもまた事実である。しかしながら、そのコンセプト自体は間違っていないと言えるだろう。

ブドウ畑と栽培

ブドウは樹勢が旺盛であるにもかかわらず、非常に繊細で感受性が高い植物である。そのためカビやウイルス、寄生虫などに感染しやすく、世界の多くの産地でさまざまな農薬が散布されている。だが、行きすぎた農薬散布はブドウ畑のみならず、周囲の環境にも深刻な影響を及ぼす。したがってブドウ農家やワイン生産者には、土壌や環境にやさしい防除対策を取り入れた農法の実施が求められる。そこで、自然に寄り添った3つの農法を紹介したい。

⊙リュット・レゾネ

リュット・レゾネ（Lutte Raisonée）とは、直訳すると「合理的な対策」という意味のフランス語で、ワインの世界ではできる限り農薬を使用しないでブドウを栽培する農法（減農薬農法）を指す。その基本理念は、ブドウおよびそれを取り巻く自然環境に敬意を払うことであり、したがって病害虫が見つかったとしても、極力そのまま様子を見ることが求められる。そんなサステイナブルな農法は、自然環境に配慮したブドウ栽培とワイン醸造を目指すフランスの団体「テラ・ヴィティス（Terra Vitis）」によって推奨されている。

リュット・レゾネは103項目からなる指示書に則って行われるが、基本となるのはブドウ樹や畑の状態を日々くまなく観察することだ。化学肥料や除草剤の使用は一切認められておらず、農薬に関しても被害が深刻化し、打つ手がなくなった場合にのみ散布が認められる。もちろん、散布する量は必要最小限にとどめなければならない。また、何らかの処置を行った際には、経過がたどれるようにきちんと記録に残しておくことが求められる。

こうした理念は極端すぎると思われるかもしれない。しかしブドウ樹や畑を日々観察するということは、生産者とブドウを育む大地との距離を縮めるとともに、無意味かつ過剰な農薬散布の抑制にもつながるのだ。

◉オーガニック農法

巷《ちまた》で言われているオーガニック・ワイン（フランス語ではヴァン・ビオロジック［Vin Biologique］）とは、「オーガニック農法で栽培したブドウで造られたワイン」の総称であり、そのほとんどが各国のオーガニック認証機関の基準を満たした方法で造られている。

認証基準はそれぞれの機関によって異なるが、いずれにしてもオーガニック農法では化学農薬や化学肥料の使用は認められておらず、病害虫やカビ、雑草などの問題に対しては天然由来の成分でつくられた農薬や肥料の使用が義務付けられている。さらに、この農法を行っているブドウ畑では、周りの畑から飛来する化学農薬を遮断する対策（何らかの植物で垣根を設けるなど）も施さなければならない。こうしたことから、オーガニック農法は環境への負荷が少ない、将来を見据えた自然な形の農法と言えるだろう。

この農法を行ってオーガニック・ワインの認証を得るには、醸造の工程でもさまざまな規定が定められている。そのひとつが二酸化硫黄の使用量に関してであり、一般的なワインよりも厳しい制限が設けられている。ほかにもオーガニック認証では、栽培・醸造において以下のような点を順守することが求められる。

- この農法を始める前に、最低3年間は土壌に有害な化学物質を使用しないこと。
- 環境に対して無害・無毒の方法や耕具を用いて耕作を行うこと。
- 醸造設備においても無害・無毒の殺菌剤を使い、衛生管理を徹底すること。
- ボトリングの際に添加物を使用する場合には、認証機関によって認められているもの以外は用いないこと。

このようにオーガニック・ワインを造るには、ブドウ栽培のみならずワイン醸造からボトリングにいたるまで、各国の認証機関が定めた規定・基準に従って行うことが義務付けられている。

⊙バイオダイナミック農法

オーストリア生まれの哲学者であり、教育思想家、科学者でもあるルドルフ・シュタイナー（1861～1925年）によって1924年に提唱されたバイオダイナミック（フランスで語はビオディナミ［biodynamique］）農法は、自然に寄り添った究極の栽培方法と言っても過言ではない。この農法の理念の根幹は、畑をひとつの生態系としてとらえて作物を栽培するところにあり、人間が無駄な介入をすれば作物が病気になるなど好ましくない結果を招くとされる。もちろん化学肥料や化学農薬の使用は禁止されており、すべての作業を自然の摂理に基づいて、生態系との調和を図りながら行うことが求められる。さらに種まきや苗植え、耕うん、施肥、収穫などの作業を行う時期は、月や星などの天体の動きに合わせて決められ、そのために太陰暦のカレンダーが用いられる。

バイオダイナミック農法では、初めて聞くとやや理解しがたいような調合剤（プレパラシオン）を畑や堆肥に使用する。具体的には、次の９種類の調合剤（５００〜５０８番）が用いられる。

- ホーン・マニュア：牛の角に詰めた牛糞（５００番）
- ホーン・シリカ：牛の角に詰めた水晶（５０１番）
- 雄鹿の膀胱で発酵させたノコギリソウの花（５０２番）
- 牛の小腸に詰めたカモミールの花（５０３番）
- イラクサの腐葉土（５０４番）
- 牛の頭蓋骨に詰めたオークの樹皮（５０５番）
- 牛の腹膜に詰めたタンポポの花（５０６番）
- 発酵させたカノコソウの花の搾り汁（５０７番）
- 煮出したスギナ（５０８番）

2004年、オーストラリアで第1回インターナショナル・バイオダイナミック・ワイン・フォーラムが開催された。このフォーラムは、フランスのワイナリー、クレ・ド・セランの当主であり、バイオダイナミック農法の伝道師としても名高いニコラ・ジョリー（1945〜）が基調講演を行ったことでも注目を集めた。そのパンフレットには、バイオダイナミック農法の理念が簡潔にまとめられているので、以下に紹介したい。

バイオダイナミック農法では、ブドウ畑全体が地球や宇宙のエネルギーと調和できるように、特別につくられた調合剤を使用する。

バイオダイナミック農法では、物理的に耕すだけでなく、もう一歩踏み込んで、生きている土壌と目に見えない自然界のエネルギーに働きかける。

バイオダイナミック農法は、宇宙のエネルギーと調和することを助け、畑が持つポテンシャル（フランス語で言うところのテロワール）を飛躍的に向上させる。

あまたの素晴らしいワインを生み出しているバイオダイナミック農法だが、その根幹にある摂理を自分のものとするのは容易なことではない。しかし、ブドウ畑にとってこれに勝るアプローチはほかに存在せず、世界各地で数多くの生産者たちがこの農法を実践している。フランスのワイナリーや生産者を挙げると、ブルゴーニュのドメーヌ・ド・

ラ・ロマネ・コンティやドメーヌ・ルフレーヴ、アルザスのツィント・フンブレヒト、ローヌのミシェル・シャプティエ、そして前述したロワールのニコラ・ジョリーなどが、その代表例と言える。

第3章

ブドウの成分

CHAPTER 3

INSIDE THE GRAPE

わが愛する者は、よく肥えた山腹に、ブドウ畑を持っていた……彼は、甘いブドウのなるのを待ち望んでいた。ところが、酸っぱいブドウができてしまった。

——『旧約聖書』イザヤ書第5章1-2節

ワインの品質とスタイルは、ブドウに含まれる糖や酸、ポリフェノールなどのさまざまな成分のバランスによって決まる。確かに醸造家は、最終的なワインのバランスをコントロールすることはできる。だがブドウの品質がよくなければ、いくら知識と経験を持っている醸造家であっても、ワインの品質を高めることまではできないのだ。

ブドウの成分のバランスは、日射量と気温によって大きく変化する。たとえば温暖な地域では、過剰に日差しを浴びると糖度が上昇し、酸が少なくなってしまうため、甘いだけの緩んだ味わいのブドウとなる。逆に冷涼な地域では、十分な日差しに恵まれないと糖度が上がらず、酸っぱいだけの味気のないブドウとなる（それでもこうしたブドウの果汁が、高品質のブランデーを生み出すもととなるベースワインになる場合もある）。醸造の工程でも試飲の際にも「バランス」という言葉がよく使われるのは、ブドウに含まれる成分のバランスしだいで魅力的なワインになるか否かが決まるからだ。そこで本章では、ブドウの主な成分について解説していきたい。

糖

果物全般に言えることだが、ブドウの果実も十分に成熟しなければ糖度が低く、酸ばかりが強くなる。これには前述したように、日射量と気温が大きく関係している。この

2つの要素がなぜ大事かと言うと、緑色植物は成長期から収穫期にかけて適度な気温のもと、太陽の光エネルギーの力を借りて葉で光合成を行い、二酸化炭素（CO_2）や水（H_2O）から糖を合成するからだ（P26参照）。こうして合成されたブドウの糖は、サトウキビやテンサイ（ビーツ）などと同じくショ糖（スクロース）である。この一連の反応を化学反応式で表すと次のようになる。

$$12CO_2 + 11H_2O \rightarrow \underset{\text{ショ糖}}{C_{12}H_{22}O_{11}} + 12O_2$$

この化学反応式が示しているように、光合成の過程では、温室効果ガスの一種である二酸化炭素（CO_2）が吸収され、酸素（O_2）が放出される。一方、光合成によって葉で合成されたショ糖は成長期を通じて果実に運ばれる。そして果実に蓄積されたショ糖は、果実内にある酸やインベルターゼと呼ばれる酵素の働きによりブドウ糖（グルコース）と果糖（フルクトース）に加水分解される。その化学反応式は次のとおりだ。

$$\underset{\text{ショ糖}}{C_{12}H_{22}O_{11}} + H_2O \rightarrow \underset{\text{ブドウ糖}}{C_6H_{12}O_6} + \underset{\text{果糖}}{C_6H_{12}O_6}$$

ブドウ糖と果糖は異なる特徴の甘さを持ちながらも、ここで示した化学反応式からわかるように、同じ種類の原子を同じ数だけ持つ。このように分子式が同じでも、立体的な構造の違いによって異なる性質を持つ化合物を異性体と呼ぶ。ちなみに、ショ糖も含めた3つの糖類のうち、もっとも甘味が強いのが果糖で、次にショ糖、最後がブドウ糖という順番になる。ワイン造りにおける発酵の過程では、酵母は果糖よりブドウ糖のほうを好むため、ブドウ糖のほうがより多く消費され、残った果糖がワインの甘みを決定付けることとなる。

繰り返しになるが、ブドウ樹が糖を合成する過程は日射量や気温と密接に関係しており、気温が高く日照時間が長くなれば果実の糖度は高くなる。その糖度は、屈折計を使用すれば簡単に計測できる。摘んだブドウの果汁を数滴ほど屈折計のプリズム（下に掲載した写真［左］を参照）に垂らしたら、上部のプレートを閉じて光源にプリズムを向け、反対側にある接眼鏡をのぞいて目盛りを読み取るだけでいい。屈折計は屈折率をもとに果汁の糖度を測定する仕組みだが、これはブドウの糖分含量がほかの成分の10倍以上もあるために可能となっている。

こうして果実の糖度を計測することで、ブドウの収穫時期の予測が容易になる。もし糖度が十分でなければ、収穫時期を遅らせてより成熟さ

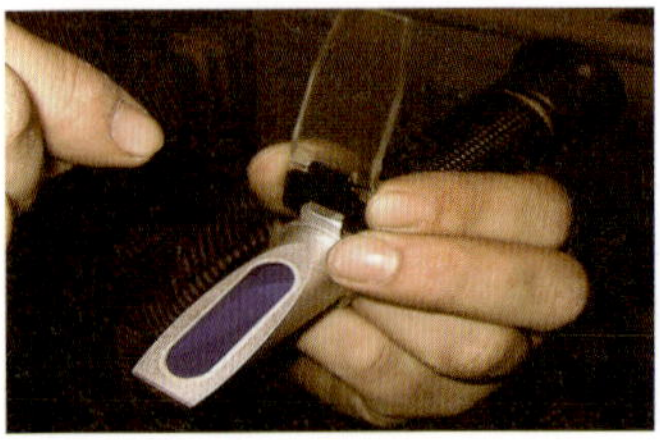

指でさしている青い部分が屈折計のプリズム。ここに数滴の果汁を垂らし、糖度を計測する。

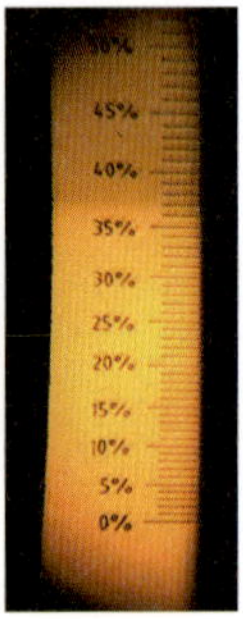

トカイ・アスー（ハンガリーを代表する貴腐ワイン）に使用する果実の糖度。屈折計の目盛りから36.5%（365g/ℓ）の糖度があることが読み取れる。

せ、糖度を上げるという選択肢もある。だが収穫期の最大の敵は雨であり、万が一、雨が降ればさらに糖度が希釈されてしまう。したがっていつ収穫するかという判断は、ブドウ農家や醸造家の経験と勘が何よりも物を言う。

酸

ほかの多くの果物と同様、糖の次にブドウに多く含まれている成分が酸である。ブドウが持つ天然の酸はワインの味を決定付ける重要な成分のひとつで、ワインのフレッシュさと仕上がりに大きく関係する。これらの酸はいずれもショ糖のように光合成によって合成されるのではなく、ブドウが自ら果実内で生成する。そのうち主要な酸はリンゴ酸(Malic Acid)と酒石酸(Tartaric Acid)で、この2つが全体の酸の90%以上を占めている。それぞれの分子式は次のとおりである。

リンゴ酸：$HOOC.CHOH.CH_2.COOH$
酒石酸：$HOOC.CHOH.CHOH.COOH$

若く未熟な緑色をしたブドウに含まれる酸は、ほぼリンゴ酸である。リンゴ酸はその名のとおり、リンゴに見られるような爽やかで非常に鋭い酸味が特徴だ。この酸はブドウの成長過程で決して欠かすことのできない物質であり、ワイン醸造の過程においても大きな役割を果たしている。そのため醸造家は、ワインに含まれるリンゴ酸の割合に慎重を期し、酸を添加する場合は通常、酒石酸を用いる。

ブドウに含まれるリンゴ酸はまず、エネルギー源として消費される。そして、果実が熟す過程で驚くべき変化を起こす。なんと、ブドウ糖に変換されるのだ。このような糖以外の物質からブドウ糖を合成する代謝経路を糖新生（gluconeogenesis）と言い、人間の体内でも飢餓状態に陥ったり、運動過多によって糖分が不足したりすると同様の代謝が行われる。ブドウの場合、この代謝によってリンゴ酸が減少し、果実が熟していく。

一方、酒石酸はリンゴ酸とは異なり、糖が合成される過程で副産物として生成される。酒石酸はブドウ特有のやや渋味のある爽やかな酸味を持ち、ワインに含まれる酸の主成分でもある。その英名「Tartaric Acid」は、ワイン醸造の際に樽やタンクなどに沈殿または付着する小さな結晶、すなわち酒石（tartar）に由来する。酒石については次項や第14章でも取り上げるが、要は酒石酸とカリウムやカルシウムなどのミネラル成分が結合してできる物質である。

酒石酸は生化学的に非常に安定している酸であるため、糖が合成されるにつれて増えていく。つまり、ブドウが成熟する過程でリンゴ酸が減少するのに対し、酒石酸のほうは増加するということだ。ただし、ブドウに含まれる酸の総量自体は減少する。さらに気温が高く日射量も多くなれば、ブドウの果実内で糖が生成され続け、酸の総量がますます減っていく。これは、糖分の増加によって酒石酸が希釈されるのと同時に、リンゴ酸が生化学的に「破壊的」と言ってもいいほどの速さで減少していくためだ。

リンゴ酸はまた、ワイン醸造の過程においても別の生化学反応で代謝されることがある。それは、マロラクティック発酵（ＭＬＦ：Malo-Lactic Fermentation）として知られる、1次発酵に続いて行われることもある2次的発酵においてであり、このプロセスで乳酸菌の働きによって鋭い酸味のリンゴ酸がよりやわらかくやさしい乳酸に変化する（マロラクティック発酵についての詳細はＰ１７１を参照）。なお、ワインに含まれる総酸度については滴定《てきてい》（定量分析のひとつで、化学反応を利用して溶液中の特定成分の濃度または全量を求める方法）で簡単に測定できる（詳しくはＰ４１５を参照）。

ミネラル（無機塩類）

ブドウ樹の根は水や養分を求めて地中深くまで伸びるので、果実にはさまざまなミネラルが豊富に含まれる。少なくとも10種類はある主要なミネラル成分のなかでもっとも多く含まれているのがカリウム（Ｋ）で、糖の合成と変換に密接に関係している。このため、糖分の蓄積と同時にカリウムの含量も上昇し、その量はときに糖分（ブドウの果実に一番多く含まれる成分）に匹敵するレベルにまで達する。

カリウムは長所と短所の両面を併せ持っている。長所は、健康によい成分であること。

短所は、酒石酸の結晶化を促すことだ。前項でも少し触れたが、ワイン醸造の過程では樽やタンクなどに小さな結晶（酒石）が沈殿または付着しやすい。この現象に関係している主成分がカリウムで、酒石酸と結合して酒石酸水素カリウムという酒石を生成する。酒石の生成はボトリングした後にも起こり、瓶の底に結晶として沈殿、もしくはコルクの内側に付着するために、不純物と勘違いされて消費者から苦情を寄せられる大きな原因ともなっている。

カリウムの次にブドウに多く含まれているカルシウム（Ca）も、健康によい反面、酒石を生成する成分のひとつとして知られている（酒石酸とカルシウムが結びつくと、酒石の一種である酒石酸カルシウムが生成される）。そのほかにもブドウ果汁には、マグネシウム（Mg）や鉄（Fe）、銅（Cu）など、さまざまなミネラル成分が含まれている。

これらのミネラル成分は、ワインの酸味に影響を与える重要な存在でもある。実は我々人間が口のなかで味わうワインの酸味は、酸の総量ではなく、果汁に含まれるpH（水素イオン指数。P417参照）によって決まる。pHは酸と塩基の相互作用に基づくのだが、弱酸と弱酸の塩（ワインの場合はミネラル成分が弱酸の塩として働く）の混合溶液では、少量の酸や塩基を加えてもpHはほとんど変化しない。このように、溶液に酸や塩基を加えたときに起こるpHの変化を軽減する作用のことを緩衝作用と言う。

フェノール類

フェノール類は複雑で非常に多くの化合物を含むが、大きく非フラボノイドとフラボノイドの2つに分けられる。非フラボノイドとは比較的小さな分子構造を持つシンプルな化合物で、ブドウの果実に含まれている代表例が安息香酸《あんそくこうさん》と桂皮酸《けいひさん》である。ただし、これらの成分がワインの香りや味わいに及ぼす影響は少ないとされている。

一方、ポリフェノール（同一分子内に複数のフェノール性水酸基を持つ化合物）の一種であるフラボノイドは非常に複雑で、比較的大きな分子構造を持つ。ブドウの果皮や果梗《かこう》（房の実をつないでいる部分）や種に多く存在し、そのもっとも重要な働きはワインにも消費者にも有益な抗酸化作用だ。白ワインに比べて赤ワインのほうが長期保存に向いているのは、醸造工程において果汁と一緒に果皮や種も漬け込む醸《かも》し（マセレーション。P182参照）の工程を経るため、フラボノイドを豊富に含んでいるからだ。また、赤ワインのほうが健康によいと言われているのも同様の理由による。フラボノイドのうち、ブドウに多く含まれているのが以下で説明するタンニンとアントシアニンである。

⊙タンニン

タンニンは紅茶や赤ワイン、柿などに豊富に含まれ、口にふくむと渋味として感じられる化合物の総称である。ブドウでは果皮や果梗や種に多く存在し、そのなかでも果皮の外層の硬い細胞に内在するタンニンが赤ワインの味に大きく影響する。なぜなら、ブドウを雑に扱ったり、搾汁を過度に行ったりすれば、果皮の細胞壁が壊れてタンニンの持つ力強い渋味が過剰に抽出されてしまうからだ。

ただし、タンニンは果皮よりも果梗や種のほうに多く含まれ、特に種に存在するタンニンはブドウに含まれる全ポリフェノール類の20～55％に上る（その含有率や比率は品種や産地、栽培方法によって異なる）。したがって赤ワインの場合、より多くのタンニンを抽出したければ、醸しの時間を長くとるか、除梗《じょこう》（ブドウの房から果梗を取り除くこと）をせずに房ごと醸すなどすればいい。このようにタンニンの抽出量は、必要に応じて調整することができる。

また、ブドウは気温が高く日射量も多くなれば熟しやすいという性質上、気候の変化によってポリフェノール類の化学組成にも変化が生じる。タンニンも例外ではなく、ブドウが未熟なときは尖った青さが際立つが、熟す過程でやわらかく、親しみやすい味わいになっていく。このように産地の気候によって大きく変化するタンニンは、赤ワインの個性や味わいに大きな影響を与える。たとえば、ロワールやボルドーのような冷涼な地域では、熟すとはいえ硬さのあるタンニンとなり、オーストラリアやチリのような温暖な地域では、まるみを帯びたやわらかいタンニンになる。

⊙アントシアニン

アントシアニンは赤ワインの色調のもととなる色素成分として知られ、ブドウの果皮の内層にあるやわらかい細胞内に存在している。そのため醸しの工程において、果皮の外側の硬い細胞内に存在するタンニンよりも容易に抽出できる。ご存知の方も多いだろうが、ほとんどの黒ブドウ品種の果肉は無色に近い。だからこそ、赤ワインの醸造では果汁と一緒に果皮も漬けてアントシアニンを抽出する作業が欠かせないのだ。ちなみに、赤い果肉を持つ黒ブドウ類はフランス語で「タンテュリエ（teinturier）」と呼ばれ、その代表的な品種としてアリカンテ・ブーシェが挙げられるが、あくまでも例外的な品種であるということを申し添えておきたい。

赤ワインやロゼワインの色調の濃淡は、醸造工程でどのように、どれだけのアントシアニンを抽出するかで決まる。古くから行われている抽出方法のひとつは、発酵時に酵母によって合成されたアルコールを利用して、果皮からアントシアニンを抽出するというものだ。その抽出量は当然のことながら、薄い果皮のブドウよりも厚い果皮を持つブドウのほうが多くなる。また、発酵ではなく熱の力を利用して果皮の細胞壁を破壊し、効果的にアントシアニンを抽出する方法もある（この方法をサーモヴィニフィケーション［熱抽出］と言う。詳しくはP192を参照）。

ここで少し専門的な話をすると、アントシアニンは果実や花などの色をつくり出す植物色素群アントシアンのうち、アントシアニジンという色素本体と糖が結合した成分（これを色素配糖体と言う）を指す。アントシアニジンは、自然界では以下の6種類がよく知られる。すなわち、マルビジン（紫色）、デルフィニジン（藤色）、ペオニジン（桃赤色）、シアニジン（鮮紅色または深紅色）、ペラルゴニジン（橙色）、ペチュニジン（紫色）である。アントシアニンの色調は、アントシアニジンと結合する糖の種類や数、結合位置によって大きく変化するが、そうした構造以外にも、溶液中のpHや金属イオンなどから影響を受けることもある。

それは、ワインに含まれるアントシアニンも例外ではない。熟成中に酸化したり、ほかの成分と結びついたり、さらには熱や光エネルギーの影響で化学反応を起こしたりして色調をどんどん変化させていくのだ。これが赤ワインに見られる色調の変化の要因であり、熟成が進むにつれて青みが消え、赤みを帯びた紫からオレンジの色調へと変わっていく。

かようにアントシアニンは不安定な構造をしている。だが、赤ワインに含まれるアントシアニンは熟成とともにタンニンと結びつき、安定した構造へと変化していく。さらにアントシアニンは、アルデヒドやほかのフェノール類とも化学反応を起こし、新たな色素の重合体を構成していく。このように変性や化学反応を繰り返しながら、アントシアニンはさらに複雑な構造を持つようになり、より安定した成分となる。これらの化学反応はすべて解明されたわけではないが、現在のワイン造りにおいてはアントシアニンをはじめとするポリフェノール類を考慮することが必須となっている。

香りの成分

本章でこれまで紹介してきたブドウの重要な成分である糖、酸、ポリフェノール類は、味覚の4大要素のうちの甘味、酸味、苦味のもととなる基本成分［訳注：もうひとつは塩味。日本ではさらにうま味も含まれる］でもある。だが、もしもブドウに含まれる主要な成分がこの3つだけだったとしたら、すべてのワインは似た味わいになり、非常に退屈な飲み物となっていただろう。そこでもうひとつ重要となってくるのが香りの成分であり、ワインの個性やスタイルの違いを表現するうえで欠かせない要素となっている。

ただ、一口に「香り」と言ってもその世界は非常に複雑なので、私たちが香りとして感じるメカニズムについて少し説明しておきたい。実は、香りはにおい分子と呼ばれる、揮発性を有する芳香族化合物が何百種類も集まって形成される。個々の食べ物の香りが違うのは、それぞれに含まれるにおい分子の種類や量が異なっているからだ。この分子は地球上に何十万種類もあり、人間はこのうち1万種類を嗅ぎ分けていると言われる。そのひとつひとつの分子をそれぞれの嗅覚受容体で捕捉し、それらの情報を脳で統合することで、私たちは初めて「香り」として認識するのだ。

ワインの香りも、そこに含まれるにおい分子のバランスによって決まるが、大きく3つのタイプに分類できる。ブドウ品種由来の香り（第1アロマ）と、発酵由来の香り（第

2アロマ）、そして樽熟成や瓶熟成由来の香り（第3アロマ＝ブーケ）だ。このうち、第1アロマを構成するにおい分子はブドウの果皮の内側にある細胞に多く含まれ、この細胞は成長期から成熟期にかけて発達する。ワイン造りにおいてはまず、果皮から香り成分をいかに抽出するかがカギとなるため、世界各地でさまざまな試みが行われている。特に白ワインの醸造においては、スキン・コンタクト（P208参照）やシュール・リー（P211参照）などの醸造技術を用いて、品種の風味や個性を最大限引き出すような取り組みが行われている。

上質なワインを造るためには、さまざまな香り成分をしっかりとワインに反映することが欠かせない。ただし、香りの複雑さとワインの品質との関係を化学的に分析することは困難を極める。たとえばボルドーの5大シャトーのひとつ、シャトー・ラトゥールのグレート・ヴィンテージとテーブルワインを比較する場合、アルコール度数や糖度、総酸度といった基本成分の差異の計測はたやすい。しかし香りの成分となると、前述したように何百ものにおい分子（エステルやアルコール、アルデヒド、テルピネオール、炭化水素など）によって構成されているうえに、無数の前駆体や不安定な物質が含まれている場合もある――前駆体は化学反応を起こすことで、不安定な物質は互いに変質や変性を起こすことで、新たな芳香族化合物に変換される――ため、詳細な化学分析は実質不可能と言っても過言ではないのだ。

もし香り成分を化学的に解明しようとすれば、多額の投資と膨大な時間が必要になる。

最新の分析機器でも、複雑を極めるワインの香り成分にまで対応することは不可能だ。したがってこれは、間違いなくテイスティングのプロたちの仕事だ。彼らはその感性と経験に基づき、ワインが持つ香りや味わいをみごとに表現してくれる。それはつまるところ、ワインに込められた醸造家たちの情熱を人々に伝えることでもある。仮にワインの香り成分に対応した分析器が開発されたとしても、そこから得られるデータ上の数字より、テイスティングのプロたちによる生の声のほうが醸造家にとっても、ワイン愛好家にとっても有意かつ魅力的なものであるはずだ。

タンパク質とコロイド

3大栄養素のひとつであるタンパク質（残りの2つは脂質と炭水化物）も、ワインの味わいや質感と深い関係がある物質である。タンパク質はまた、ブドウ果汁の発酵中に増殖する酵母への窒素の供給源ともなっている。同じくブドウ果汁に含まれ、発酵時にも生成されるグリセロール（別名グリセリン。凝縮すると無色透明のシロップ状になる、やや甘味のある物質）も、ワインの質感になめらかさを与える重要な役割を果たしている。これらを含むさまざまな成分どうしがワインの熟成過程で反応し合い、さらに無数の新たな物質を生成することで、ワインの香りや味わいが増し、複雑さを帯びていく。

タンパク質は、すべての生命体の基本構成物質であるアミノ酸が重合してできた高分子化合物であり、「protein」という英語は、ギリシャ語で「一番大事なもの」を意味する「protainos」から来ている。タンパク質の分子は、ブドウ糖のような単純な物質の約1000倍もの大きさがある。化学の世界では、このような巨大な分子がそれひとつでコロイド粒子（直径が0.1〜0・001㎛［マイクロメートル］ほどの、普通の原子や分子より大きな粒子）として存在するものを分子コロイドと言い、この粒子が液体、気体、固体などの媒体中に分散している状態をコロイドと言う。

タンパク質のコロイド粒子は非常に複雑な分子構造をしており、電子顕微鏡で見ると炭素や水素、酸素、窒素などから構成されるアミノ酸が鎖状に多数連結してできているのがわかる。これらのコロイド粒子は基本的に安定性があり、性質を変えることはないが、なかには不安定な粒子も存在する。こうした不安定なコロイド粒子は、時間とともに分子構造を変化させることで、ゆっくりと性質を変化させていく。その結果、変性した粒子は凝集してワインに濁りを引き起こす固形物となるため、古来行われてきたワイン造りでは長い時間をかけ、それらを重力の作用で沈殿させてから取り除いていた。しかし醸造技術が発達した現在では、「清澄《せいちょう》」（ファイニング）として知られる処置により、これらの固形物はもっと手っ取り早く取り除くことが可能になっている（清澄についての詳細は第13章を参照）。

ブドウの色付きと成熟

ブドウが熟す過程で、糖と酸のバランスに変化が生じるのと同時に、果皮に含まれるポリフェノール類にも変化が起こる。ヴェレゾンと呼ばれるブドウの色付きは、このポリフェノール類の変化によって生じ、黒ブドウでは成熟期に入ると果皮が緑色から徐々に赤みを帯びてくる。一方、白ブドウの果皮は青みがかった緑色の色調からやや半透明になり、品種によっては黄色に変化していく。この成熟過程でブドウの代謝速度が上がり、酸の減少をともないながら糖の生成速度を加速させていくのだ。

ブドウ農家や醸造家は基本的に、糖と酸のバランスをもとにブドウの収穫の時期を判断するが、そのタイミングは、どの産地でどのようなスタイルのワインを造るかによって変わってくる。たとえば温暖な産地では、収穫期に入ると急激に酸が減少するため、やや早めにブドウを収穫する傾向にある。それに対し冷涼な産地では、酸度が下がりにくく、十分な糖度が得られるまでに温暖な産地よりも日数を必要とすることから、できるだけ収穫を遅らせる傾向にある。

次ページのグラフは、収穫期の最初の12日間（8月19〜31日）と、その後の11日間（9月11日まで）でブドウの総酸度と糖度がどのように変化したかを示す一例である。ご覧いただくとわかるように、8月末までの収穫期の最初の12日間で総酸度は17・5g／ℓから8g／ℓに減少したのに対し、糖度は103g／ℓから137g／ℓに上昇した。だが、その後の11日間では、総酸度にも糖度にも大きな変化は見られなかった。これは要するに、ブドウの代謝が8月末までにほとんど終わったことを意味する。

ただし、収穫のタイミングの決め手となる要素は、糖と酸とのバランスだけではない。これに加えて、ポリフェノール類などのほかの成分の状態や、果肉や種の成熟具合、さらには果皮の色付きの程度なども考慮に入れたうえで、総合的に判断することが何より重要なのだ。もしブドウの収穫が早すぎれば、青さを感じるワインになってしまうので注意が必要である。

その際、下のグラフのような科学的な分析も確かに役に立つが、最終的に一番頼りになるのは、実際にブドウの状態を自分の目と口で確かめることである。そのため多くのブドウ農家や醸造家が、収穫期が近づくと毎日畑に出向き、それを行って収穫のタイミングを計っている。そして果皮が品種

収穫期のブドウの糖度と総酸度の推移

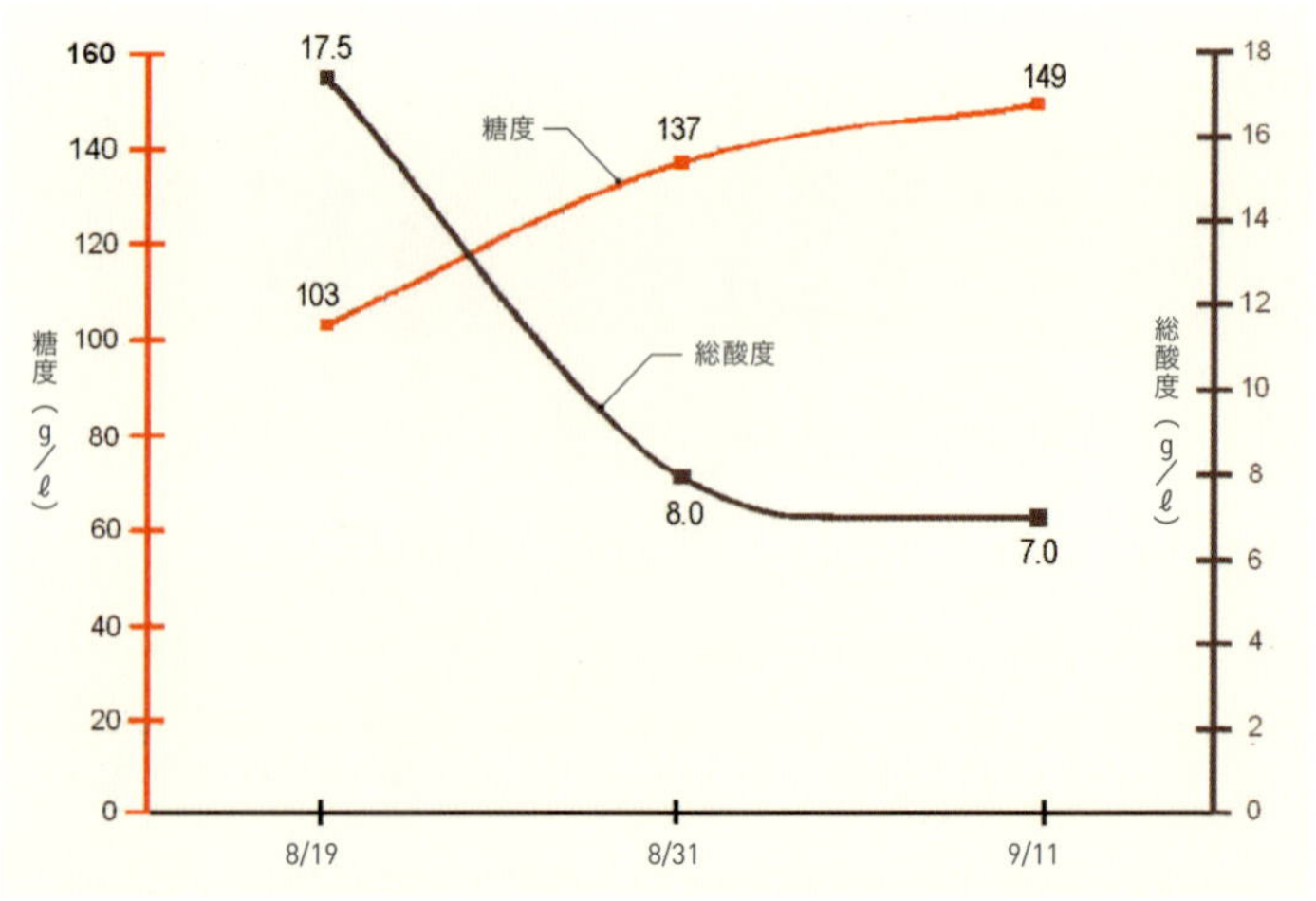

の個性に合った色調を帯びて種が茶色になり、糖度と酸度のバランスが適切で、かつタンニンが厳しすぎなければ、いよいよ収穫を決断する。

第4章

酸素の役割

CHAPTER 4

THE ROLE OF OXYGEN

民主主義は、テロリストやハイジャック犯たちが依存するプロパガンダを根絶する方法を見つけなければならない。

——マーガレット・サッチャー（1925～2013年）
1985年9月のアルバート・ホールでの演説より

私たちが吸い込んでいる地球の空気には、窒素（N_2）が約78%、酸素（O_2）が約21%、その他の気体（アルゴン〔Ar〕や二酸化炭素〔CO_2〕など）が約1%含まれている。窒素は生命にとって極めて重要な成分だが、空気中の窒素は安定していて反応性が低いため、そのままの形では利用できない生物が多い。たとえばマメ科植物の場合は、根に共生している根粒菌《こんりゅうきん》が空気中の窒素から合成した窒素化合物を取り込んでアミノ酸をつくっている。アミノ酸は前章で紹介したように、あらゆる生物が生きていくうえでなくてはならないタンパク質を構成する成分である。

一方、酸素には窒素とはまったく異なる働きがある。生物に対しては生命を維持する役割を担っている一方で、生命に害を及ぼすという二面性を持つのだ。子どものころ学校で、酸素とは物を燃やすのに必要な成分であり、人間の体内では食べ物を代謝してエネルギーをつくり出す成分であると教えられたことがあると思う。まさにそのとおりで、生命は酸素がなくては維持できない。

ところが酸素には、生命体を酸化させ、老化を促進するという別の一面もある。今からおよそ40億年前の地球を包む大気には酸素は存在せず、このころ地球に誕生した最初の生命体は海底から吹き出る硫化水素（H_2S）を取り込んで生きていた。やがて二酸化炭素を吸収して酸素を放出する細菌が現れ、空気中に酸素が少しずつ増えていった。以来、ほとんどの原始的な生命は酸素を含む空気のなかで生きていく道をたどることになった。それは同時に、酸素の影響から身を守らなければならないことも意味していた。

生命体に取り込まれた酸素はエネルギーをつくるために使われるが、使われなかった残りの酸素は体の成分と反応して害をもたらすことがある。このような酸素から体を守るために、多くの生命体は抗酸化作用を備えている。鉄が錆びつくのも、私たちが年老いていくのも、果物が風味を失うのも、酸化が原因で起こる現象である。

伝統的なワイン醸造

科学的なアプローチによって酸素の危険性が明らかにされるまで、ワイン造りの現場では酸素に対する予防策はほとんど講じられていなかったはずだ。搾汁に始まりアルコール発酵、清澄や濾過《ろか》にいたるまで、すべての作業が空気とたっぷり触れる環境で行われていたに違いない。そのため、ブドウ果汁がワインに変わっていく過程で少しずつ香りや味わいが失われ、果実感の乏しい仕上がりになっていたと思われる。

しかし現在、昔ながらの醸造方法で崇高とも言える品格を備えた素晴らしいワインを生み出している醸造家も少なからずいる。このような醸造家は酸素の危険性を十分に理解していて、嫌気《けんき》条件に配慮した設備を備えなくても、酸化による品質低下を最小限に抑える工夫を凝らしている。

またシェリー（P241参照）やトカイ・アスー（P220参照）のように、あえて好気《こうき》条件下で醸造することによって得られる伝統的な風味を大事にする醸造方法もある。ただし、この場合も酸化の問題に関してはしっかりと対処しなければならない。酢酸菌が繁殖してワインに悪さをすると、ワインではなくヴィネガーになってしまうからだ。酢酸菌は次の化学反応式に見られるように、エタノールを酸化して酢酸に変える。

$CH_3CH_2OH + O_2 \rightarrow CH_3COOH + H_2O$

エタノール　酸素　酢酸　水

これは、酢酸菌の働きによって、ワイン・ヴィネガーの主成分である酢酸ができる反応でもある。

嫌気条件下でのワイン醸造

嫌気状態、つまり酸素を排した状態でのワイン醸造は、ヨーロッパよりも科学的アプローチを積極的に取り入れているニューワールドを中心に始まった。たとえばオーストラリアでは、アデレード大学ローズワーシー校とオーストラリアワイン研究所でさまざまな研究が進められてきた。アメリカでは特に、カリフォルニア大学デイヴィス校で現代醸造技術の研究が盛んに行われている。

現在のワイン造りにおいては、嫌気環境が重要視されている。なぜなら、酸素がワインの果実味を奪ってしまうからだ。そこで醸造家たちは、すべての工程で酸素が入り込まないように細心の注意を払っている。だが、嫌気環境が還元臭という別の問題を招いてしまうこともある。清潔で、不純物の混入を避けられるステンレス製の設備を揃えているワイナリーであってもだ。これは、逆に酸素が少ないがゆえに二酸化硫黄（SO_2）が引き起こす現象である。酸化防止剤として使用している二酸化硫黄が硫化水素（H_2S）に還元され、排水溝や腐ったゆで卵のような異臭を放つようになるのだから皮肉な話だ。

酸化防止剤

ワイン造りにおける酸素との闘いは、ブドウ畑からすでに始まっている。ブドウが潰れたり傷ついたりすれば、その瞬間から酸化が始まるからだ。そこでブドウを収穫したらまず、酸化防止剤としてピロ亜硫酸カリウム（$K_2O_5S_2$）が散布される。ピロ亜硫酸カリウムは乾燥状態では安定した白い粉末だが、液体に触れると反応して二酸化硫黄（SO_2）に変わる。つまり、ブドウが何らかの拍子で傷ついても、そこから漏れ出した果汁に反応して酸化から守ってくれるというわけだ。

ピロ亜硫酸カリウムが酸化防止効果を発揮するのは、それだけにとどまらない。搾汁の工程でもブドウに付着していたこの物質が反応して、搾り出された果汁が酸化するのをただちに防いでくれるのだ。こうしたことから、ピロ亜硫酸カリウムは誠に使い勝手のよい酸化防止剤と言える。このほかに、ビタミンCとして知られるアスコルビン酸も酸化防止剤の役目を果たす。アスコルビン酸のみならず、さまざまビタミン類には抗酸化作用があり、私たちの体内でも酸化を抑える働きをしているのは興味深いところだ（二酸化硫黄とアスコルビン酸についての詳細は第15章を参照）。

不活性ガス

搾汁した後の工程でも、果汁が酸素に触れないように注意しなければならない。そのためタンクやパイプラインには、二酸化炭素や窒素といった「不活性ガス」を充填して酸素を取り除く必要がある。ここで少し化学の話をしたい。というのも「不活性」とは、本来は「反応しない」という意味だからだ。化学の世界では、不活性ガスと言えば、特定の条件でなければほかの物質と化学反応しないヘリウムやネオン、クリプトン、セキノンなどの貴《き》ガスを指す。しかし、ワイン造りで使用する不活性ガスは基本的に窒素と二酸化炭素であり、この場合の「不活性」とは「害がない」、あるいは「空気との接触を防いでくれるもの」という意味を持つ。

嫌気条件下でのワイン造りでは酸素が溶け込まないよう、何らかの処置を施すたびにこれらの不活性ガスを使用する。ワインに溶け込んでいるのが酸素だけならば、反応は遅い。反応を速めるには触媒の助けが必要だからだ。ところが残念なことに、ワインにはオキシダーゼという天然の触媒（酵素）が大量に含まれ、すぐにでも酸化させようと待ちかまえている。さらに金属イオンも触媒として作用し、酸化反応を速める。なかでも銅の触媒作用は大きい。このため現在のワイナリーでは不活性ガスを多くの工程で利用するとともに、銅や青銅（銅とスズの合金）製の金属部品をステンレス製のものに置き換えている（銅や青銅の問題点については「ブルー・ファイニング」の項［P299］を参照）。

以下では、現在のワイン造りで使用されている主な不活性ガスである二酸化炭素と窒素に加え、アルゴンについても解説する。

⊙二酸化炭素

二酸化炭素（炭酸ガス）は空気よりも重く、扱いやすいうえに価格も安いことから酸化防止によく利用される。果汁やワインを入れるタンクの底に注入しておくだけで、タンクから酸素を効率よく取り除いてくれるのだ。このときによく使用されるのが、小さなドライアイス（二酸化炭素を固体にしたもの）だ。あらかじめタンクにドライアイスを入れておけば、ドライアイスは投入された果汁やワインに温められて気化し、タンク中に拡散するので、簡単に酸素を追い出すことができる。二酸化炭素は密度が高いため、その使用量もタンクの体積と同量程度あれば事足りる。

二酸化炭素にはほかにもプラスの面がある。特に白ワインやロゼワインの場合、ワイン中に通常800㎎／ℓほど含まれる二酸化炭素が口のなかで爽やかさやフレッシュ感を演出してくれるのだ。しかし多すぎると過剰な刺激がもたらされ、逆に少なすぎるとワインの風味が損なわれ、味も素っ気なくなってしまう。そのため、ボトリング前に二酸化炭素と窒素の混合物をスパージング（ガス散布。P92参照）して、二酸化炭素の含量を調整する生産者が多い。

一方で、二酸化炭素には欠点も2つある。1つは、ワインに溶け込んでしまうこと。二酸化炭素はワインの温度が低いほど溶けやすく、一度溶け込んでしまうと酸素との接触を防ぐ働きが失われ、さらに口のなかに刺すような不快な刺激ももたらす。もう1つは、人体に好ましくない影響を与えることだ。このガスは無色透明で、空気中に約0・03%しか存在しないが、一定量を吸い込むと意識不明や窒息死を引き起こすとても危険な気体なのだ。しかも空気よりも重いため、実際にワイナリーでは、清掃のために空《から》のタンク内に入った人が底にたまった二酸化炭素を吸って亡くなる事故が起きている。二酸化炭素中毒による窒息は一瞬の出来事で、タンクの外に人がいても中で人が倒れたことに気づかない。そこでイギリスをはじめ多くの国々で、タンク内に作業員が入る際には二酸化炭素が充満していないことを確認して、万が一の事態に備えて別の人が作業員の安全を監視することを義務付けている。

⊙窒素

酸化防止には窒素ガスもよく利用されている。窒素は二酸化炭素とは異なる性質を持ち、密度は空気とほぼ同じだ（厳密には、空気のほうがやや高い）。したがって窒素を使ってタンク内の酸素を取り除くためには、タンクの体積の少なくとも3倍量が必要となり、この点では二酸化炭素ではなく窒素を選ぶメリットはない。

だが、もちろん窒素にもプラスの面が複数存在する。1つ目は、二酸化炭素ほどワインに溶け込まないので酸素との接触を防ぐ働きが簡単に失われることがなく、口のなかに不快な刺激をもたらすこともないこと。2つ目は、毒性が二酸化炭素よりもずっと低く、安全性が極めて高いこと（窒素は私たちが暮らす地球の空気の約78%を占めている物質だ）。そして3つ目は、密度が空気とほぼ同じであるため、二酸化炭素のようにタンクの底にたまることもなく、空気中にすぐに拡散することだ。

その一方で酸化防止剤としての窒素には、留意すべき点も存在する。窒素は二酸化炭素ほどワインに溶け込まない一方で、わずかでも溶け込んでしまうと、グラスに注いだときにワインの液面に細かい窒素の気泡が立ち上り、ときにワイン本来の味わいを隠してしまうこともあるのだ。さらに気をつけなければならないのは、ワインの貯蔵や移送時に窒素だけを過剰に使用することだ。これによって酸素だけでなく、二酸化炭素も同時に取り除いてしまうため、結果的にワインがフレッシュ感を失い、素っ気ない味わいとなってしまう。こうした事態を防ぐには、窒素と二酸化炭素を使い分けるか、これらを混ぜて使用するとよい。前者の場合、次の手順を踏むと効果的だ。

1

果汁やワインをタンクに入れる際には、あらかじめ二酸化炭素を充塡しておく。これにより、果汁やワインに含まれる酸素が追い出される。

2

果汁やワインをパイプライン経由でタンクに移す場合は窒素の圧力で運び、タンクの縁まで果汁やワインを注いで酸素との接触を防ぐ。このとき、果汁やワインを詰めたタンクの上部から二酸化炭素も押し出されてくるので、作業を行う際は十分に注意すること（二酸化炭素の危険性については前項を参照）。

3

タンクからワインを抜く際には、タンク上部から窒素を充塡し、酸素を遮断しながら作業を進める。

⊙アルゴン

二酸化炭素の溶解や窒素の泡立ちを避けたいならば、高価ではあるが、アルゴンガスを使用するという選択肢もある。アルゴンの密度は二酸化炭素に近い（厳密には、二酸化炭素のほうがやや高い）ため、アルゴンでスパージングすると、窒素よりも効率よくタンクから酸素を取り除くことができる。ただし、スパージングに頼りすぎると酸素のみならず、ワインの香り成分まで簡単に消し去ってしまうので注意が必要だ（これはアルゴンに限ったことではない。詳しくはP93を参照）。また、アルゴンには価格のほかに、食品に使用できる品質のものが手に入りにくいという難点もある［訳注：日本では長らくアルゴンガスの食品への添加は認められていなかったが、2019年6月に食品添加物に指定された］。

溶存酸素

前述したように酸素には、我々人間を含むすべての生物にとって良悪両面がある。これはワインにとっても同じで、ちょうどよいタイミングでほどよい量の酸素に触れれば素晴らしい仕上がりになるが、逆に過剰に触れると劣化してしまう。酸素は魚が水中で生きていけるくらい水に溶けやすい物質だ。そのため、ワイン(85%以上が水からなる)も空気を遮断しておかなければ簡単に酸素が溶け込んでしまう。そこで酸化対策として二酸化硫黄がよく用いられるが、ワインに溶け込んでいる酸素分子は重さで考えると、その4倍の二酸化硫黄を破壊する。つまり、二酸化硫黄は酸素を取り除きながらも、その過程でどんどん失われていくのだ。二酸化硫黄(SO_2)と酸素(O_2)の化学反応式と、それぞれの分子量を示すと次のようになる。

$$2SO_2 + O_2 \rightarrow 2SO_3$$

128　　32

ワインの溶存酸素は、最後には二酸化硫黄によって取り除かれることになるのだが、この化学反応はすぐには起こらない。それまでの間、溶存酸素と二酸化硫黄がワインのなかで共存するため、溶存酸素がわずかながらもワインの劣化を招くという研究報告もある。これを防ぐ策はただひとつ――ワインを貯蔵する際、あらかじめ不活性ガスを充填したタンクの縁までワインで満たし、完全に酸素を遮断した状態で密閉することだ。

実は、溶存酸素の管理の重要性はつい最近まであまり認識されてこなかった。それどころか、品質管理に関するこの深刻な問題を今なお理解していない醸造家も多くいる。その一因は、古い世代の醸造家が、こういった問題を改めて学んだ経験がなく、溶存酸素の数値など気にも留めてこなかったことにある。しかし今や、ワインに何らかの処置を施したら溶存酸素量を計測するのが必須であることは自明であり、その正確な数値も溶存酸素計を使えば容易に得られる。このときに大切なのは、必ず嫌気条件下で作業をすることだ。酸素は地球の空気の約21％を占めているのだから、空気に触れる状態で計測しても正確な数値は得られない。そうして嫌気条件下で計測を行った結果、もし溶存酸素量が上昇していれば、どの工程で何があったのかを検証し、理由を明らかにしたうえで改善策を講じなければならない。

スパージング（ガス散布）

スパージング（sparging）は、溶存酸素量の多いワインに不活性ガスを微細な気泡にして送り込む処置で、酸化防止対策の最終手段である。要は、そのガスの気泡がワイン中に分散することで、溶存酸素を取り込んで除去してくれるという仕組みだ。したがってスパージングガスに窒素を使用した場合、ワインに溶け込んでいる酸素は窒素の気泡に吸収されて消失する。

だが、窒素ばかり過剰に注入すると二酸化炭素も同時に取り除いてしまうため、ワインのフレッシュ感が失われてしまう。そのためスパージングには、窒素と二酸化炭素を混ぜたガスを使うのが好ましい。両者の割合はさまざまに変えられるが、当然のことながら二酸化炭素の量が多ければワインの二酸化炭素濃度も上がるし、逆に少なければそのその濃度は下がる。

また、ほかのさまざまな処置にも言えることだが、スパージングには危険な一面もある。便利な反面、ついつい頼りすぎてしまうきらいがあるのだ。溶存酸素を取り除いてくれるのは確かだが、そのほかにスパージングは前述した二酸化炭素、さらには揮発性の高い香り成分なども一緒に取り除いてしまう。したがってスパージングは、必ず溶存酸素量を計測しながら慎重に行う必要がある。

酸素の果たすよい役割

嫌気条件下でワインを醸造する技術が発達したことで、酸素はワインのよさをすべて壊してしまう破壊主のような扱いをされているが、決してそればかりではない。なぜなら酸素は、醸造工程で以下のような重要な役割も担っているからだ。

1

果汁を清澄する段階でハイパー・オキシデーション（空気の気泡を果汁に送り込み、不安定で壊れやすい成分を酸化して取り除く方法。詳細はP131を参照）を行うと、不純物を取り除けるだけでなく、ワインの寿命を延ばすこともできる。

2

発酵前の果汁に酸素が豊富に存在すると、発酵に弾みがつく。これは、酸素がたくさんあると酵母が活発に細胞分裂を行い、一気に増殖するためだ（発酵についての詳細は第7章を参照）。

3

発酵中、酵母が減少して発酵速度が低下した場合、短時間だけポンピング・オーバー（液循環。通常は発酵中の液面に生じた果帽を沈めるために行う。詳細はP187を参照）を行って、果汁をタンクの上から滝のように注いで循環させながら酸素を供給すると、酵母が活動を再開する。

4

荒々しい印象の赤ワインの熟成に木製の樽を使用すると、酸素が樽に浸透してポリフェノール類と結合し、樽の底に沈殿するため、なめらかでシルキーな舌触りのワインに仕上がる。樽ではなくタンクで熟成させる場合は、ミクロ・オキシジェナシオン（ワインに微細な酸素の気泡を送り込む技術。詳細はP264を参照）を行ってもよい。

5

ボトリング後のワインは嫌気的熟成となるため、瓶内の二酸化硫黄が酸素不足に陥り、硫化水素に還元されてしまう。特にボトルを完全に密閉してしまうスクリューキャップの場合は硫化水素が生じやすい。そのため現在では、キャップの内側にライナー（パッキン材）を入れるなどして瓶内に少量の酸素が届く加工が施されるようになっている（スクリューキャップについての詳細はP373を参照）。

最後に、「酸素の果たすよい役割」からは少し話がそれるが、どうしても1点触れておきたいことがある。それは、嫌気条件下で醸造されるワインに関してだ。そうしたワインは確かにクリーンかつフレッシュで、若々しい果実味に溢れる仕上がりとなるが、その一方で、あまりにも完璧でつまらない、「工業製品」のようなワインとなってしまう危険性もはらんでいる。したがって嫌気的醸造においては、酸素の量をうまく調整しながら、それぞれのワインの個性が十分に発揮されるような工夫を凝らしてほしいというのが、筆者の切なる願いだ。

第5章

ブドウ果汁と搾汁方法

どんなブドウもそんなふうに熟しはしない。
まるみを帯び、ふくよかで、やわらかで、
そう、彼女の半分ほども瑞々しいままで熟しはしない。

——『バラッド：アポン・アン・ウェディング』
サー・ジョン・サックリング（1609〜41年）

英語でブドウなどの果汁を意味する「must《マスト》」［訳注：日本でも「マスト」は発酵前のブドウ果汁を指すときに使われる］は、「新鮮」や「新しい」という意味を持つラテン語の「*mustum*」に由来する。だが「must」という英語には、「カビ」や「カビくさいこと」といった意味もあるのだから、誠に皮肉な話だ。ともあれワインの世界では、赤ワインの醸造では「マスト」と言うときにブドウ果汁だけでなく、果皮や果肉、種も含まれる［訳注：日本語ではこれを「果醪《かもろみ》」とも言う］ということに留意してほしい。

ワイン醸造の技術に科学的な原理が導入される以前は、ブドウ果汁を得るためにまず、収穫したブドウ——甘味があり、肉厚に成熟したと感じた時点で収穫していた——を裸足で踏んで破砕（Ｐ１０８参照）していた。足で踏むという破砕方法は、ブドウを穏やかに潰すことができるので、ポルトガルのドウロ地方では現在も一部のポートワインを造るのにこの方法が用いられている。またスペインのヘレス（シェリーの産地）でも、いまだにこの方法がとられているが、こちらは底に突起物のあるブーツを履いてブドウを踏むことで、種からの余分な苦味成分の抽出を防いでいる。このように昔ながらの破砕方法も今なお続けられてはいるが、実際のところは実用的な目的のみならず、マーケティングの目的で行っている面も少なからずあると思われる。

白ワインの醸造で次に行われる、ブドウから果汁を搾り出す圧搾（Ｐ１１１参照）の工程では、もっぱらバスケット・プレス（Ｐ１１２参照）が使われていた（赤ワインの場合は発酵後に圧搾を行う）。だが、バスケット・プレスは果汁が流れ出る速度が遅く、その扱いに大変な労力がかかるといった問題を抱えていた。それでもこの機械が使用され続けてきたのは、単にほかに選択肢がなかったからだ。そもそも昔は労働時間だけはたっぷりとあったので、家族経営の小規模なワイナリーであればこの方法でも特段問題はなく、まずまずの生活を送るには十分な量のワインを造り出せていたのだ。

だが現代のワイン造りは大きな変化を遂げ、高度な機械化が進んだ。これは、ワインの取引量の増加にともない、醸造現場において効率性や先進的な科学技術が求められるようになったためだ。その結果、破砕や圧搾も迅速に行えるようになり、さらにフローテーション（浮遊選鉱法《ふゆうせんこうほう》。P130参照）やハイパー・オキシデーション（P131参照）といった新たな醸造技術も続々と登場している。つまり現代の醸造家たちは、あまたある設備や機材、技術を今までにない低コストで、求めるワインのスタイルに合わせて選択できるようになったのだ。

しかしながら、どんなに技術が進歩しようとも、ワイン造りのあらゆる工程において、ブドウを丁寧に扱うという基本原則に変わりはない。それは、果皮が傷つけば傷つくほど、果皮の細胞組織に含まれるポリフェノール類が過剰に抽出され、苦味や渋味、収斂《しゅうれん》性の強い果汁となってしまうからだ。また、果皮から果汁が漏れ出せば、酸化酵素であるオキシダーゼの影響も受けてしまう。そこで本章では、ブドウ果汁を得るために行われている収穫から圧搾までの工程について見ていきたい。

ブドウの収穫

ブドウの収穫方法は2つ——人の手で摘むか、機械で収穫するかだ。どちらの方法で収穫するか決断を下す際には、収穫するブドウの品質、収穫のスピード、コストや採算性といった要素を総合的に考慮する必要がある。以下では、手摘みと機械収穫それぞれの長所と短所を含め解説していく。

⊙手摘み

手摘みは、最高品質のブドウを選別しながら収穫するうえで不可欠な方法だ。たとえば、フランスのソーテルヌやハンガリーのトカイ・アスー、ドイツのベーレンアウスレーゼなどの最高級甘口ワインを造るには、貴腐菌、すなわちボトリティス・シネレア（*Botrytis cinerea*）がブドウの1粒1粒に繁殖して、果実を最適な状態にしなびさせているかどうかを見極めて収穫することが非常に重要になる（甘口ワインの醸造方法についての詳細はP214を参照）。そのため収穫が何回にも及ぶが、人の目でブドウの状態を確かめながら収穫できるのが手摘みの何よりの利点だ。ブドウの選果は、畑だけでなく、ワイナリーで選果台を使用して行われる場合

アリアニコ種を手摘みする作業風景。イタリアのバジリカータ州にて。

もある（P105参照）。

このほか、カルボニック・マセレーション（炭酸ガス浸漬法。P195参照）などで全房のブドウを必要とする場合や、タンニンの抽出量を増やすために果梗を必要とする場合にも手摘みによる収穫が行われる。

手摘みには、ほかにも利点がある。それは、ブドウ畑やブドウ樹（仕立て方など）の状況を問わず行うことができる点だ。歴史あるブドウ畑の多くは、畑が急峻であったり、壁で囲われていたりするため、機械を持ち込むことは非常に難しい。また、株仕立てのようにブドウ樹のいたるところに実がなっている場合や、ブドウ樹の列自体が近すぎる場合、さらに棚仕立てのように樹冠の下に実がなっている場合も収穫機を使えない場合が多い。翻って手摘みは、いずれの状況にも対応できる。

こうしたさまざまな利点があることから世界各地で伝統的に行われてきた手摘みだが、一方で欠点もある。想像に難くないかもしれないが、機械に比べて収穫に膨大な時間がかかるうえに、多くの作業員を雇う必要があるためコストも機械収穫より10倍ほど多くかかるのだ。

⊙機械収穫

収穫機はワインの消費量の拡大にともない広く使われるようになった、非常に便利な機械だ。その最大の強みは収穫スピードにあり、手摘みでは数日に及ぶ場合もある収穫作業を1日で終わらせることができる。そのため、何日にもわたる収穫で雨や過熟のリスクに悩まされる心配もない。

収穫機を導入するメリットとして、そのスピードを活かして1日のうちで気温がもっとも低くなる深夜にブドウを摘み取る「夜収穫」が行えることも挙げられる。これは特に温暖な産地で歓迎すべき点であり、ブドウの品質低下を最小限に抑えられるだけでなく、発酵前に果汁を冷却するコストを抑えることもできる。こうしたことから、夜収穫はオーストラリアやカリフォルニアのような温暖な産地にある大規模なブドウ畑では当たり前のように行われている。これらの産地では、何百キロも離れたワイナリーにブドウを輸送しなければならない場合もあるため、なおのこと効果的である。

ただし、収穫機は巨大な機械であるため、導入する場合はブドウ樹をその仕様に合わせて植える必要がある。また、平地にあるブドウ畑にしか導入できないという点にも留意しなければならない。それでもフランスのシャブリ地区を代表するあるグラン・クリュ生産者は、「理想に一番近い日にすべてのブドウを収穫できる」として、収穫機を好んで使用している。

この収穫機の仕組みは、ブドウ樹に振動を与えて揺らすことで、果梗

フランス、ガスコーニュ地方の名門シャトー・デュ・タリケでも収穫機を使用している。

を残したまま、果実だけを振るい落とすというものである。画期的な仕組みではあるが、収穫できる場所に制約があること以外にも、いくつかの欠点を抱えている。そのひとつが、収穫の際に果皮を傷つけて果肉が空気にさらされる危険性があることだ。したがって機械収穫では、酸化防止対策を講じることが必須となっている。ほかにも、選果ができないために未熟な果実や腐敗した果実も一緒に収穫してしまうことや、果梗がブドウ樹に残るためにブドウを房ごと使用するカルボニック・マセレーション（P195参照）に使用できないことも短所として挙げられる。

収穫機にはこのような欠点が存在するものの、その性能はここ数年で格段に進歩している。たとえば、ひと昔前までの収穫機は鉄の棒を使ってブドウ樹を乱暴に揺さぶるものだったが、現在ではブドウ樹や果実を傷つけにくい曲線状のプラスチック製アームを搭載したものが主流になっている。さらに、醸造家たちがMOG（Material Other than Grapes）と呼ぶ、枝や葉、ゴミなどの果実以外の異物をブドウの受け口で排除する装置も開発されている。

そのスピードと利便性のみならず、こうした改良が加えられていることから、昨今では収穫機を導入する生産者が増えている。フランスのボルドー地方で見ても、格付けシャトーの一部のオーナーたちが収穫機の

収穫機は果梗を樹に残したまま、果実だけを振るい落とす。

収穫期を迎えたブドウ。

使用に否定的な見解を示しているにもかかわらず、すでに700台以上が稼働しているのが現状である。収穫機がさらなる進化を遂げれば、手摘みから機械収穫に移行する生産者がますます増えるに違いない。ただし、良質のワイン造りは技術そのものではなく、その技術をいかに正しく駆使できるかにかかっている。

ワイナリーへの輸送

ワイナリーへブドウを輸送する際に、ブドウの品質をいかに維持するかということがもっとも重要な課題となる。ブドウは実だけの状態よりも全房のままのほうが安定しているので、房ごと収穫すればその品質を長く維持できる。とはいえ機械収穫ではそれは不可能だし、手摘みでもブドウの果皮を傷つけてしまえば果汁が漏れ出し、ただちに酸化を始めてしまう。これは、果汁に含まれるオキシダーゼ（酸化酵素）が空気中の酸素に触れて活性化するためだ。

そこで収穫後、少しでも早くブドウを破砕・圧搾できるように、醸造用の施設は従来、ブドウ畑の真ん中に建てるのが慣例とされてきた。それでもなお酸化防止対策は必須であり、その一例として前章で取り上げ

収穫機の内部。上に見えるのが振動を与えてブドウを振るい落とすプラスチック製のアームで、下についているのがブドウを運ぶコンベヤー。

た、収穫したブドウにピロ亜硫酸カリウムを散布する方法が用いられている（P85参照）。

しかし大規模なワイナリーでは、大量のブドウを集めるために遠方からの輸送も必要となる。このような場合にはたいて収穫機が使用されるため、果実だけがバラバラの状態となっているはずだ。これらのブドウから特に昨今よく見られるフレッシュで果実味が豊かなワインを醸造するには、輸送を含むすべての工程を嫌気条件下で行う必要がある。そこで入念な輸送計画のもと、できる限りブドウを空気に触れさせないよう、二酸化炭素などの不活性ガスを充填した密閉タンクに入れてトレイラーで運ぶなどの対策がとられている。ワイナリーに輸送したあとも、二酸化炭素の層がつくられたタンクに入れてブドウを貯蔵すれば、醸造に入るまでの間、徹底して嫌気状態を保つことができる。

選果

ワインの品質にこだわりを持つ醸造家であれば、ブドウを選果（英語ではソーティング［sorting］、フランス語ではトリアージュ［triage］）して最高のブドウから最高のワインを造ることを望むはずだ。そのためには良

収穫したブドウをトラクターから輸送用のトレイラーに移す作業。トレイラーの後ろにある白いクーラーボックスにはドライアイスが入っている。

トレイラーで運ばれてきたブドウを、ドライアイスによって二酸化炭素の層がつくられた貯蔵タンクに投入する作業。

質なブドウと質の劣るブドウを選り分ける必要がある。ワイナリーで行われる一般的な選果作業は、ブドウをベルトコンベヤー状の選果台に載せて運びながら、両側に配置された熟練の作業員たちがトップキュベ用の最高のブドウを選ぶために行われる。そして選果の結果、品質が劣るブドウはセカンドラベル用に使用されるか、破棄される。

除梗

除梗を行ってブドウの実だけを醸造に使用するか、それとも除梗せずに全房のまま醸造するかの選択は、ワインの方向性を大きく左右する。その選択の決め手となるのは、求めるワインのスタイルにどのくらいのタンニンを必要とするかであり、作業の簡素化は二の次である。

ブドウの果梗には上質なタンニンが豊富に含まれるため（「フェノール類」の項［P69］を参照）、赤ワインの場合は醸しの工程で果汁と一緒に果皮と種だけを漬け込むのではなく、全房のまま醸せばより多くのタンニンを加えることができる。しかしそうすることで過剰にタンニンが抽出されるようであれば、除梗機（De-stemming Machine。フランス語では「égrappoir《エグラッパール》」）で果梗をすべて取り除くか、一部だけを房のまま使用する

トカイワインの
選果風景。

ことで、タンニンの量を調整できる。

除梗機の構造は非常にシンプルで、下に穴があいた円筒形の回転式ドラムの中心に、放射状にいくつものビーターと呼ばれる羽根がついた棒が設置されており、このドラムと中央の棒が逆回転することでブドウの果梗を取り除く仕組みとなっている。その仕組みをもう少し詳しく説明すると、除梗機にブドウを房のまま投入し、ドラムと棒を回転させたらビーターがブドウの房を叩き始める。すると果梗から果実が外れ、その果実はドラムの穴から下に設置されたベルトコンベヤーに落下し、次の工程に送られる。一方、残った果梗は最終的にドラムの脇から外に排出される。

取り除かれた果梗はこれまで、乾燥させてから燃料として使われてきたが、環境に配慮している醸造家たちによって近年、果梗に糖分が豊富に含まれていることが発見された。それにともない醸造家たちは、切り刻んだ果梗を水に漬けて糖分を抽出したあと、発酵させてアルコール度数の低いリキュールを醸造するようになった。また、このリキュールを蒸留して良質な植物性スピリッツを造り、酒精強化ワイン（P233参照）に使用する醸造家もいる（合成アルコールと呼ばれる石油由来のアルコールは、食品やその原料に使用することが禁じられている）。

回転するビーターのついた
典型的な除梗機の内部。

破砕

除梗後のブドウを破砕するか、それともそのまま圧搾するかの選択も、ワインの方向性を決めるうえで非常に重要になる。また除梗後に、どちらも行わずにブドウの果実を発酵工程に送るという選択肢もある（その手法はホール・ベリー・ファーメンテーション［全果実発酵］と呼ばれる。詳しくはP200を参照）。

破砕するか圧搾するかの判断を下す際には、それぞれの性質および目的が大きく異なるという点に留意する必要がある。破砕は果皮を破り、ブドウ自身の重みで自然に流れ出す果汁（これをフリーラン・ジュースと言う）を得るために行う。したがって次ページの写真に見られるように、破砕機（crusher：フランス語ではフロワール［fouloir］）のローラーは果皮を切るだけで互いに接触せず、ブドウに圧力は生じない。一方の圧搾は、フリーラン・ジュースを得たのち、ブドウの果皮に接している硬い果肉部分に残る果汁を、圧力をかけて搾り出すものである（こうして得られる果汁を圧搾果汁またはプレス・ジュースと言う）。

昔ながらの破砕風景には、裸足の男たちがぐるぐると踊るように回りながら木桶に入ったブドウを足で踏むという牧歌的なイメージがある。本章の冒頭で触れたように、今でもこの方法を用いてポートワインが造られる場合があるが、ほとんどのワイナリーでは作業効率を上げるために機械を使って破砕を行っている。

破砕機の仕組みはいたってシンプルだが、使用の際には細心の注意が必要である。なぜなら高品質の白ワインを造るには、雑味のないピュアなフリーラン・ジュースを得ることが欠かせないからだ。余分な成分を抽出しないためには、種を傷つけないようにすることや、果皮が果肉からはがれないようにすることが重要だ。また、もし果梗が混じっていれば、引きちぎれたりしないよう注意する必要もある。なぜなら、果梗に含まれる荒々しいタンニンなどが過剰に抽出されてしまう恐れがあるからだ。これらの理由から、破砕機に備えつけられた凹凸のある2つのローラーは、間隔が3㎜になるまで調整できる緻密な造りとなっている。

こうして果皮や種へのダメージを最小限に抑えて抜き出されたフリーラン・ジュースは、タンニンの含量が最小限となるため非常に品質の高いものとなる。ただし、その細胞は不安定であることから、抜き出した後も取り扱いには十分な配慮が求められる。

また、もっと効果的にフリーラン・ジュースを得たいのであれば、ペクチン分解酵素（P337参照）を使用するという手もある。これは、果肉に含まれるゼラチン状のペクチンを加水分解することでより効率的に果汁を得ることのできる、比較的新しい方法だ。しかしながら一部の醸造家は、ブドウ品種の個性的な風味が損なわれてしまうという理由から、

破砕機の2つのローラーは互いに触れることなく、ブドウの果皮を切る。

ブドウの果実への使用は避け、破砕・圧搾後の果汁にのみ添加している。これは、果汁の粘度が下がり、清澄作業を効率よく行えるようになるからだ。

フリーラン・ジュースを得る

白ワインの醸造ではまず、前述したようにいかに良質のフリーラン・ジュースを抜き出すかがカギとなる。この果汁を得る工程では、小規模なワイナリーであれば一般的な破砕機を使えばよいが、もっと大量のブドウを扱う大規模ワイナリーでは専用の設備が必要になる。そのための最良の選択は、圧力をかけずにブドウ自身の重みだけでフリーラン・ジュースを流出させることのできる固定ドレイナーを導入することだ。これを使えば、果皮由来の余分な成分に邪魔されることなく、大量のブドウからやさしくフリーラン・ジュースを流出させることができる。ただし、十分な量のフリーラン・ジュースを得るまでにはかなりの時間を要するので、場合によってはその後の工程に支障をきたすという難点もあった。

そこで新たに開発されたのが、機械式のドレイナーである。これは、アルキメディアン・スクリュー［訳注：「アルキメデスの螺旋」とも呼ばれ、アルキメデス（紀元前287頃〜同212年頃）が考案したと言われる揚水装置］が内蔵された水平式のタンクで、タンクの底一面には果汁が流れ出るようにいくつもの穴が開いている。内蔵されたスクリューが2〜3分に一度の割合でブドウをゆっくりと押すように回転することで、フリーラン・ジュースを効率よく流出させるという仕組みだ。これにより、固定ドレイナーが抱えていた抽出時間の問題は解決されたが、今度は別の問題も指摘されている。それは、スクリューによって果皮に余計な圧力が加えられるため、不快なタンニンまで抽出されてしまうということだ。機械式ドレイナーを導入する際には、この点に十分に留意してほしい。

なお、フリーラン・ジュースを得るための目安は、ブドウ1t当たり400〜500ℓとされている。

圧搾

一般に白ワインの醸造では、フリーラン・ジュースを抜き出した後に圧搾を行って、ブドウの果皮の内側の硬い果肉部分に残る果汁を搾り出す。こうして圧力をかけて抽出されるプレス・ジュースには、ポリフェノール類や香り成分も含まれる。

プレス・ジュースを得るための目安は、ブドウ1t当たり120〜200ℓとされているが、その品質は加えられる圧力の強さに反比例する。つまり、最小限の圧力で最初に搾った果汁は、ポリフェノール類を豊富に含んでいながらも質の高いものとなる。このような最初のプレス・ジュースは、最後のブレンド段階でバランスの優れたワインに仕上げるために必要とされる場合が多い(プレス・ジュースとフリーラン・ジュースのブレンド比率は、求めるワインのスタイルによって異なる。また、フリーラン・ジュースのみで造られるワインもある)。

だが、圧搾が進むにしたがってより強い圧力が加えられるため、プレス・ジュースの品質は徐々に低くなる。これは、圧力が強ければ強いほど果皮の細胞が壊れて不快なタンニンなどが濃厚に抽出されるからであり、最後に搾り出された果汁はヴィネガーや蒸留酒にしか使用できなくなる。したがって必要とする果汁を得るには、最小限の力でやさしく圧搾するのが基本原則である。

一方、赤ワインの場合は醸造工程が異なり、破砕したブドウはそのまま発酵槽に送られる。そして醸し発酵の工程を経たのちに果汁を抜き取り(この果汁をフリーラン・ワインと言う)、残った果醪を圧搾する(こうして得られる果汁をプレス・ワインと言う)。このときにも白ワインと同様の理由で、できるだけ圧力をかけずにやさしい力で圧搾を行うことが重要である。

圧搾の工程では、ワイナリーによってさまざまな形態の専用機具が用いられている。そこで以下に、現在使用されている5つの主要な圧搾機(プレス機)を紹介する。

⊙バスケット・プレス

ブドウを搾るために初めて開発された機械がバスケット・プレス(Basket Press:別名垂直スクリュー式圧搾機[Vertical Screw Press])であり、約1000年もの間、その原理と基本設計は変わっていない。この圧搾機の操作は非常に簡単で、円筒形をした木製のバスケット〔訳注：縦に組んだ木板の間に隙間があるカゴ〕にブドウを入れて蓋をしたら、その上にあるハンドルをゆっくりとひねって徐々に圧力をかけていくだけでいい。こうすることで、果汁が木板の隙間から流れ出てくるという仕組みだ。ただし、急に大きな力を加えると圧搾機自体が壊れてしまうので、その取り扱いには注意が必要だ。

ほかにもバスケット・プレスには問題点がある。ブドウにはゼラチン状の粘性物質（ペクチンなど）が含まれているため、木板の隙間から少しずつしか果汁が流れ出てこないのだ。また、流れ出た果汁はバスケットの下端をぐるりと囲む受け皿のような樋《とい》を通って下に設置された容器に流れ込むので、その間ずっと空気と接触し続け、酸化が引き起こされるという問題もある。そして圧搾終了後にはバスケットの木板を外し、残った果皮や種をシャベルでかき出してから、再びバスケットを組み立てるという大変な重労働が待っている。

このような問題点があるにもかかわらず、最高級のワインを醸造するワイナリーのなかには、最新型の別の形式の圧搾機よりもバスケット・プレスを好んで使っているところもある。その理由は、果皮がフィルターの役割を果たし、透明感のある上質な果汁を得ることができるからだ。バ

最新型の油圧式バスケット・プレス。

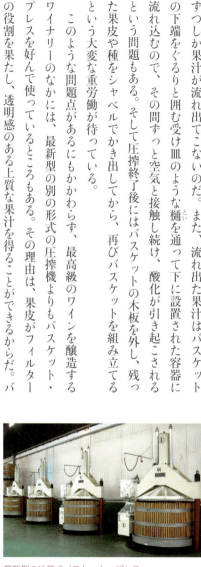

スケット・プレスを使用している代表例が、ボルドーでもっとも有名で、もっとも高価な赤ワインを生み出す「ポムロール（ボルドー右岸）の王」シャトー・ペトリュスだ。そう聞くと、この圧搾機がいかに優れているかがおわかりいただけるだろう。

また、シャンパーニュ地方で使用されている圧搾機の多くもバスケット・プレスで、この地方では果汁をできるだけ早く流出させるために、一般的なタイプよりも底が浅く、かつ幅が広い円筒形のものを採用している。こうした浅型のバスケット・プレスは、シャンパンのベースワインを造る際に使用されており、黒ブドウの果皮から抽出される色素成分を最小限に抑えるのに一役買っている。

⊙水平スクリュー式圧搾機

1856年にフランスで開発されたバスラン型圧搾機（Vaslin Press）に代表される水平スクリュー式圧搾機（Horizontal Screw Press）の誕生は、圧搾機の歴史において革命の第1段階をもたらした。これは、実質的にはバスケット・プレスを横にした形状の圧搾機と言えるが、構造は異なり、木製のバスケットの代わりにもっと丈夫な金属製のタンクが採用されている。タンクの表面は果汁が流れ出るように羽板状になっており、その一部はブドウを出し入れできるように開閉式の扉になっている。そしてタンクの両端には可動式の金属製の圧搾板（ピストンと呼ばれる）が、内部には中心を貫くようにネジ山（ガイドと呼ばれる）がついた回転式のステンレス製シャフトが設置されている。その仕組みは、シャフトとタンクが回転を始めたら、シャフトだけにロックをかけることで両端のピストンを中央に向かって移動させ、ブドウ果汁を搾り出すというものだ。

水平スクリュー式圧搾機の画期的な点は、このように両端のピストンが自動で移動するところにある。これは、シャフトについているガイドがあるからこそなせる業で、シャフトの半分が右回りのネジ山に、もう半分が左回りのネジ山になっている。これにより、タンクを回したままシャフトの回転を止めれば左右両側のピストンがガイドに沿って中央に動くだけでなく、タンクを逆回転させれば今度は両端に戻るのだ。しかも両方のピストンはステンレス製のチェーンでつながれているので、ピストンを両端に戻せば、チェーンが伸びてブドウの塊を崩してくれる。そのため、次の圧搾作業にスムーズに移れるうえに、すべてのオペレーションが終わった際には残った果皮や種を容易に除去することもできる。さらに、この圧搾機の操作は完全に自動化されていて、圧搾のたびに異なる容器に果汁を自動的に送れるようにもなっている。

水平スクリュー式圧搾機の詳細なオペレーションの順序を改めてまとめると、次のようになる。

バスラン型圧搾機の内部。ガイド、チェーン、ピストンが見える。

• 開閉扉を開け、ブドウを投入する。
• タンクをブドウで満たしたら扉を閉め、シャフトとともにタンクを回転させる。
• タンクを回転させたままシャフトをロックし、両端のピストンを中央に向かって移動させる。
• 設定した圧力に達するまでタンクは回転を続け、果汁を搾り出す。
• 圧搾が終了したらタンクが逆回転を始め、ピストンを両端に移動させる。このときに、両方のピストンにつながれていたチェーンが伸びてブドウの塊を崩す。
• 設定しておいた圧搾作業（回数や圧力が設定可能）が終了するまで、このプロセスが繰り返される。
• すべてのオペレーションが終了したら、タンクの扉が下に来るまで回転させて果皮や種を取り除く。そしてブドウを再び投入すれば、すぐに次の圧搾作業に入ることができる。

しかし、水平スクリュー式圧搾機にも大きな欠点がある。回転運動で生じる摩擦によってブドウの果皮が損傷するため、得られる果汁が粗いものとなってしまうことだ。さらに、果皮が徐々に圧縮されてタンクの

大規模なシェリー生産者のボデガ（スペイン語でワイナリーを意味する）にあるバスラン型圧搾機。

中心部に集まってくるにつれ、高い圧力を要するようになることも、それに拍車をかけている。2つのピストンの間にかかるその圧力たるや、最大で30気圧（30・6kg／㎠）にもなるというから驚かされる。

⊙空気圧式圧搾機

水平スクリュー式圧搾機の欠点を補うため、ドイツのウィルメス社が改良を重ね、低い圧力でブドウを搾汁できるようにするとともに、作業効率を向上させたものが空気圧式圧搾機（Pneumatic Press：別名バルーン式圧搾機）である。

空気圧式圧搾機は、水平スクリュー式圧搾機で採用されている圧搾板（ピストン）の代わりに、タンク中央にソーセージのような形状をした細長いエアバッグが設置されている。このエアバッグに圧縮空気を送り込む（果汁を冷却する必要があれば冷水を送り込む場合もある）と、羽板のついたタンクの壁に向かって膨らみ、ブドウが薄い層となるまで果汁を搾り取る。その際、0.1バールという低い圧力で押しつけて搾るため、非常に上質な果汁を得ることができる。ただし、この圧搾機も果汁が空気に触れてしまい、酸化によって果汁内の繊細な成分が破壊されるリスクを抱えている。

ウィルメス社の空気圧式圧搾機の内部。円筒の中央部に横たわる黒く長細いソーセージのような袋の内部に圧縮空気を送り込み、ブドウを圧搾する。

⊙タンク式圧搾機

タンク式圧搾機（Tank Press）は空気圧式圧搾機が抱えていた酸化のリスクを解消するべく開発されたもので、窒素などの不活性ガスを充塡して嫌気状態で果汁を圧搾できるように密閉タンクが用いられている。また、空気圧式圧搾機のようなゴム製のエアバッグは使用されておらず、代わりに円筒形のタンク内を二分するように横隔膜のような柔軟なシートが2枚内蔵されている。この2枚のシートは、ブドウを充塡する際にはタンク内の壁に密着しているが、圧搾を開始するとタンクの壁とシートの間に圧縮空気が送り込まれ、タンクの内側に向かっていく。こうしてブドウにやさしく圧力をかけることで搾り出された果汁は、タンク上部に設置されたパイプから吸引される仕組みとなっている。

この圧搾機にブドウを投入する際、前述したようにタンク内にあらかじめ不活性ガスを散布しておけば、完全な嫌気状態での圧搾が可能になる。さらに果汁の受け口にも不活性ガスを充塡しておけば、そのガス圧を利用して果汁を貯蔵容器まで直接送れるような工夫も施されている。このように空気を遮断した密閉タンク内で、低い圧力により高品質な果汁を搾り出すことができる最高の設備として、タンク式圧搾機は嫌気環境

タンク式圧搾機の内部。上部に取りつけられたやわらかいパイプが果汁の吸い込み口となっている。

での醸造を好む生産者たちから高い評価を得ている。ただ残念なのは、複雑な構造であるがゆえに価格が高いことだ。

またタンク式圧搾機には、これまでに紹介したほかの3つの圧搾機と同様、ブドウの投入、圧搾、そして搾汁後の除去作業を一定量ごとに繰り返し行わなければならず、それなりの労働力と時間を要するという欠点もある。そのため、膨大な量のブドウを扱う大規模なワイナリーからは、すべての作業を続けて行えるような圧搾機を求める声が相次いだ。そうした声を受けて新たに開発されたのが、次に説明する連続スクリュー式圧搾機である。

⊙連続スクリュー式圧搾機

一般消費者向けに大量のワインを生産するために開発された連続スクリュー式圧搾機(Continuous Screw Press)だが、当初の評判は決して芳しいものではなかった。なぜなら最初のモデルはブドウにかかる圧力が非常に強く、そこから抽出された果汁はブランデーの原料にしかならないと言われるほどの品質であったからだ。

そんな不評を買った最初の連続スクリュー式圧搾機は、全体に細孔があいた筒状の鋼鉄製タンクにアルキメディアン・スクリューを内蔵したもので、このスクリューが回転することで出口へとブドウを移送していく。スクリューの形状は出口に向かうにしたがって溝が浅くなっているため、スクリューとタンク内の壁との隙間はだんだんに狭くなる。

これにより、ブドウを圧搾する力も徐々に強くなるわけだが、その圧力が最終的にブドウを干からびさせてしまうほど強くなり、それをコントロールすることもできなかったことから、前述したような悪評が立ったのだった。

しかし現在のモデルでは、タンクの出口付近の圧力を低下させるという改良により、十分な品質の果汁が圧搾できるようになった。これには、タンク内部の底に果汁を逃がすための樋を設けるといった単純な設計変更も一役買っている。加えて、圧搾した果汁を必要に応じて異なる貯蔵容器に送れるような改良も施されている。

このほかに、スクリューの溝の深さを均等にしたアルキメディアン・スクリュー内蔵の連続スクリュー式圧搾機もある。このスクリューは回転しながらピストンのように前後にも動く仕組みとなっており、出口へとブドウを運びながらタンク内の壁に押しつけるように圧搾を行う。そして出口まで前進したら供給口まで戻り、自動で新たに充填されたブドウを再び同様に圧搾する。この圧搾機の優れた点は、スクリューの前進する距離を調整して、ブドウに加える圧力を容易に調節できることだ。こうした改良型の連続スクリュー式圧搾機は現在、大規模ワイナリーにて一般消費者向けの良質なワインを大量生産するために使用されている。

連続スクリュー式圧搾機の内部。細孔の施された筒状のタンクは、非常に頑丈な造りとなっている。

さらに、別の構造の連続スクリュー式圧搾機も存在する。その最たる特長は、タンクの出口に油圧式の頑丈な鋼鉄製のドアが設置されていることだ。アルキメディアン・スクリュー自体は一般的なタイプだが、設定した圧力に達するとこのドアが開くことで、タンク内のブドウにかかる圧力を調整でき、圧力を低く設定すれば良質な果汁を得ることもできるのだ。

しかし実際のところは、多くの醸造家がこれらの連続スクリュー式圧搾機の使用をためらっているのが現状である。それは、ブランデー用のベースワインを造るための圧搾機というイメージが根強く残っているからだ。またアルジェリアなどの数カ国では、原産地呼称ワインの生産にはこの圧搾機の使用を禁じている。

第6章

果汁調整

辛く、つかみどころのないこの世界で生きていくのは決して簡単ではない。
そんな世界を見極めて適応するための曇りなき眼《まなこ》を持たなければ、この世を渡ってはいけない。男ならしらふのままいなさい、いつもとは言わないから。

——クラレンス・シェパード・デイ Jr.（1874〜1935年）

醸造家やエノロジスト（oenologist：ブドウ栽培からワイン醸造、ボトリングにいたるまでの全工程を指揮・監督する専門家）たちは、天候に恵まれない年にはブドウ果汁のバランスを保つために、さまざまな醸造工程においてあれこれと手を加えたくなる衝動に駆られてきた。だが、自然は何が最良かを驚くほど知っている。人間は、自然がつくり上げたものを調整できるということを発見したが、それには限度があり、自然なバランスから遠ざかってブドウが持つポテンシャル以上のことを試みれば、必ずワインに悪い影響となって返ってくる。

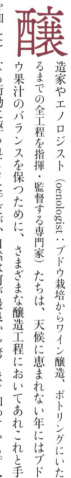

その代表的な例として、猛暑などの影響で酸度が例年よりも低くなると補酸を行うが、添加する酸が過剰になれば、酸ばかりが強調された角の立ったワインとなってしまう。一方、冷夏などで糖度が不足した際に補糖を過剰に行えば、ブドウ本来の果実味が薄くなり、ワインの風味を損なうこととなる。こうしたことを考えると、果汁とワインの調整に対して各国の法規で制限が設けられているのは実に理にかなったことだと言える（ただし、制限の程度は国によって異なる）。

各国の法規で認められているのは補糖と補酸、そして除酸であり、あくまでも法規で示されたタイミングと基準値を守らなければならない。醸造家たちの経験から、これらの調整を行うのであれば、発酵終了後のワインよりも発酵前のブドウ果汁の段階で行ったほうが好ましい仕上がりとなるという興味深いことがわかってきた。その理由は、発酵過程で果汁に含まれるさまざまな成分と調整で加えた糖や酸が反応することで、自然と調和のとれたワインに仕上がるためである。

ただし、発酵前のブドウ果汁は栄養価が高いので、酸素や微生物の影響を受けやすく、不安定である。そのため発酵前に搾汁を行う白ワインやロゼワインでは特に、発酵が始まるまで果汁を守る必要があり、一般に二酸化硫黄を添加して保護する。だがひとたび発酵が始まれば、酵母の働きにより二酸化炭素が豊富に生じて果汁を守ってくれるため、醸造家はひと安心できる。

ちなみに、ヨーロッパのワイン産地はブドウ栽培とワイン醸造に関する委員会規則を運用するうえで、もともとは気候別に3つの地域（ゾーン）に分類されていた。すなわち、ゾーンAがイングランドとウェールズおよびドイツの大部分を含む北限地域、ゾーンBがフランス北部やドイツ南部など、ゾーンCがそれ以外のヨーロッパ各地だ。だがEU委員会は官僚的発想にありがちな複雑な規則に基づいて運営されているため、3つの地域に分類するだけでは物足りないとばかりに、ゾーンCのなかにさらに細かい区分を設けた（詳しくは下の図を参照）。その結果、ヨーロッパでは細かいゾーンごとに異なる糖と酸の調整基準が生まれるという、誠に厄介な事態となってしまった。

このようにブドウ果汁の調整基準に関しては国によって細かい違いが

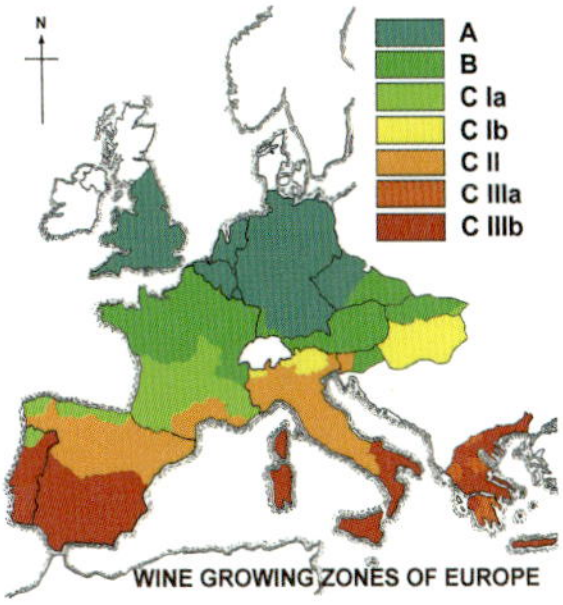

ヨーロッパにおけるワイン産地の気候区分

［訳注：現在ではCIa、CIbの区分はなくなり、A、B、CI、CⅡ、CⅢa、CⅢbの区分となっている］

あるが、本章ではそのために広く採用されている添加物や調整方法について解説していきたい。

二酸化硫黄

白ワインやロゼワインを造る際には、ブドウを破砕・圧搾して果汁を得たらまず、化学的な分析結果に基づいて二酸化硫黄を添加する。これは先に述べたように、酸素や微生物の影響を受けやすく、不安定な果汁を保護するためである。また、白やロゼワイン用の果汁は、赤ワインとは異なりポリフェノール類による抗酸化作用や抗菌作用などもほとんど期待できない。そのためなおのこと、搾汁と同時に二酸化硫黄を添加し、酸化や果汁の変敗原因である微生物の活動を抑制することが重要になる（ただし、二酸化硫黄の代わりに酸素を使って果汁の安定化を図る、ハイパー・オキシデーションという方法をとる醸造家もいる。詳細はP131を参照）。これらの有害な微生物の働きを抑えるということは、ワイン醸造に適した健全な酵母の活動を促すことにもつながる。

添加された二酸化硫黄は、次の不純物を取り除く工程（これを清澄化と言う。詳細は次項参照）でも大きな役割を果たす。その方法のひとつである「沈殿による清澄化」（デブルバージュ）には数日かかることもあり、その間、二酸化硫黄が酸素や微生物から果汁を守ってくれるのだ。

しかし赤ワインの場合は、まったく様相が異なる。赤ワインを造る際には破砕後に搾汁を行わずに、果皮や種がついたままのブドウを発酵槽に投入するが、この段階で二酸化硫黄を使用したとしても、白ワインやロゼワインと同じ効果は得られない。これは、二酸化硫黄をもってしても、ブドウの果皮に付着した膨大な数の微生物の活動を完全に制御することはできないからだ。そればかりか、これらの微生物の一部が活発化して産出するアセトアルデヒドと結合し、亜硫酸水素付加物を生成するので、遊離型の二酸化硫黄はすべて取り除かれてしまう。さらに悪いことに、二酸化硫黄は容易にアントシアニンと結びつくため、赤ワインの醸し発酵の工程では二酸化硫黄を使用する意味はないと言っていい。

それでも、「二酸化硫黄を使用することでブドウの果皮からさらにポリフェノールを抽出できる」などという、不可解な理論を展開する醸造家が多い。そのため、前述したような問題が生じるにもかかわらず、白ワインやロゼワインと同じように赤ワインの醸造でも二酸化硫黄が使われているのが実状である。

このようにさまざまな性質を持つ二酸化硫黄ではあるが、この添加物を使用しなくともワインを醸造することはできる。だが、その際は果汁やワインが酸素による影響を受けやすくなるので、各醸造工程において酸化が起きないように細心の注意を払わなければならない。興味深いことに、オーガニック・ワインの醸造にも基準値を順守しさえすれば二酸化硫黄の使用は可能だ。ただし、その基準値は一般的なワインよりも厳しいものとなっている。二酸化硫黄の詳細については、第15章で改めて解説したい。

清澄化（白ワインとロゼワイン）

搾ったばかりの果汁には、主にブドウの果皮細胞の残屑《ざんせつ》からなる固形物がかなり混入している。もしそれらの固形物を除去せずに白ワインやロゼワインの醸造を行えば、混濁やオフ・フレーバー（品質の劣化により2次的に生じる異臭や悪臭のこと）のもととなる。そのため世界のほとんどのワイン産地では、搾汁後にこれらの固形物を取り除く澄清化（clarification）の作業を行うのが一般化している。

この作業をどのレベルまで行うかという判断は、醸造家に委ねられている。しかしここで、清澄化の度合いにあまりに過敏になるのは危険だ。なぜなら固形粒子の表面には、酵母にとって栄養価の高いアミノ酸やミネラル、ビタミンなどの成分が数多く付着しているからである（補足：付着「adsorbed」は、異なる2つの物質が互いの分子間の力でくっつき合うことを指す。これに対し吸収「absorbed」は、スポンジのようにある物質の内側に別の物質が吸い込まれることを意味する。この2つの言葉をきちんと使い分けてほしい）。したがって固形物を完全に取り除いてしまうと、酵母の発酵開始に必要な栄養が不足することとなる。こうした事態を避けるためにも、ブドウ果汁の栄養価がどれだけ豊富で、その栄養価が発酵とどのように関係をしているかを正確に把握したうえで、清澄化の作業を適切に行うことが大切だ。以下に、現在行われている清澄化の3つの作業方法を紹介する。

⊙沈殿による清澄化（デブルバージュ）

デブルバージュ（débourbage）とも呼ばれる沈殿による清澄化は、世界のワイン産地でもっとも古くから行われている手法であり、ブドウ果汁に含まれる固形物を重力の作用で沈殿させてから取り除く。しかし重力はさほど強力ではないうえに、固形物もあまり大きくなく、かつ密度も高くないので、固形物を十分に沈殿させるまでには12～24時間、ときにも数日も要する。つまりこの間、果汁は無防備な状態にあるため、前述したように果汁に二酸化硫黄を添加して、酸化や微生物の活動を防ぐことが重要になる。同様の理由から、果汁を15℃以下に冷却する醸造家も多い。低温にしておけば酸素が果汁に溶け込みやすくなるので、発酵をすみやかに開始することも可能になる（酵母の働きについての詳細はＰ１５３を参照）。

⊙遠心分離機

遠心分離機は、清澄化に要する時間を短縮するために開発された装置で、タンクの底の中央にある薄いフィルムを高速回転させることで果汁に遠心力を与え、固形物を分離させるというものだ。これにより巨大なタンクでも、わずか2時間ほどで固形物を取り除くことができる。そのため非常に高価ではあるが、大規模なワイナリーで広く導入されている。

遠心分離機は発酵前の果汁のみならず、発酵後のワインに対しても使用できる。たとえば、発酵終了後のワインから酵母の死骸などを取り除いたり、発酵終了後に清澄剤（P292参照）を使用した場合に生じる沈殿物を除去したりもすることも可能だ。

このように清澄化の作業を必要とするさまざまな場面で効力を発揮する遠心分離機ではあるが、一部の醸造家からは、果汁やワインにダメージを与えかねない乱暴な道具だという声も挙がっている。事実、遠心分離機はタンク内のフィルムが高速で回転するため、空気中の酸素を過剰に供給して果汁やワインを酸化させてしまうこともある。これは、発酵前の果汁の段階であればさほど問題にはならないが、発酵後のワインの場合は取り返しのつかないことになりかねないので、必ずタンク内に窒素など不活性ガスを充填して、酸素がワインに溶け込まないようにすることが重要である。ただし、現在では下の写真のような密閉式の遠心分離機も開発されている。

⊙フローテーション

フローテーション（flotation）はもともと鉱業界で用いられてきた選鉱

遠心分離機は清澄化に要する時間を大幅に短縮できるため、大規模なワイナリーで重宝されている。

法のひとつで、粉状にした鉱物と、油や試薬、気泡剤などを加えた水を懸濁《けんだく》させ、そこに空気を送り込むことで、特定の鉱物だけを気泡に付着させて浮き上がらせる手法である。そのため浮選《ふせん》、あるいは浮遊選鉱法とも言い、これと同様の手法がときおりブドウ果汁の清澄化でも用いられている。清澄化の場合には、タンク内の果汁に微細な窒素の気泡を送り込み、混在する固形粒子を捕捉させて浮遊させる。そして、固形粒子が果汁の表面に浮き上がったところを回転する吸着装置ですくい取るという仕組みだ。この手法を応用して、窒素の代わりに空気を使用すれば、清澄とハイパー・オキシデーションを同時に行うことができる。

ハイパー・オキシデーション

発酵後のワインの鮮度と果実味を保ちたいのであれば、酸化を防ぐことが何よりも大切だというのが、一般に受け入れられているセオリーである。しかし発酵前の果汁となると、酸化に関して賛否が分かれる。たとえば一部の醸造家は、「果汁をあまりにも酸素から切り離すと、かえってワインが酸素に過敏になる」と考えている。こうした発想から白ワインの醸造において生まれたのが、発酵前の果汁に圧縮空気を供給してワインの安定化を図る、ハイパー・オキシデーション（hyperoxidation）という方法である。

この方法は果汁を強制的に酸化させるため、嫌気的醸造が盛んな現代においては問題視する向きも多い。だが、果汁に含まれる酸素に敏感な成分（苦味や雑味のもととなる低分子ポリフェノール類）を酸化により破壊することで、安定したワインに仕上げることができるのも事実だ。その仕組みは、底に気泡の注入口がたくさんある特殊な構造をしたタンクに果汁を入れ、空気の気泡を送り込むというものだ。もちろん果汁には、酸化反応を妨げる二酸化硫黄は添加しない。

すると、まず、果汁の表面に固形粒子や泡沫といった不純物が浮かび上がってくる。これらは前項で紹介したフローテーションの技術を応用して取り除けばよい。それから、酸素に敏感な成分から反応が始まって、次第に安定性の高い成分までも酸化していく。したがってこの作業には、どの段階で酸化を止め、発酵に入るべきかを知り尽くした熟練の技が必要となる。もうひとつ留意してほしいのは、フレッシュ感があり、果実味の豊かなワインを目指す場合には、ハイパー・オキシデーションを安易に用いるべきではないということだ。なぜなら、過度に酸化させるとワインの個性である果実味を損なう可能性があるからだ。

果汁が酸化する過程では色調がコーヒーのように黒くなるので、初めてその光景を目にした醸造家は絶句するに違いない。だが次の発酵の工程で、黒ずんだ果汁が通常のワインの色調を取り戻していくことにはさらに驚かされるだろう。この反応を化学的に還元と言い、酸化とは対照的に、還元は酸素が取り除かれることで起こる。つまりアルコール発酵では、酵母の活動により糖や酸素が消費されて二酸化炭素が発生し、発酵中の果汁から酸素がほぼなくなるため、還元が起きるのだ。ただし、還元はすべての成分に対して均等に作用するのではなく、果汁に存在する酸化しやすい不安定な成分だけを破壊する。その結果、仕上がったワインの安定度が向上するというわけだ。

実際にハイパー・オキシデーションの導入によりワインの寿命が長くなることが確認されており、南フランスのある大規模な生産者などは、繊細なロゼワインの貯蔵寿命を実質的に2倍にしたほどである。

補酸

ヨーロッパ南部やオーストラリア、カリフォルニアのような温暖な地域で栽培されているブドウは、糖度が高くなり、酸度が低くなる傾向にある。だが、これは酸の添加によって容易に調整することができ、通常はブドウ由来の酒石酸が加えられる。そのほかに、安価で購入もしやすい柑橘由来のクエン酸を使うという手もあるが、一部の酵母によって代謝されて酢酸に変換されるので、揮発性酸度が上昇してしまう。そのためEUでは、酒石酸による補酸（acidification）のみを認めている。とはいえ、補酸が可能なのは気候区分でゾーンCⅡとCⅢ（ヨーロッパにおけるワイン産地の気候区分についてはP125を参照）に指定されている地域のみで、その最大添加量は1.5g／ℓ以下とされている。

補酸の方法は極めてシンプルで、搾汁後の試飲と分析結果に基づいて1タンク当たりの果汁に必要な酒石酸の量を導き出したら、それを少量の果汁に溶かしてタンクに注ぐだけでいい。

その昔、スペインのヘレスでは硫酸カルシウム（石膏と呼ばれる天然鉱物）を果汁やワインに添加していた。硫酸カルシウムは酒石酸カルシウムと結晶して沈殿するため、この性質を利用して硫酸水素カリウムを果汁やワインのなかに残すことで酸度を上昇させていたのだ。しかし現在では、ほかの産地と同様、酒石酸を直接添加する簡単かつ効果的な方法をとるようになっている。

調和のとれたワインに仕上げるには、補酸を発酵前の果汁に行うことが最良だが、EUの規則では発酵後の補酸も認めている。ただし、発酵後のワインへの補酸による調整は、果汁に対するものよりも厳しい規定となっている。

除酸

EUの大部分の地域は冷涼な気候であるため、ブドウが完熟したとしても総酸度が高くなる傾向にある。これを踏まえEUでは、ゾーンCⅢ（b）以外の全域で酸度を下げる工程、すなわち除酸（deacidification）を認めている（ゾーンCⅢ［b］はEU圏内でもっとも温暖な気候で、たいていの場合は除酸どころか酸を渇望している地域である）。

除酸は化学的には簡単な原理だが、その方法は補酸のように単純ではない。なぜなら酸は物理的に除去できないため、化学反応により酸を中和する必要があるからだ。さらにブドウ果汁やワインには、酒石酸とリンゴ酸という主要な酸のほかにさまざまな種類の酸が含まれていることも、その理由のひとつとして挙げられる。

ブドウ果汁の酸を中和させる方法のひとつは、炭酸塩を加えることである。これは、私たちが消化不良を起こしたときに胃薬を飲むという昔ながらの対処療法（重炭酸ソーダが胃酸を減少させる）と同じメカニズムであり、果汁の除酸には主に炭酸カルシウム［訳注：石灰岩や大理石などの主成分で、セメントや顔料、医薬品などに用いられる］と炭酸水素カリウム［訳注：食品の膨張剤またはpH調整のための緩衝剤として用いられる］などが使われる。

これらの炭酸塩は酒石酸と反応して結晶化するので、果汁から主に酒石酸を取り除くことができる。ただし、炭酸カルシウムに含まれるカルシウムイオンと酒石酸が結びついてできる酒石酸カルシウムは、どんな温度帯でも溶解性がほぼ不変であり、冷却したとしても結晶化するまでにかなり時間がかかる。そのためワインをボトリングした後に、瓶内に大量の酒石結晶が沈殿するという別の問題を引き起こしてしまう。

そこで、酒石酸カルシウムの結晶を瓶から除去するという面倒な作業を避けたい醸造家たちは、カルシウムイオンを含まない炭酸水素カリウムの使用を好む。炭酸水素カリウムと酒石酸が反応すると低い温度で溶解性を失い、酒石酸水素カリウムとして比較的結晶化しやすくなるため、冷却することで簡単に除去できるのだ。

しかし、この方法で除去できるのは酒石酸のみで、リンゴ酸にはほとんど効果がない。

それは、リンゴ酸に含まれるカルシウムとカリウム塩は溶解性が高くて沈殿しにくいという性質があるからだ。特に冷涼な気候で栽培されたブドウはリンゴ酸を豊富に含むため、これらの炭酸塩を果汁に添加したとしても、結果として角の立ったワインとなってしまう。こうしたことから、醸造家のなかには発酵前の果汁ではなく、発酵が終了してワインになった段階で除酸を行う者もいる。その具体的な方法は、一定量のワインをタンクから別の容器に移し、適量の炭酸塩を加えてすべての酸を中和したのちに、再びタンクに戻すというものだ。これにより総酸度を下げることができるため、ワインのバランスを調整したいときには非常に有効な方法である。

⊙アシデックス

ブドウ果汁の酸度を下げるにははにはもうひとつ、アシデックス（Acidex）というブランド名の特殊な炭酸カルシウムを使用する方法もある。アシデックスは、酒石酸カルシウムとリンゴ酸カルシウムからなる複雑な複塩（2種以上の分離可能な塩が結合した化合物）の構造を持った粉末状の粒子を少量含んでおり、その複塩が果汁に含まれる酒石酸とリンゴ酸の両方と結合して溶解性の低い結晶を生成する。そのため、酒石酸もリンゴ酸もいっぺんに取り除くことができる。こうした複塩の作用にちなみ、アシデックスを使った除酸は複塩除酸法（Double-salt Deacidification）とも呼ばれる。

ただし、アシデックスを使用するには、果汁中に酒石酸とリンゴ酸がほぼ同じ割合で含まれていることが前提条件となる。したがって、使用前には必ず両方の酸の割合を分析しなければならないが、往々にして冷涼な産地のブドウには、酒石酸よりもリンゴ酸が豊富に含まれている。そこで、果汁にわざわざ酒石酸を加えてから除酸するという、誠に奇妙なことも行われている。ともあれアシデックスは非常に高価なため、現在のところイングランドやドイツのような特に寒さが厳しい産地のブドウや、リンゴ酸が過剰なブドウへの使用に限られている。

補糖（シャプタリゼーションとエンリッチメント）

発酵前のブドウ果汁に糖分を加えてアルコール度数を高め、ワインの品質向上につなげる試みは、18世紀終盤からフランスで行われ始めた。だが当時は、その化学的メカニズムについて生産者の間で認識されておらず、甘味作用のあるさまざまな成分が添加されていた。また、こうした処置はフランスの法律で認められたものでもなかった。

同国で初めてテンサイ糖（テンサイ由来のショ糖）をブドウ果汁に添加することが正式に認められたのは、ナポレオン戦争が終わった1815年のこと。ときの農商大臣であり、同国を代表する化学者でもあったジャン＝アントワーヌ・シャプタル（1756～1832年）が、ワインの風味を豊かにするために過剰生産されたテンサイ糖を利用できるのではないかと提言したのがきっかけだった。これにより、ブドウ果汁にショ糖を加える手法が広くとられるようになり、この手法はシャプタルの名にちなんでシャプタリゼーション（chaptalization：フランス語ではシャプタリザシオン〔chaptalisation〕）と呼ばれるようになった。

しかしこの手法は、特に発祥地フランスで使用されなくなりつつある。その理由は、シャプタリゼーションを濫用した結果、ワインに弊害をもたらし、フランスのワイン史に汚点を残すこととなったからである。こうしてシャプタリゼーションは、偉大な人物の名を冠するにふさわしからぬ、後ろ暗いものとして記憶されるようになった。

そのような歴史もあり、シャプタリゼーションはほかのどんな処置よりも詐欺行為として物議を醸している。ただし糖の添加自体が悪いわけではなく、問題の根源は生産者の姿勢、つまり補糖の濫用にこそある。そのためEUでは、委員会規則でショ糖の添加が認められている（添加量の上限は気候区分によって異なる）にもかかわらず、各加盟国が国内法で厳格な基準を設けている。たとえばフランスでは、地方ごとに細かい基準が定められ、ブルゴーニュにいたっては地区ごとに独自の基準を設定している。またイタリアやオーストリアでは、シャプタリゼーション自体を禁止している。

一方、特に冷涼な産地では、ブドウ自体に含まれる糖だけでは十分なアルコール度数が得られないことが多いため、不作の年にはシャプタリゼーションに頼らざるをえない。ここで、そもそもワインにとって適切なアルコール度数とは——という疑問が浮かぶ。それは地域や品種、そしてワインのスタイルによって異なるだろうし、いろいろな見解があるのもまた事実である。確かなことは、シャプタリゼーションを過剰に行えばワインの風味が希釈されてしまうが、アルコール度数が低すぎればワインのバランス自体が崩れてしまうということだ。このようにアルコール度数はワインの品質に直結する重要な要素であることから、醸造家はワインのスタイルや仕上がりに合わせ、シャプタリゼーションを行うべきか否かという重要な判断を迫られる。

シャプタリゼーションを行う際、EUの委員会規則では添加する糖として、シャプタルも推奨したテンサイ糖と甘ショ糖（サトウキビ由来のショ糖）の2つを認めている。そのほかにEUでは、糖を補強するものとして精製濃縮ブドウ果汁（RCGM：Rectified Concentrated Grape Must）の使用も認めている。これは、ブドウ由来のブドウ糖と果糖を主成分とする無味無臭の透明なシロップ状の液体で、近年ではショ糖よりも広く用いられている（ブドウ果汁のままで使われる場合もないわけではないが、精製されてRCGMとなった状態のほうがより多く使われている）。こうしたブドウ糖と果糖による糖分補強をエンリッチメント（enrichment）と呼び、ショ糖によるシャプタリゼーションと区別している。しかしながらショ糖を加えた場合でも、発酵前の果汁に含まれる酸によってブドウ糖と果糖に変換されるため、エンリッチメントとシャプタリゼーションに実質的な違いはないと言っていい。

それでも昨今、ワインはブドウ由来のもののみで造るべきだと主張する人が増え、ショ糖の使用禁止を求めるロビー活動なども行われている。理にかなった主張であるし、世界的に過剰生産されたブドウを有効利用することにもつながるだろう。だが、添加する糖がブドウ由来であろうとなかろうと、出来上がるワインの品質は同じだ。忘れてならないのは、どんな糖分も発酵中にすべてアルコールに変換されるので、ワインの甘味には一切影響を及ぼさないという事実だ。したがってそうした議論は、政治家に任せておけばいい。

果汁の濃縮

ブドウ果汁の糖度を上昇させるには糖を添加する以外にも、果汁に含まれる水分を取り除き、糖分を濃縮させるという選択肢がある。これには3つの方法が存在するが、どの方法をとる場合にも、その年のブドウの出来具合に応じた制限や規定の有無などを各国の関係当局に必ず確認しなければならない。

これらの濃縮法により、以前見られたような、作柄の不良な年ゆえの出来の悪いワインというものはなくなった。不作な年でも、果汁の糖分を濃縮することで風味の貧弱さや酸の厳しさをやわらげ、適度な品質のワインに仕上げることができるようになったのだ。しかし果汁を過剰に濃縮すれば個性を失い、どんなワインも以前のオーストラリアのシラーズやカリフォルニアのジンファンデルのようなワインとなってしまう可能性があるので注意が必要だ。

これから紹介する3つの方法ではいずれも通常、一定量の果汁をタンクから抜き出して濃縮した後、再びタンクに戻すという手順がとられる。

⊙減圧蒸留法

水は常圧（1気圧＝760㎜Hg＝1013.25hPa）下では100℃で沸騰するが、圧力を下げるほど沸点が低くなり、可能な限り減圧した場合には25～30℃で沸騰する。この性質を利用したのが減圧蒸留法（Vacuum Distillation）で、常圧下で沸点まで加熱すると分解してしまう物質や、沸点が高く常圧下での蒸留が困難な物質の分離・精製に広く利用されている（一般には200㎜Hgほどで行う）。

もしブドウ果汁を常圧下で蒸留したならば、100℃付近ですぐに飴になってしまうが、減圧により沸点を30℃程度に下げて蒸留すれば、果汁に含まれる成分にほとんど影響を与えずに水分を蒸発させることができる。これを専用の装置によって行う減圧蒸留がブドウ果汁の最古の濃縮法であるが、当初の装置は加熱によって香り成分も一緒に揮発させてしまうという問題点を抱えていた。しかし最新型の減圧蒸留装置では、香り成分を冷却することで濃縮し、蒸留後の果汁に戻すことのできる技術が搭載されている。

イタリア、バローロのワイナリーにある減圧蒸留装置。

⊙クリオ・エクストラクション

クリオ・エクストラクション（cryo-extraction。クリオ・コンセントレーション［cryo-concentration］とも言う）も古くから用いられている濃縮法で、ブドウ果汁を凍結させることで生じる氷の結晶（余分な水分）をフィルターなどで除去し、残った濃縮果汁を抽出する（「cryo」は「冷凍の」、「extraction」は「抽出」という意味で、凍結濃縮法とも呼ばれる）というものだ。これは冷却装置さえあれば簡単にできてしまう非常に便利な方法で、果汁の風味をほとんど損なわないという利点もある。

⊙逆浸透法

浸透とは、人体の細胞を覆う半透膜で絶えず行われている自然現象であり、この働きにより体内で水分濃度の均一が保たれている。具体的には、半透膜は溶媒（水や液体）を通すが高分子量の物質（溶質）は浸透させないため、溶媒が濃度の低いほうから高いほうに移動し、自然と両側の濃度差が小さくなる。このとき、液体が浸透する圧力を浸透圧と言う。

3つ目の濃縮法である逆浸透法（reverseosmosis）は、濃度の高い液体のほうに人工的に浸透圧を超える力を加えることで、水分だけを濃度の

逆浸透装置は果汁などを濃縮したり、アルコールを除去したりできる。

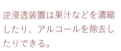

低いほうに移動させる逆転現象を利用したものである。この技術を搭載した逆浸透装置は、香り成分を損なわずに、水分だけを高圧で濾過するように排出できるため、果汁を濃縮するのに非常に効果的である。逆浸透装置はまた、低アルコール飲料やノンアルコール飲料を生産する際のアルコール除去にも利用されているほか、海水を真水に変換する際にも用いられている。

栄養素

ここで言う栄養素とは、発酵の際に必要な酵母の増殖を促す成分のことを指す。とりわけ重要なのが窒素で、この栄養素は酵母が増殖する際に必要なアミノ酸とタンパク質を自らの細胞内で生成するうえで不可欠な成分である。ただしこれと、ワインの酸化防止のために使用する不活性ガスの窒素（N_2）（P86参照）とを混同しないでほしい。栄養素である窒素は、化学的にはアンモニウム化合物（NH_4）の形をした結合窒素を言う。

ブドウには、こうした天然由来の栄養素が豊富に含まれているが、発酵時に酵母が栄養不足に陥ると、ストレスから硫化水素を生成し、不快な還元臭を引き起こす場合もある。この問題は特に窒素が不足した場合に発生しやすいが、リン酸二アンモニウム（厳密には、リン酸水素二アンモニウム）や硫酸アンモニウムなどのアンモニウム化合物を添加する（上限は1g／ℓ）ことで簡単に改善できる。

窒素のほかに、チアミン（ビタミンB_1とも呼ばれる）も酵母を増殖させる大切な栄養素として知られており、0.6㎎／ℓ以下であれば添加することが認められている。

そのほかの処置方法

⊙ベントナイト

粘土の一種であるベントナイトを発酵前の果汁に添加することで、いくつかのタンパク質を除去し、果汁の粘性を低下させることができる。さらにベントナイトには強力な酸化酵素のひとつであるポリフェノールオキシダーゼ（植物に含まれるポリフェノールを酸化させ、褐色に変化させる酵素）も若干取り除いてくれるため、果汁を酸化から守ることもできる。だが過剰に使用すると、発酵に必要なほかの栄養素も一緒に取り除いてしまうので注意が必要だ。

⊙活性炭

もし白ワイン用の果汁が褐色になってしまったら、色調を整えるために活性炭を100g／ℓまで添加することが認められている。ただし色調を整えるのと同時に、風味成分まで一緒に取り除いてしまうので、取り扱いには十分な配慮が必要である。

⊙タンニン

ブドウ由来のタンニンならば、発酵前の果汁に添加することができる。だが添加しすぎると、仕上がったワインが非常に渋味のある、タンニンばかりが強調された味わいになってしまう。こうした事態を避けるためにも、この処置を施す際はくれぐれも慎重を期してほしい。

第7章

発酵

どんな愛も最初はこくのあるワインのようだ。
発酵し苦悩を重ねて、みごとな成就をとげる。
――サミュエル・バトラー（1612〜1680年）

発酵という工程は多岐にわたるが、良質なワインを生み出すことを最終目標とするならば、まずはこの工程を正確に定義付ける必要がある。生化学者であれば、発酵とは酵母などの微生物による代謝や、微生物から抽出した酵素（化学反応を触媒するタンパク質）の作用を利用して、人間にとって有用な物質を産出することなどと定義するだろう。たとえば、抗生物質やビタミン、グルタミン酸ナトリウム、クエン酸、アセトンなどは発酵によって生成される製品であるが、これらはほんの一例にすぎず、現在では食品業界や医薬品業界などでさまざまな製品がつくり出されている。

一方、ワインの造り手と飲み手が興味を抱くのは、アルコール発酵である。これは、酵母が酵素の力を借りて糖をアルコールと二酸化炭素、そして熱に分解することを意味するが、ワインを定義する言葉として一般に定着しているのは、「新鮮なブドウから得た果汁を発酵させたもの」という短い一文だ。この一文には、ワイン醸造における機微と原理原則が驚くほど集約されている。そこでブドウ果汁からワインに変わる発酵に関しての解説に入る前に、そもそもワインとは何かという点についてまとめておこう。

- ワインはアルコール発酵を経ずには造れない。ノンアルコール・ワインでさえアルコール発酵を行い、ワインを造ったのちにアルコールを取り除くという手順を踏む（その際に風味も取り除かれてしまうが）。
- ワインはブドウから造られる。ブドウ以外の果実から造られたものは「フルーツ・ワイン」となり、その果実の名前をラベルに記載しなければならない。

- ブドウや果汁はフレッシュな状態で使用しなければならない。（ただし、この「フレッシュ」という言葉は、アマローネやヴィンサント〔訳注：いずれもブドウの果実を遅摘みし、陰干しで乾燥させて造るイタリアのワイン〕を造る場合にはやや拡大解釈される）。あえてこの点について明記した理由は、19世紀の終わりにフィロキセラ禍の影響で、ヨーロッパでは輸入されたレーズンや濃縮還元ブドウ果汁を使って「ワイン」（実際はワインの模造品）を造っていた歴史があるからだ。そうしたこともありEUの法律では、長きにわたりイギリスで「ブリティッシュ・ワイン」として親しまれてきた、輸入したブドウや濃縮還元果汁から造られる飲み物はワインとして認めておらず、ブドウの栽培地であるイングランドとウェールズで収穫されたフレッシュなブドウから醸造される正真正銘のワインのみを「イングリッシュ・ワイン」と「ウェルシュ・ワイン」としてPDO（Protected Designation of Origin：原産地呼称保護）に分類している。

酵母

アルコール発酵はあまたある酵素反応（酵素が触媒する化学反応）の一種で、アルコール発酵に使われる酵母もまた真菌類という大きな生物群に属する菌の一種である。真菌類にはキノコやカビなども含まれ、細菌類（バクテリア）と同じように有機物を分解する働きを持つが、両者の細胞構造はまったく異なる。

こうした複雑な微生物群を単純化して理解するために、ワインに使用する酵母は野生酵母とワイン酵母の2つに大別されると教えられる場合があった。だが、これは非常に混乱を招きやすい表現である。自然に発生し、土地ごとに固有なものであることを考えれば、すべての酵母は「野生」である。単にワイン醸造に適した酵母と、そうでない酵母が存在するというだけのことだ。したがって、アルコール耐性の強い酵母と弱い酵母があると考えたほうが有意義だろう。

生物学的に酵母は真菌類のなかの子嚢菌門《しのうきんもん》（*Ascomycetes*：子嚢と呼ばれる繁殖器官を形成して、そのなかに子嚢胞子をつくるのを特徴とする）に分類され、小さな袋あるいはカプセルのような形状をしている。ワイン醸造に用いられる酵母の大半は、子嚢菌門におけるサッカロミセス属（*Saccharomyces*：「糖分を好む菌」という意味）に属し、なかでも出芽酵母の代表格であるセレビシエ種（*cerevisiae*）がよく知られている。このサッカロミセス・セレビシエは、ワインのみならずビールや清酒、パンの製造などでも古くから使用されている（実際には、それぞれの用途に適したセレビシエ種の亜種が用いられる）。

セレビシエ種以外のサッカロミセス属ではバヤヌス種（*bayanus*）もワイン用の酵母として知られ、シャンパーニュをはじめとするスパークリング・ワインの瓶内2次発酵などに使われている。バヤヌス種はまた、シェリーの醸造においては発酵後のワインの表面に白い被膜（フロール［flor］と呼ばれる）を形成することから産膜酵母とも呼ばれ、シェリー特有の風味をもたらすのに大きな役割を果たしている。

ブドウ果汁の発酵時にはサッカロミセス属以外の酵母も現れ、特に自然発酵（P158参照）を行うとこの現象がよく見られる。特に頻繁に出現するのが、三日月のような形をしたクロエケラ・アピキュラータ（*Kloeckera apiculata*）であるが、アルコール耐性が低いためにすぐに死滅してしまう。ほかにはサッカロミコデス属（*Saccharomycodes*）、ハンゼヌラ属（*Hansenula*）、カンジダ属（*Candida*）、ピキア属（*Pichia*）、そしてトルロプシス属（*Torulopsis*）の酵母が現れることもある。

長年、ワインの風味にもたらす個々の酵母の役割に関してさまざまな議論がなされてきた。そうしたなか、一部の醸造家たちは、酵母の違いによるワインへの影響はそれほど大きくないと考えていた。しかし現在では、特に出荷と同時に飲めるような早飲みタイプのワインにとって、酵母の選択が非常に重要であるという考え方が広く受け入れられるようになっている。さらに近年の化学分析で、酵母の種類によってグリセロールや酢酸のような単純な物質から、カルボニル化合物や窒素、硫黄化合物、フェノール、さらにはラクトンやアセタールのような複雑な構造を持つ物質まで、さまざまに異なる代謝物が発酵中に生成されることも明らかになった。こうした物質の多くが相互に作用することを考えると、ミクロ・フローラ［訳注：特定の場所における微生物相］の構成がワインの複雑さと風味に重要な影響を与えると聞いても、何ら驚くにはあたらない。

一方で、ブレタノマイセス属（*Brettanomyces*）の酵母のように、馬小屋のようなにおいを発生させる微生物も存在する（その一方でブレタノマイセス属の酵母は、少量であればワインの風味に個性や複雑さを与える。詳細はＰ４４８を参照）。したがって、ワインの仕上がりが酵母などの微生物の種や亜種によって少なからず左右されることは間違いない。ただし、その影響はワインが熟成するにつれて減少していく。

また、ワインの重要な成分に対する耐性も酵母の種類によって異なる。たとえば、ワインの主要なアルコール成分であるエタノールへの耐性はサッカロミセス・セレビシエがもっとも強く、アルコール度数が23％くらいになるまで活動を続けることができる。一方、カンジダ属の場合はアルコール度数６〜９％くらいまで、ハンゼヌラにいたっては３〜４％ほどで死滅してしまう。

同様に、二酸化硫黄への耐性も酵母の種類によってさまざまである。もっとも耐性があったのが、やはりサッカロミセス・セレビシエで、発酵前に少量の二酸化硫黄を添加することで、発酵の邪魔をするほかの細菌を除去しつつ、ワイン醸造に適したこの酵母が活発化するための環境を整えることができる。

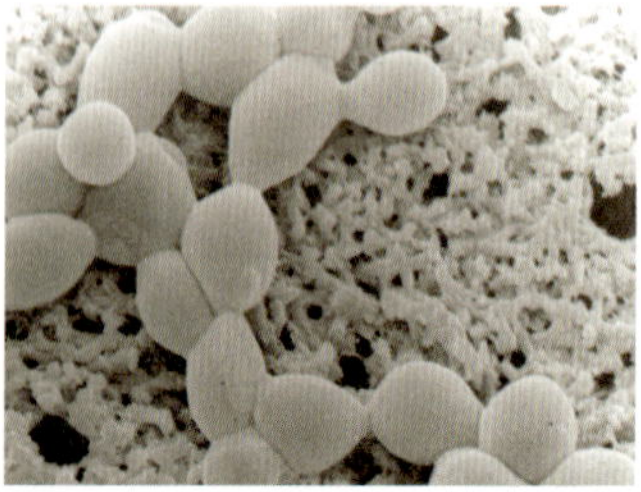

増殖中のサッカロミセス・セレビシエの細胞。

酵母の働き

酵母は、嫌気条件下と好気条件下のいずれの環境でも生存できるという素晴らしい適応能力を持っている。好気環境に置かれた酵母は活発に増殖するが、アルコールは生成しない。というのも、酸素があると酵母は呼吸（好気呼吸）を行って糖を二酸化炭素と水に分解し、生命活動の維持に必要なエネルギーを生成するという代謝機能に適応するからだ。好気条件下での酵母の活動を簡潔に示すと次のようになる。

酵母＋糖 → 水＋二酸化炭素＋熱

おおまかに言えば、これは人間を含む好気性生物が行う代謝活動と同じである。私たち人間も呼吸により取り入れた酸素で食べ物などの栄養分を二酸化炭素と水に分解し、エネルギーを生成する。そして、不要となった二酸化炭素などの老廃物は体外に排泄する。同様に酵母も代謝物である二酸化炭素と水を空気中に放出するが、それらは植物によって再び吸収され、糖が合成される。これは要するに、酵母も自然界における炭素循環（P27参照）の一部を担っているということである。

こうしたことから、酵母が好気環境を好むのは明らかだ。それは、好気条件下では明らかに酵母が活発に増殖し、しかもそのスピードが速いことからもわかる。酵母の増殖速度が速ければ、ブドウ果汁の劣化を防ぐ効果も期待できる。これまで本書では、酸素は果汁を酸化させるというネガティブな側面を説明してきた。だが、こと発酵を開始する前の段階においては、酸素が歓迎される数少ない機会なのだ。

ただし、酵母が無制限に酸素を消費できる環境にあるとアルコールを生成せず、ノンアルコール・ワインとなってしまう。したがってワインを造るうえでは、酵母に嫌気性の活動モードに切り替わってもらわないといけない。こうした酵母の活動変化は自然に起こる。なぜなら、ブドウ果汁に含まれている溶存酸素は酵母の増殖にともなってすぐに消費され、嫌気条件下に置かれることになるからだ。すると酵母は酸素を使わない呼吸(嫌気呼吸)を行って、糖を水ではなくアルコールに分解し、エネルギーを得るようになる。嫌気条件下での酵母の活動を要約すると次のようになる。

酵母 + 糖 → アルコール + 二酸化炭素 + 熱

嫌気条件下では酵母の増殖速度が明らかに低下するとともに、代謝活動も鈍くなることから、酵母が嫌気環境ではなく好気環境を好むのは間違いないだろう。だがワイン醸造においては、嫌気条件下でアルコール発酵を行ってもらう必要があり、その過程を化学反応式で示すと次のようになる。

$$C_6H_{12}O_6 \rightarrow 2C_2H_5OH + 2CO_2$$

ブドウ糖 → エタノール ＋ 二酸化炭素

180　　92　　88

この反応式はさまざまな有益な情報を含んでおり、アルコール発酵の原理を理解するうえで大いに役立つだろう。たとえば1分子のブドウ糖からは、アルコールと二酸化炭素がそれぞれ2分子ずつできることがわかる。ただしこの反応式は、アルコール発酵の過程を簡素化して示したものであり、ブドウ果汁にはブドウ糖だけでなく、それとほぼ同量の果糖なども存在する（ブドウ糖と果糖は同じ種類の原子を同じ数だけ持っているが、立体的な構造が違うために異なる性質を示す。こうした関係にある化合物を異性体と呼ぶ）。

嫌気条件下にある酵母は、これらの糖をアルコールと二酸化炭素に分解してエネルギーを手に入れるわけだが、アルコールとして生成されるのも、右記の反応式で示したエタノールがすべてではない。ワインに含まれるアルコールの主要成分であるエタノール以外にも、少しずつではあるが数多くのアルコール類が生成され、それらが最終的にワインのブーケや風味に大きな影響を与えるようになるのだ。このようにアルコール発酵ではさまざまな化学反応が起こっており、それらすべてがワインに複雑味を加えている。

また、右記の化学反応式の一番左に示した数値はアルコール発酵に関わる各物質の分子量（相対分子質量とも言う）を表しており、これは分子を構成する原子の原子量［訳注：質量数12の炭素（^{12}C）原子1個の質量を12とし、これを基準として定めた原子の相対的質量のこと］の合計を計算すれば求めることができる。ブドウ糖（$C_6H_{12}O_6$）を例にとると、水素（H）の原子量は1（^{1}H）、酸素（O）の原子量は16（^{16}O）であるから、「12×6＋1×12＋16×6」で分子量は180となるわけだ。その単位に特に決まりはなく、キログラムで示すと、アルコール発酵では180kgの糖（ブドウ糖）から92kgのアルコール（エタノール）と88kgの二酸化炭素が生成されることになる。要するに、糖のほぼ半分がアルコールに、残りの約半分が二酸化炭素になるということだ。

　アルコール発酵で生成した二酸化炭素はただちに空気中に放出されるが、もしこれだけの量の二酸化炭素が発酵槽に充満し、それを高濃度の状態で吸い込んだりすれば一瞬にして窒息死してしまう（二酸化炭素の危険性についてはP88を参照）。したがって発酵中および発酵後は、十分に換気をすることが非常に大切だ。

　なお、この化学反応式で挙げた数値は物質の質量を基準にしているが、アルコール度数に関しては通常、ワインに含まれるエタノールの体積の割合、すなわち体積《ボリューム》パーセント（Percent by Volume：略して「% vol」）で表記される［訳注：日本ではアルコール度数の単位として「%」のみ、もしくは「度」を使用している］。アルコールの単位を質量から体積に変換するには、アルコール（エタノール）の密度を知る必要がある。エタノールは水（ほぼ1g／mℓ）より密度が軽く、1mℓ当たり0・7897gである。この数値を用いれば、単純な計算で、ブドウ果汁1ℓ当たり17gの糖から1%のアルコールが得られるということがわかる。そしてこの式と果汁の糖度に関する分析結果を併用することで、果汁への補糖を行う際に必要となる糖分量を導き出すこともできる。

たとえば、アルコール度数12%のワインを造りたいと考えたが、果汁に170g/ℓの糖しか含まれていなかったとしよう。その場合、どれだけの糖を添加したらよいだろうか。

- 前述のように、17g/ℓの糖から1%のアルコールが生まれる。
- 現在の果汁の糖度は170g/ℓなので、アルコール度数は10%ということになる。
- アルコール度数12%のワインを造るには、あと12−10=2%上げる必要がある。
- したがって、糖の添加量は2×17=34g/ℓとなる。
- 仮に果汁が4000ℓであれば、4000×34=136kgの糖が必要になる。

ただし、ここで説明したことは、あくまで発酵に必要な糖分量と、そこから得られるアルコール度数を簡略化したものであり、おおよその計算であるということに留意してほしい。

自然発酵

自然発酵は、自然界のミクロ・フローラを利用して行われる伝統的な発酵方法である。ミクロ・フローラはブドウの果皮や、畑やワイナリーの空気中などに土着しているさまざまな酵母や細菌から構成される。何世紀にもわたってワインが造られてきた産地では、ミクロ・フローラに含まれる酵母の一部が突然変異と自然淘汰を経て優れたワイン酵母となり、発酵の工程において重要な役割を果たしてきたのだ。

自然発酵でも通常、発酵前のブドウ果汁に二酸化硫黄を添加することで、発酵の邪魔をする細菌を死滅させる。そうしてアルコール発酵を開始する環境が整うと、大量に存在する酵母群が発酵を開始する。しかし酵母群の一部にはアルコール耐性が弱いものがおり、アルコール度数が3～4％に達すると活動を停止してしまう。最後まで発酵を成し遂げるのは、前述したサッカロミセス・セレビシエだ。だが、この酵母には畑ごと、さらには収穫年によってもさまざまに異なる亜種が存在する。かように自然発酵は不安定で予測が難しい側面があるため、この発酵方法を用いたワイン造りは減少傾向にある。

しかし一方で、自然発酵に魅力を感じている醸造家が復活してきたことも事実である。その理由は、発酵時にさまざまな微生物が織りなす複雑な反応によってワインの個性が引き立ち、複雑味も増すという効果があることがわかってきたからだ。この発酵方法は自然界に存在する微生物の力に完全に依存するため、「ワイルド・ファーメント（野生発酵）」などとも呼ばれている。

培養酵母

近年の研究で、ワインのニュアンスは熟成初期段階における酵母の存在に大きく左右されることが明らかになった。そのため、目標とするワインの個性やスタイルに適した培養酵母を選ぶ醸造家が増えている。特に品質に並々ならぬこだわりを持つ醸造家たちは、ワインに合った培養酵母を注意深く選択しているが、その裏にはしばしば長年にわたる試行錯誤がある。

最高品質の自然酵母は、何世紀もの間ワインが造られてきたブドウ畑で見つかる可能性が高く、こうした酵母を採取し、純粋培養することでさまざまな培養酵母が商品化されてきた（微生物学者にとって、採取した微生物たちをひとつひとつ分類し、培養によって発酵可能な数量にまで増殖させることはごく簡単な作業である）。フリーズドライ化して顆粒状にしたものもあれば、栄養分を含んだ寒天培地で培養されている生きた状態のものもあるが、フリーズドライ化したものは保存期間が長く、果汁と混ぜるだけで簡単に活動を開始するという利点がある。

とはいえ、どちらの形の培養酵母も使い方は簡単で、さまざまな種類の酵母が含まれた果汁を滅菌消毒する必要もない。なぜなら、ある酵母がほかの酵母より勢いよく増殖できるか否かは酵母数の密度しだいであり、もっとも高密度の酵母がほかを圧倒するからだ。醸造家のなかには、キラー酵母と呼ばれる、他系統の酵母を死滅させる毒素を分泌する培養酵母を使って発酵不順や品質劣化を防止している者もいる。

ここで、培養酵母の一般的な使用手順を説明しておこう。まず、殺菌濾過した100㎖の果汁に培養酵母を植えつけ、酵母が活動を開始するまで暖かい場所に置く。酵母の活動が始まったら、大型の容器に入れておいた果汁に注ぐ。そして再び酵母が活発化したら、発酵槽に加えてかき混ぜる。すると、ほかの酵母たちを圧倒しながら増殖し、アルコール発酵を進めていく。こうして、発酵前の果汁にどんな酵母が含まれていようと培養酵母がそれらを圧倒し、必然的に生き残ることとなる。

だが培養酵母には、ひとつ大きな欠点が存在する。酵母の選択を間違えると、個性や地域性に乏しい平板な味わいのワインになってしまうのだ。昨今よく目につく、いつも完璧で均質化された工業製品のようなワインがまさにそれだ。世界には無限とも言える種類のブドウ品種が存在し、多種多様なスタイルのワインを楽しめるはずなのに、どれもみな似たような味わいになっているのは、近年のワイン造りにおける技術革新の影響にほかならない。

このような事態を防ぐために、独創的な醸造家たちは微生物学者の手を借りながら、自分のブドウ畑で採取した微生物からさまざまな酵母を分離して培養し、個々の酵母が持つ特性について発酵実験を行って調べている。こうして最良の結果をもたらす酵母を見つけ、発酵に用いることで、品種の個性を最大限に反映しつつも生産の安定性を実現した、素晴らしいワインが造られるのだ。

温度管理

私たちと同じように酵母も生命体であり、活発に活動して糖を消費すると熱（エネルギー）を発する。これはもちろん、酵母の活動によるアルコール発酵も例外ではなく、発熱をともなうことから発酵中の果汁の温度は例外なく上昇する。ピーク時に発酵槽を触ると驚くほど熱くなっているが、これは酵母が活発に発酵を行ってくれている好ましい証左なのだ（その暖かさゆえに、ワイナリーの従業員たちがティー・ブレイクの時間に発酵槽の周りに集まってくることもしばしばあるほどだ）。

酵母の活動は果汁の温度と密接に関係しており、温度が高くなればなるほど発酵速度が増す。逆に、果汁の温度が低くなりすぎると酵母が十分に活動できなくなり、発酵速度が遅くなるばかりか、ときには発酵を停止してしまうことさえある。また、温度が高くなりすぎても酵母が死滅してしまうので、果汁の温度管理は非常に大切だ。

さらに発酵中の果汁の温度は、ブドウの風味や色素成分の抽出、および香り成分の保持という2つの要素にも深く関わっている。果汁の温度が高ければブドウの果皮から風味や色素成分を効果的に抽出できるものの、温度が高くなりすぎると香り成分が揮発してしまうのだ。特に赤ワインの場合は、果皮由来の成分と香り成分のどちらも欠くことのできない要素であるため、両者のバランスを適切に保つ温度管理が極めて重要になる。一方、白ワインの醸造では、一般的に果皮からの色素成分の抽出を目的とした工程は存在しないので、発酵の際には主に香り成分の揮発を防ぐことに留意すればいい。仮にスキン・コンタクト（P208参照）を採用したとしても、基本的に発酵前に果皮が取り除かれる。したがって白ワインの適正発酵温度は、後述するように赤ワインに比べて低くなっている。

とはいえ古くからあるワイナリーでは、人為的な温度調節は行わず、自然に任せて発酵を進めるケースが多い。これは、小ぶりな木製の発酵槽を使っているがゆえになせる業だ。つまり、これらの容器は果汁の容量に対して液体表面の比率が大きいため、果汁の表面から効率よく熱を逃がすことができるのだ。特に夏の終わりが早く、秋の冷え込みが非常に厳しい産地（ヨーロッパの北部地域など）では、発酵室は輪をかけて寒くなるので、通常は発酵温度を心配する必要がない。

しかし、発酵室の温度が高く乾燥している場合や、大きいタンクで発酵を行う場合には、タンクの表面積だけでは大量の熱を放出するには不十分なので、人為的にタンクの果汁を冷却する必要がある。このような場合に用いられるのが、冷却用コイルを内部に組み込んだタンクや冷却ジャケットで周りを覆ったタンクである。これらは、冷却装置内を冷媒が循環することで温度が自動的に調節される仕組みになっている。

一般的に、赤ワインの発酵温度は20〜32℃、白ワインの場合は10〜18℃の低温が理想とされている。だが、これはあくまで醸造学的な理論であり、32℃以上で発酵を行って赤ワインを造っている生産者もいるし、フランスのローヌ地方のAOCミュスカ・ド・ボーム・ド・ヴニーズには、白ワイン用の果汁を0℃で発酵させる才気あふれる造り手もいる。醸造の教本などには、「酵母は5℃以下で発酵を完全に停止してしまう」と書かれているにもかかわらずだ。

かように適正な発酵温度というのは、どのようなワインを造りたいかによっても変わってくるが、白ワインの場合は一時期、14℃以下の超低温で発酵させることが大流行した。それは、特に温暖な産地の旧式なワイナリーで生産されてきた凡庸なワインでも、果汁を超低温で発酵させるだけで品質が向上することがわかったからだ。その結果、多くの生産者が超低温発酵で白ワインを造るようになり、パイナップルやバナナなどのトロピカルフルーツの香りが支配的で、淡いグリーンがかった色調を持つワインが激増した。このような風味は、芳香族化合物であるエステルがワインに残っているために生まれる。エステルは高い温度帯で発酵を行えば揮発するのだが、超低温で発酵するとそのまま残ってしまう。問題は、エステルには風味を演出する作用がある一方で、その影響があまりにも強いと画一化した単調なワインとなってしまうことだ。

このような事態を避けるには、風味成分を揮発させてしまう高温発酵と、トロピカルフルーツを発酵させたようなワインを生み出す超低温発酵の間のちょうどよい温度を見つけるほかない。この点に関連して言うと、アルザスのとある有名な生産者が、すべての白ワインを18℃で発酵させることで、ブドウ品種の風味と個性を最大限に引き出しているという注目に値する話もある。実際に近年では、白ワインの発酵温度はおおむね15〜20℃の間が好ましいと言われるようにもなっている（低温発酵についてはＰ２０７でも改めて解説する）。

発酵工程におけるモニタリング

前述したように発酵工程における酵母の活動と果汁の温度は密接に関係しており、高温になるほど発酵速度が増す。したがって発酵速度を制御したい場合には、果汁の温度を調整する以外に手立てはない。だが、これも前項で述べたことだが、基本的に小ぶりな木製の発酵槽を使用している伝統的なワイナリーでは、人為的な温度調節をする必要はない。そうした槽を使うことで自然の成り行きに任せた発酵ができるので、気温が急に高くなったり低くなったりといった不測の事態に対処できる準備をしておけば事が足りるのだ。

一方、大量のブドウを扱う現代的なワイナリーでは、冷却コイルや冷却ジャケットが設置された発酵タンクを使用することで、酵母が発する大量の熱に対処している。これらは発酵温度を自動的に管理してくれる優れ物で、最大サイズのタンクでさえも発酵温度を難なく一定に保つ最新鋭のものが登場している。もちろんタンクが大きくなればなるほど高性能の自動冷却装置が必要になるが、特に温暖な気候の産地で最高品質のワインがなかなか生まれないのは、そうした装置を備えたタンクを導入できないワイナリーが多いことも一因として挙げられる。

どんな容器で発酵を行うにせよ、その進行過程は比重計を用いて果汁の密度を計測すれば簡単に確認できる。発酵前の果汁の密度は水よりもやや大きいが、アルコールの密度は水に比べてはるかに小さい。そのため、果汁がワインに変わっていく過程では密度がかなり低下していくが、密度を定期的に計測することにより、発酵の進行過程をグラフ化することができる。そしてグラフをもとに温度を調節すれば、発酵具合を管理することが可能になる。下のグラフは、標準的な冷却装置付きの発酵タンクを備えたワイナリーでの典型的な温度と密度の推移を示したものだ。ただし、長年にわたる醸造家たちの経験から、温度が一定の範囲に保たれていれば、こうした密度の変化はさほど重要ではないということも判明しつつある。

発酵の進行過程をモニタリングするには、別の方法もある。ヘモサイトメーター（血球計算器）か細胞数測定キットと顕微鏡とを用い、酵母の

比重計によって計測された
発酵時の温度と密度の推移

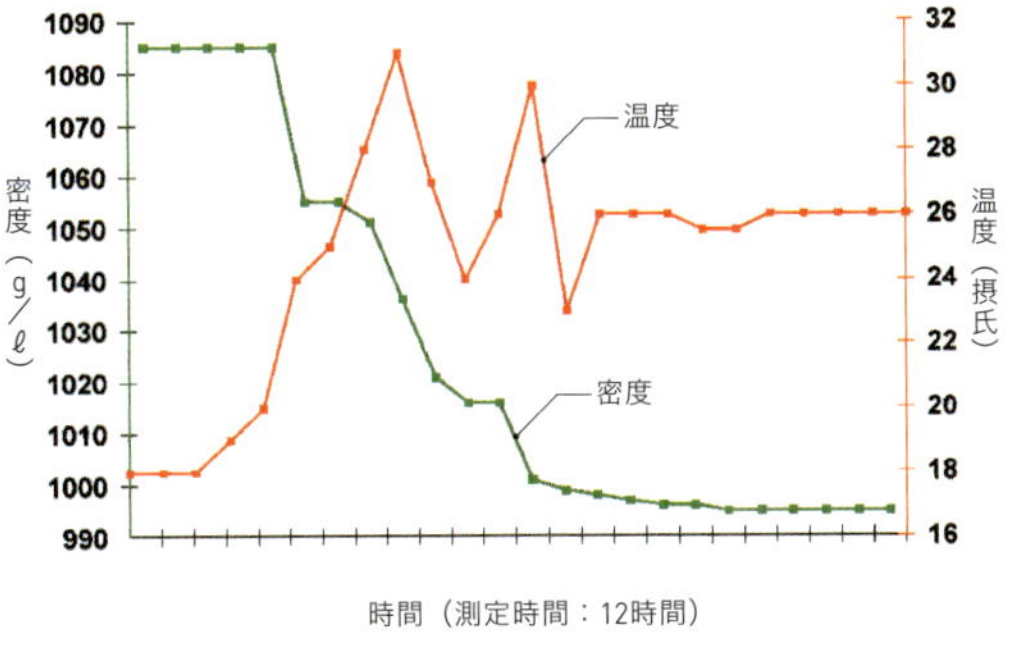

数を数えて密度を計測する方法だ。これらの器具を揃えるとなると比重計よりもコストがかさむが、この方法は本来の科学的な発酵のモニタリング方法と言える。なぜなら発酵工程で何よりも重要なのは酵母の密度であるからであり、発酵している液体の密度の変化率はそのまま酵母の密度に比例する。

発酵を止める

酵母がエネルギー源である糖を分解し尽くすと、発酵は自然に終了する。こうして糖がなくなるまで発酵を全うさせることを完全発酵と言い、伝統的なワイナリーのほとんどはこの工程を経てワインを造っている（ただし、果汁には発酵に使われない糖も含まれているので、極辛口に仕上がったワインにも2g／ℓほどの糖が残っている）。完全発酵で造られたワインは非常に安定しており、酵母が分解できる糖が存在しないため再発酵することもない。したがって現代的なボトリング技術もいらず、必要なことと言えば酸化と揮発酸の発生を防ぐことくらいだ。

発酵とは本来、このように自然に終わるものだが、それなりの時間を要する。そのため、発酵が完全に停止するまで待っている余裕のない商業的ワイナリーや、甘口のワインを醸造しているワイナリーでは、科学技術を駆使して発酵を途中で終わらせている。そこで以下に、発酵を止める5つの方法を紹介する。

1 二酸化炭素を密閉して気圧を上昇させる方法

酵母は発酵の過程で大量の二酸化炭素を生成する。この二酸化炭素を充満させて発酵タンク内の気圧を上げることで、発酵を終了させることができる。具体的には圧力タンクを使用し、そのバルブを閉めて二酸化炭素を液面上部に閉じ込める。すると気圧が徐々に上昇し、7気圧ほどで酵母は自らが生み出した二酸化炭素により窒息状態に陥る。こうなると酵母は活動できなくなり、発酵を停止する。しかし気圧を低下させれば、酵母は再び活動を開始する。つまりこの方法は、一時的なものにすぎない。

2 温度を下げる方法

前述したように0℃で発酵を行って白ワインを造っている醸造家もいるが、大半の酵母は温度が下がると活動が鈍くなり、5℃を下回ると完全に活動が停止してしまう。この作用を利用して造られるのが、アスティと呼ばれるイタリアのスパークリング・ワインで、適度なアルコール度数と糖度になったところでワインを0℃まで冷却して発酵を停止させたのち、清澄と濾過を経てボトリングされる（アスティの製法についてはP231を参照）。ただし、この方法もまた一時的なものであり、温度が上昇すれば酵母が再び活動を始める。

3 酵母を死滅させる方法

かつて、人体に害を与えるほど大量の二酸化硫黄を安易に添加して安価なデザートワインが造られていた。こうして酵母を死滅させ、発酵を止めることでワインに甘味を残していたのだ。しかし添加物に対する厳格な規定ができ、二酸化硫黄の使用上限も大幅に引き下げられたため、この方法はもはや選択できない。これよりも適切な方法は、加熱によって牛乳の微生物を殺菌する方法としてよく採用されているパスツーリゼーション（低温殺菌法。この技術は、ワイン醸造ではボトリングの際に用いられることが多い。その詳細についてはP394を参照）だ。この技術を応用し、ワインを数秒だけ80℃で加熱すれば、すべての酵母を死滅させることができる。

4 酵母を除去する方法

これには濾過によって酵母を取り除く方法や、遠心分離機によって液体から酵母を物理的に分離する方法がある。しかし、わずかでも酵母がワインに残っていたり混入したりすれば発酵を再開してしまうので、この方法も効果は一時的なものである。

5 酒精強化

酒精強化とは、発酵中の果汁に強度のアルコール（酒精）を添加することで酵母の活動を停止させ、発酵を止める手法である。こうすることで甘味が強く、アルコール度数の高いワインとなり、酒精強化ワインとして知られるポートワインやヴァン・ドゥ・ナチュレル（VDN）、シェリーなどはこの手法を用いて造られる（酒精強化ワインの詳細についてはP233を参照）。

この5つの方法のなかで、確実にワインを安定させる効果を持っているのは酒精強化だけだ。そのほかの方法では、ワインは依然として不安定な状態であり、もし何らかの理由でワインに酵母が残っていたり混じったりすれば、ボトリング後に再発酵が起こってしまう。そのため酒精強化以外の方法で醸造されたワインは、瓶内での再発酵や微生物の繁殖などを防ぐ最新のボトリング技術（第18章参照）が必要となる。

発酵を促す

通常の辛口ワインを造る際にすべての醸造家が恐れているのが、酵母に消費されるべき糖分が残っているにもかかわらず、発酵が不意に停止してしまう現象だ。この望ましからぬ現象は、果汁の温度が急激に低下した場合や、酵母の栄養分であるビタミンやアミノ酸などが不足した場合などに起こることが多い。こうしたときに発酵槽を温めるだけではほとんど効果がなく、通常は2つの方法により酵母に発酵を促す。

ひとつは、ポンピング・オーバー（液循環。P187参照）を行って果汁を発酵槽の上から滝のように注いで酸素を供給すること。もうひとつは、酵母に不足している栄養分を添加することだ。こうした処置により酵母が急激に活性化される場合もあるが、もっと確実な方法は、発酵が止まった果汁を発酵が活発に行われているほかの発酵槽に少しずつ移して、ブレンドすることである。

甘口ワイン

前述したように酵母は通常、エネルギー源である糖を分解し尽くすと活動できなくなり、発酵が自然に終了する。となると、酒精強化ワインと区別される甘口ワインはどのように造られるのか、と疑問を抱かれる人もいるに違いない。その製法は地域によって異なるが、フランスのソーテルヌやハンガリーのトカイ・アスーのように魅惑的な甘口ワインは、大まかに言うと酵母の発酵速度を著しく遅らせ、最終的には冷却と二酸化硫黄の添加によって発酵を止めることで高い糖度を残している（甘口ワインのさまざまな製法についての詳細はP214を参照）。

では、どのようにしてそれらのワインでは発酵速度を遅らせているかと言うと、実はボトリティス・シネレア（貴腐菌）が大きく関係している。

発酵中の果汁に酸素を供給するための階段状の機材。

つまり、この菌が付着して糖分が濃縮したブドウでは、必然的に果汁の糖度もアルコール度数も高くなるので、酵母の活動を徐々に弱めることができるのだ。これには前章で説明した浸透という自然現象が働いており、酵母の水分が濃度の高い果汁のほうへ吸収されていくために、酵母はどんどん収縮していき、やがて脱水症状に陥る。また、ブドウにボトリティス・シネレアが付着していると、果汁中に抗菌性のある物質が生まれる。これが酵母の発酵活動を阻害することに加えて、発酵が進むにつれて酵母の栄養分も枯渇していくので、発酵速度は輪をかけて遅くなるというわけだ。

マロラクティック発酵

アルコール発酵または主発酵として知られる酵母による発酵が終了すると、今度は異なる微生物の働きによる発酵へと移っていく場合がある。これが、マロラクティック発酵（MLF：The Malo-Lactic Fermentation）である。留意してほしいのは、マロラクティック発酵はあくまでも1次発酵であるアルコール発酵に続いて行われることもある2次的発酵［訳注：英語では「Secondary Fermentation」］であり、シャンパンなどのスパークリング・ワインを造る際の瓶内での2次発酵［訳注：英語では「Second Fermentation」］や、何らかの原因により瓶内で起こる予期せぬ再発酵（2次発酵と呼ばれることもある）とは異なる現象であることだ。

マロラクティック発酵は長い間、ワイン醸造においてもっとも謎めいた変化とみなされてきた。1次発酵を終えて貯蔵されている間にワインの風味がまろやかでおおむね好ましいものになることは早くから認識されていたが、そのメカニズムまではどうしてもわからなかったのだ。したがって、ワインの仕上がりをコントロールするのも不可能だった。第1章で述べたとおり、ブドウ果汁がワインへと変化するアルコール発酵が酵母の働きによるものであることは、19世紀半ばにルイ・パスツールによって解明されたが、マロラクティック発酵のメカニズムが明らかになったのは、それから約1世紀後の20世紀も半ばになってからのことだ。これは、ボルドーでもっとも著名なワイン学者の1人であるパスカル=リベロー・ガイヨン（1930〜2011年）らの功績によるもので、リンゴ酸（Malic Acid）が乳酸菌に代謝されて乳酸（Lactic Acid）に変換される現象（Malo-Lactic Fermentation）であることがようやく突き止められた。

そして現在では、マロラクティック発酵が、酸味の鋭いリンゴ酸が乳酸菌によってまろやかな酸味の乳酸と二酸化炭素に分解される変化であることは周知の事実となっている。このようにメカニズムが明らかになったことで、その過程と結果を制御することも可能になった。乳酸菌の働きによるこの現象を化学反応式で示すと次のようになる。

$$HOOC.CHOH.CH_2.COOH \rightarrow HOOC.CHOH.CH_3 + CO_2$$

リンゴ酸　→　乳酸　＋　二酸化炭素

ここで生成された二酸化炭素は空気中に放出される。これを瓶内に閉じ込めたワインが、ペティアン（pétillant）と呼ばれる微発泡性ワインである。ポルトガルを代表するヴィーニョ・ヴェルデ［訳注：「Vinho Verde（緑のワイン）」という名のとおり若々しく、アルコール度数も低めで、爽やかな味わいを特徴とする］も、この二酸化炭素を利用して造られるが、近年では安価な製造方法（炭酸ガス注入方式。詳細についてはP231を参照）で同じようなワインを造れるようになった。

マロラクティック発酵に関与する乳酸菌の種類はさまざまで、ラクトバチルス属（*Lactobacillus*）やリューコノストック属（*Leuconostoc*）、ペディオコッカス属（*Pediococcus*）などに属する数多くの種が含まれる。これらの乳酸菌は空気中にも発酵中の果汁にも存在しているため、環境さえ整えば自発的に活動を開始し、リンゴ酸を乳酸に変換する。もし必要があれば、市販の培養乳酸菌（スターター）を添加することでマロラクティック発酵を強制的に開始させることもできる。この培養乳酸菌には一般的に、オエノコッカス・オエニ（*Oenococcus oeni*）という菌種が使われている。

乳酸菌は細菌の一種であるため、温度が高くなれば増殖速度が速くなり、二酸化硫黄を加えればすぐに死滅する。したがって、1次発酵（アルコール発酵）終了後にマロラクティック発酵を確実に起こしたければ、二酸化硫黄を使用せずに培養乳酸菌を添加し、ワインの温度を上げればいい。逆に二酸化硫黄を添加し、ワインを冷却すれば、この発酵を避けることができる。

ともあれほとんどの赤ワインでは、バランスを整えるためにマロラクティック発酵が行われている。それは、乳酸菌の働きにより酸味の角が取れてなめらかになるのと同時に、タンニンもしなやかになるからだ。また、ボトリングをする前に完全にマロラクティック発酵を終了していれば、二酸化炭素の溶解にともなって生じる不快な味わいや刺激に悩まされることもない。

かたや白ワインの場合は、ブドウ品種やワインのタイプによってマロラクティック発酵を行うか否かが決められる。たとえばシャルドネならば、マロラクティック発酵を行うことで、フルボディでありながらもやわらかく、まるみを帯びた味わいに仕上げられる。ただし白ブドウ品種では、この処置を施す際に酸が十分に含まれていないと、結果として弱々しいワインになってしまうので、あらかじめ酸度を確認することが大切だ。一方、爽やかな酸味が特徴のソーヴィニヨン・ブランなどは、通常はそのきびきびとした味わいが好まれるため、マロラクティック発酵が行われるのは、酸度が高すぎて、適度に減酸が必要な場合に限られる。だが、ここには矛盾がある。酸度が高すぎるワイン、つまりpHが非常に低いワインは減酸することが歓迎される一方、減酸を担う乳酸菌はpHに敏感な性質であるため、その活動が鈍る。したがって乳酸菌がマロラクティック発酵を行える程度まで、化学的な方法で減酸をしておく必要が生じるのだ。

マロラクティック発酵には、酸を減少させるだけでなく、複雑味を増す効果もある。これは、さまざまな副産物が生成されることで得られる効果であり、バターのような香りを放つジアセチルもそのひとつだ。さらに、乳酸菌がほかの細菌の栄養分を消費してしまうため、ワインの安定性を高める効果もある。これは特に赤ワインにとって有効である。その理由は前章で述べたように、赤ワインの場合は殺菌効果のある二酸化硫黄を添加しても、色素成分であるアントシアニンなどと結びついてしまい、その効果がほとんど期待できないからだ（P127参照）。

しかし、マロラクティック発酵にも欠点がある。乳酸菌の活動によって、ワインの風味を演出しているエステル類が減少してしまう可能性があるのだ。また、ときにバターのような風味が支配的になりすぎてしまうこともある。さらに、何らかの原因でボトリング後に発酵が再開してしまう可能性もゼロではない。先にマロラクティック発酵は制御可能と記したが、100パーセントというわけではないのだ。とはいえ最後の点に関しては、現代のボトリング技術（第18章参照）をもってすれば心配する必要はないだろう。

第8章

赤ワインとロゼワインの醸造

CHAPTER 8

RED & PINK WINE PRODUCTION

激しい憤怒の情は、偉大なウィスキーのように
長い発酵のときを必要とする。
——トルーマン・カポーティ（1924～84年）

アルコール発酵は、多岐にわたるワインの醸造工程のひとつにすぎない。その各醸造工程にもまた数多くの手法が存在し、それらのなかから醸造家は求めるワインのスタイルに応じて最良の手法を選択しなければならない。このときに頼りになるのは自らの知識と経験だが、折々の選択しだいで結果として凡庸なワインとなってしまうこともあれば、人々を感動させるワインになることもある。

また、醸造工程はワインの種類によっても異なる。そこで本章では、赤ワインとロゼワインについて解説する。まずは赤ワインの醸造工程から見ていくが、順を追って各工程を記すと次のようになる（以下のすべての工程を行う場合もあれば、いくつかを省略する場合もある）。

- 除梗・破砕
- 酸化防止
- 果汁の酸と糖の調整
- 熱処理
- 発酵前の醸し（発酵前浸漬《しんし》。果皮を含む）
- 発酵（アルコール発酵。果皮を含む）
- 発酵後の醸し（発酵後浸漬。果皮を含む）
- 液抜き・圧搾

- マロラクティック発酵
- 熟成
- 澱引《おりび》き
- 清澄・濾過

これらの工程のうち、赤ワインの醸造で特に重要になるのが、アルコール発酵とその前後の醸しだ。それは、黒ブドウも基本的に果汁は無色透明なので、ここでいかに果皮から色素と風味成分を抽出するかがカギとなるからだ（第3章でも触れたように、例外的に赤い果肉を持つアリカンテ・ブーシェという品種があるが、このブドウは主にワインの色調を補うために使用される）。醸造家のなかにはこの工程に入る前に、果皮の細胞の構造を弱めてアントシアニンやタンニンなどのポリフェノール類の抽出効率を高めるために、加熱処理を行う者もいる。

こうしたことから赤ワインの醸造では、白ワインと違って破砕後に圧搾を行わず、果皮や種がついたままの黒ブドウを発酵槽に送り、醸しを行う。すると果皮や種からポリフェノール類が抽出されるとともに、果皮に付着していた酵母と果汁が混ざり、アルコール発酵が始まる。しかしその際、発酵によって大量の二酸化炭素も無数の小さな泡となって生じ、深刻な問題を引き起こす。これらの泡が果皮や果肉などを果汁の表面に押し上げ、果帽《かぼう》と呼ばれる固形物の層をつくり出すのだ。

このような状態になると、果帽となって浮かんできた果皮は果汁と十分に接触できなくなるため、色素や風味成分の抽出効率が落ちてしまう。それだけでなく酢酸菌も増殖しやすくなるので、ワインの品質低下にもつながる。もしも好気条件下の高温多湿なセラーでそのまま放置すれば、この菌が活発化し、一晩で果汁がヴィネガーに変わってしまうだろう。そのため赤ワインの醸造では、果帽を発酵中の果汁に沈める櫂《かい》入れ（パンチング・ダウン）やポンピング・オーバー（液循環）などの処置が必要になる（果帽を沈める処置の詳細については本章で後述する）が必要となる。

発酵槽

古くから赤ワインの醸造では、主として5000ℓほどの容量の木製の発酵槽が用いられてきた。その理由は、果汁の量と液体表面の比率が適切で、発酵で生じる熱を効率よく逃がすことができるからだ。特に秋の冷え込みが厳しいヨーロッパ北部の伝統的なワイナリーでは、人為的に発酵中の果汁を冷やす必要に迫られることもめったにないため、こうしたサイズの木樽が今も重宝されている。

一方で、ワイン消費量の増加にともなって規模を拡大したワイナリーでは、そうした発酵槽では生産が追いつかなくなり、新たに登場した大型のコンクリートタンクを使用するようになった。そのコンクリート壁の内側は通常、タイルを張ったり、エポキシ樹脂〔訳注：分子中に2個以上のエポキシ基を持つ高分子化合物。工業用接着剤や塗料の原料などに使われる〕を塗布したりすることで補強してあるが、これらの補強材には難点もあった。経年劣化によって剥がれたり傷ついたりして細菌が増殖し、酵母の発酵活動を阻害したり、ワインの品質低下をもたらしたりすることもあったのだ。そのため定期的に点検し、必要に応じて加工し直す必要があった。とはいえ、コンクリートタンクは保温性に優れていることから、現在も大規模ワイナリーで広く使用されている。ワイナリーのなかにはタンクの内部にステンレス製のシートを張り巡らせるなどして、細菌汚染を防いでいるところもあるほどだ。

そんなコンクリートタンクの難点を解消するために開発されたのが、ステンレスタンクである。さらにステンレスは清掃が容易であるうえに、あらゆるサイズ・形状のものを造ることも可能であるため、現代的なスタイルのワイナリーはこぞってステンレス製の発酵槽を導入するようになった。しかし当初はこのタンクも完璧ではなく、保温性に欠けることから発酵中の液体の温度が変化しやすいというリスクを抱えていた。だが近年ではそれも改善され、前章で紹介した自動冷却装置などの温度調節機能が装備されるようになっている。当然ながら、こうした機能が備わっていない大型のタンクを使用する際は、発酵中の果汁から放出される大

最新式のコンクリートタンク。中央部には温度調節用のパネルが設置され、内壁はステンレス製のシートで覆われている。その内壁には酒石結晶がこびりついている。

量の熱に対処する策を講じ、適切な温度管理をすることが重要になる。

また現在では、櫂入れ（P184参照）の原理を応用した赤ワイン専用のステンレスタンクも登場している。その一例がガニメデ社によって開発された二層式のタンクで、上層には果帽が、下層には果汁がたまり、発酵中に生じた二酸化炭素は下層にたまった果汁の上の空間部分に閉じ込められるようになっている。タンク側面には圧力バルブが取りつけられており、これを開けることで二酸化炭素を上層にまで噴射させ、果房を崩して果汁に沈めるという仕組みだ。これにより均等に攪拌《かくはん》が行われるため、効率的に発酵の作業を進めることができる。

醸し（マセレーション）

赤ワインの醸造では、先にも述べたようにアルコール発酵とその前後に行う醸し（マセレーション［Maceration］）でいかに黒ブドウの果皮から色素と風味成分を抽出するかがカギとなる。ただし、過剰に抽出すればタンニンの渋味やそのほかのポリフェノール類の苦味が際立った仕上がりとなってしまうので、必要な成分だけを慎重に抽出しなければならない。もしも果皮を過度に攪拌したりすれば、それだけ不快な成分が出てきてしまう。したがってこれらの工程では、やさしくかつ適度な成分抽出を可能にする醸造家の経験と熟練の技が要求される。

発酵前の醸し（発酵前浸漬：Pre-fermentation Maceration）は、主として果皮に含まれる風味成分の抽出を目的として行われる。これは、ブドウ本来の風味に溢れる豊かな白ワインを造る際に用いられるスキン・コンタクト（P２０８参照）と同様の手法であり、果汁の温度を４～15℃に維持して発酵を数日から数週間止めることで、果皮由来の風味成分と色素をやさしく抽出する。こうして低い温度で醸しを行うことから、発酵前浸漬は低温浸漬（Cold Soak）とも呼ばれる。この工程は特に果皮の薄いピノ・ノワールに効果的で、ポリフェノール類の抽出を最小限に抑えながら、必要な風味成分と色素を抽出することができる。

一方、発酵後の醸し（発酵後浸漬：Post-fermentation Maceration）は、主にポリフェノール類の抽出を目的として行われる。これは、ワインを長期熟成に耐えられるようにするためであり、前発酵とは逆に、発酵が後期に差しかかり、比較的高い温度（20～30℃）になると自然に始まる。この工程は数日で終わらせることもあれば、１～２カ月の間行われることもあるが、いずれにしてもタンニンの渋味などを抽出しすぎないよう慎重に作業を進めることが必要である。しかし注意深く行えば、タンニンとアントシアニンの相互作用を促すとともに色の安定性が増すため、熟成に耐えうるワインへと仕上げることができる。

伝統的な醸造工程

もっとも古くから行われ、かつ一番簡単なワイン造りの方法は、破砕したブドウと果汁を開放型の発酵槽に入れ、そのまま自然発酵させるというものだ（自然発酵についてはP158を参照）。その際、発酵によって生じる大量の二酸化炭素の泡が果皮や果肉などの固形物を押し上げ、液面に果帽と呼ばれる層をつくり出す。この状態は果汁があたかも帽子をかぶっているように見えることから、果帽のことを英語では「cap《キャップ》」、フランス語では「chapeau《シャポー》」［訳注：どちらも帽子を意味する］と言う。

前述したとおり、これを放置しておくのは非常に危険なことであり、好気環境で温度が上昇して酢酸菌が活発化すれば、ワインになりつつある果汁が一晩にしてヴィネガーになってしまう。そうでなくとも、果皮成分の抽出効率が大幅に低下する。

このような事態を避けるために、伝統的なワイナリーでは古来、人の力で果帽を果汁に沈める櫂入れ（英語ではパンチング・ダウン［Punching Down］、フランス語ではピジャージュ［pigeage］）という作業を行ってきた。これは非常に手間のかかる作業であり、しかも1日に数回行わなければならないこともあるため、現代においては小規模な職人気質のワイナリーで少量のワインを醸造するような場合にのみ適した方法と言える。しかし櫂入れは、果皮が傷つくのを最小限に抑えながら果汁に沈められることから、タンニンの過剰抽出を防げるという利点がある。

この作業を行う際は、発酵槽の縁にバランスをとりながら立ち、先端が円形または正方形などになった櫂棒で果帽を上から押して果汁に沈める。健康や安全管理の意識が高くなった現代の観点からすれば、こうした方法がいまだに認められていることに驚かされる。万が一、致死量の二酸化炭素が充満している発酵槽に落ちたらどうなるかは、容易に想像がつくだろう。実際に櫂入れの作業中に発酵槽に落ち、命を落とした人もいる。

このように櫂入れには危険がともなうため、現代的なワイナリーでは機械式の装置を導入しているところが多い。これは、油圧式ポンプに取りつけられたステンレス製の棒（アームやコーンなどと呼ばれ、先端は櫂棒のように円形や正方形になっている）が果帽をやさしく押して果汁に沈めてくれる装置で、20分ほどこの作業を行ったら、レールを移動して次の発酵槽で再び同じ作業に取りかかる。つまり、この機械があれば手間も労力もかからないうえに、危険な目にも遭わずに済むのだ。また、これとは別にプロペラが回転する原理を応用し、強力な流れを引き起こして果帽を沈める機械もある。

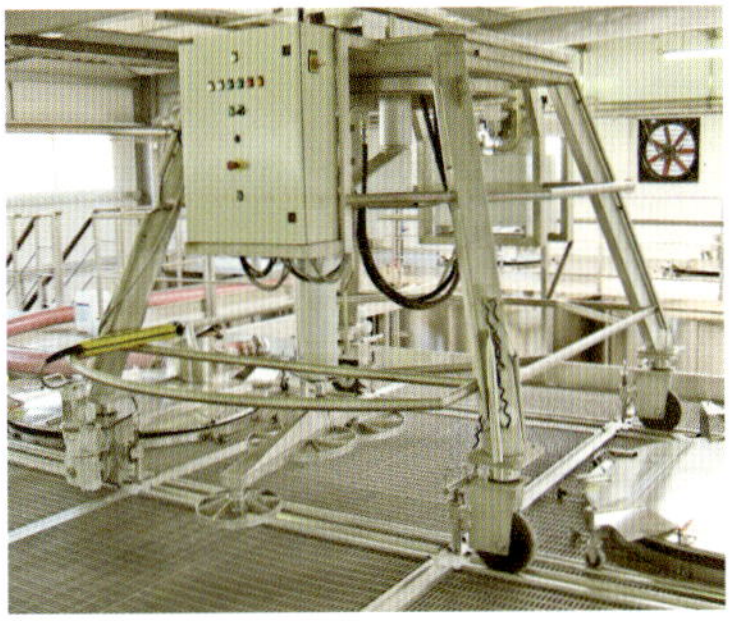

機械式の自動櫂入れ装置。フランス、エルミタージュの生産者協同組合「カーヴ・ド・タン」の醸造所にて。

果帽を沈める工夫

発酵時に果帽が生じる問題の解決策のひとつに、発酵槽の液面のすぐ下に細かい孔のあいたスクリーンを設置するという手法がある。この手法を用いれば、果皮や果実が果汁の表面に浮かんでくることがないため、酢酸などの揮発酸の発生を防ぐこともできる。しかし発酵で生じる二酸化炭素の力もあいまって、ブドウの果皮や果実が塊となってスクリーンに押しつけられるので、効率的な抽出方法とは言いがたい。最悪の場合、二酸化炭素の強力な圧力が逃げ場を失って発酵槽を破裂させるという事態も起こりうる。こうなればもちろん、ワインになりつつある果汁はすっかり失われる。

こうした問題に対処するために、画期的なステンレス製の発酵槽が開発された。この発酵槽は、円筒形のタンクに穴の開いたライザー・パイプ（立ち上がり管）を組み込むことで、発酵中の果汁から二酸化炭素を外部に逃がす仕組みとなっている。さらに、保冷性に優れたステンレス製というメリットを生かして発酵槽の外壁に冷塩水が流れる工夫が施され、自動的に温度管理ができるようにもなっている。

細かい孔のあいたスクリーンを液面の下に張った発酵槽。二酸化炭素の圧力に対応するために、頑丈な木を組み合わせた造りとなっている。この発酵槽では、ピノ・ノワールの果帽を果汁に沈めている。

ポンピング・オーバー（液循環）

ポンピング・オーバー（Pumping Over：フランス語ではルモンタージュ[remontage]）も果帽を沈めるための手法のひとつであり、発酵槽の底からポンプで吸い上げた果汁を果帽の上に注ぐことで、果汁と果帽の割合を均一化させる。昔ながらのやり方は、ポンプの先につながれたホースを手で持ち、発酵槽の上から果汁を散布するというものだ。この方法は人の手で自在にホースを操ることができるため、旧式のコンクリート製の発酵槽にも用いることができる。

近年では、ポンピング・オーバーを自動で行ってくれるステンレス製の発酵槽も登場している。この発酵槽は上部に噴射機が設置されており、そこからポンプで吸い上げた果汁を果帽に均等に散布できる仕組みとなっている。さらに、発酵によって生じる二酸化炭素を閉じ込めて酸化を防ぐ工夫も施されている。

フランスのサン・テミリオンでもっとも古い歴史を持つシャトー・ベレールでは、ポンピング・オーバーを独創的かつ実にやさしい方法で行っている。なんとポンプを使わず、専用の装置を使って重力の作用で行っているのだ。具体的にはまず、発酵槽の底から重力によって流れ出した

ポンピング・オーバーを手動で行う作業風景。イタリア、バジリカータ州のDOCアリアニコ・デル・ヴルトゥレのワイナリーにて。

果汁を小ぶりなタンクにためる。その後、タンクを電動ウィンチで発酵槽の上まで持ち上げ、再び重力の作用を利用してタンク内の果汁を果帽に散布する。由緒あるこのシャトーでは、こうした方法を用いることで果皮に余分な圧力をかけずに必要とする成分をやさしく抽出し、数々の素晴らしいワインを生み出しているのだ。

一方で、ポンピング・オーバーの原理に基づく大規模で特殊な設計の発酵槽も開発されている。これは通常の発酵槽の倍ほどの高さがあり、主に中級から上級クラスのワイン醸造でよく使われている。その内部は、細かい孔のあいたスクリーンによって上層と下層に隔てられており、上部から破砕したブドウを投入するとスクリーンにブドウがたまり、果汁だけがスクリーンの穴から下層に流れ落ちるようになっている。そして果汁がたまったら、そのまま発酵させるとともに果汁をポンプで吸い上げ、上層にたまったブドウに散布する。こうすることで、果皮を傷つけずに抽出した色素と風味成分を下層の果汁に徐々に浸透させていくという仕組みだ。この発酵槽は密閉されているので空気中の酸素と触れる心配もない。

デレスタージュ（液抜き静置）

デレスタージュ（délestage：液抜き静置）は究極のポンピング・オーバーと言える手法で、発酵槽に果帽が浮かび上がってきたら果汁だけを別の容器に移し替え、数時間後に果帽が残っているもとの発酵槽に戻すというものだ。この手法を用いることで、次のようなさまざまな効果が得られる。

- 発酵中の果汁に酸素が豊富に供給され、酵母の活動が促される。
- アントシアニンとタンニンが結合することで色素成分が安定する。と同時に、分子量の軽いタンニンどうしが重合するためタンニンがまろやかになる。
- 果汁をもとのタンクに戻す際に、果帽にたまった発酵熱が分散される。
- 果汁が引き抜かれている間、果皮や種がより空気に触れることで、タンニンや色素などのポリフェノール類の抽出がすみやかに行える（タンニンの渋味を抑えたい場合は、スクリーンなどを使って種を取り除けばよい）。

デレスタージュは1日に1回を目安に、必要とするポリフェノール類が抽出できるまで何度か繰り返すとよい。そのたびに前述のような効果が得られることもあり、収穫から数週間後にはまるで飲み頃を迎えたようなまろやかさのある赤ワインに仕上げられる。ただし、果皮や種が空気と過剰に接触すれば、逆にワインの品質を劣化させてしまうことにもなりかねないので、この手法を用いる際には注意深く行うことが何よりも重要である。

オートヴィニフィケーション

オートヴィニフィケーション（autovinification）もポンピング・オーバーの原理を用いた発酵槽であり、「アルジェリアン・デュセリエ・システム（Algerian Ducellier System）」の名でも知られる。その仕組みは実に巧妙で、電力を一切使わずに、発酵で生じる二酸化炭素の圧力のみを利用して果帽に果汁を散布する。広大な国土を持ち、近年まで電力が供給されない地域もあったアルジェリアでこの発酵槽が発明された理由は、まさにここにある。オートヴィニフィケーションは同じ理由でポルトガルのドウロ川上流に伝播したが、皮肉なことにドウロ地区は現在、水力発電により電力の一大供給源となっている。ともあれこの発酵槽は電力が不要で、シンプルかつ効率的にポンピング・オーバーを行えることから、オーストラリアなど現代的な醸造技術を盛んに取り入れている国でもときおり見られるようになっている。

オートヴィニフィケーションの大まかな構造は下の図のようになっており、立方体のタンクと、その上に設置された覆いのない槽はコンクリートで造られている。このタンクと上部の槽との間にはチューブ（図の右側）とサイフォン（図の中央）が設置され、これらを通って果汁が上下に

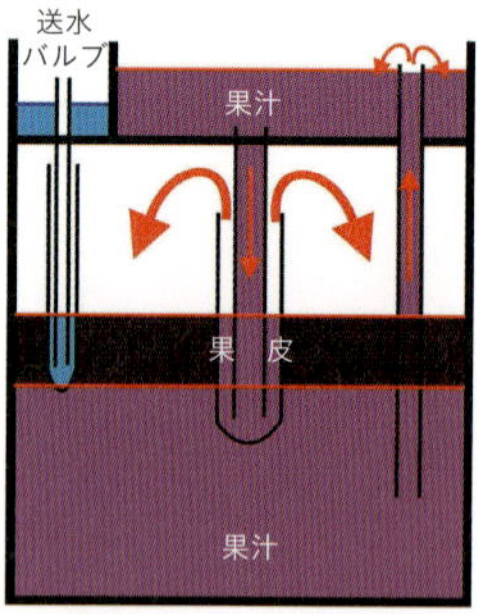

オートヴィニフィケーションの仕組み

行き来する。詳しく説明すると、まず破砕したブドウをタンクに投入し、密閉した状態で発酵を進める。すると発酵により生じた二酸化炭素がタンク内に充満し、その内部圧力によって果汁がチューブを通って上部の槽に押し上げられる。そうしてタンク内の果汁が減り、液面がチューブの下端より下がると、今度はチューブから二酸化炭素が放出されて内部圧力が低下するとともに、上部の槽にたまっていた果汁がサイフォンを通ってタンク内に戻る。このときに、液面に形成された果帽に果汁が散布されるという仕組みだ。こうしてオートヴィニフィケーションは果皮に余計な圧力をかけることなく果汁を循環できるため、やさしくかつ効率的に色素や風味成分を抽出することができる。

また、この発酵槽の上部には図に示したように水をためる小さな区画もあり、これとタンクをつなぐバルブに水を送ることで、タンク内の果汁の量や圧力を調整できるようになっている。こうしたさまざまな特性を持つオートヴィニフィケーションは、現在もアルジェリアで広く使用されており、上質で軽やかな赤ワインを醸造するのに一役買っている。またポルトガルのドウロ川上流でも、ポートワインと軽めの赤ワインの醸造に使われている。

現在もアルジェリアで使用されているオートヴィニフィケーション。清掃のため、サイフォンと送水バルブがタンクの上部に置いてある。

回転式発酵槽

回転式のコンクリートミキサーは長きにわたり、液体と固体を混ぜ合わせるための簡単かつ効果的な方法として、他の産業分野で広く使用されてきた。このミキサーの原理を応用し、果皮由来の成分を効果的に抽出することを目的として開発されたのが回転式発酵槽(Rotary Fermenters)である。そのタンク内部にはブレードが設置されており、これがあることで回転するタンク内で果皮と果汁がむらなく攪拌される。そして発酵終了後は、タンクを逆方向に回転させれば果皮などを外部に容易に排出できる。回転式発酵槽は、果皮と果汁をまんべんなく混ぜられる点が最大の利点であり、特にピノ・ノワールのような醸造が難しい品種（ピノ・ノワールは果皮が薄く、色素も乏しい）に好んで使われている。しかし回転のさせ方しだいでは、果皮由来の成分が過剰に抽出しかねないので、操作にあたっては熟練の技術が必要になる。

ピノ・ノワールによく使用されている回転式発酵槽。

サーモヴィニフィケーション（熱抽出）

サーモヴィニフィケーション（thermovinification：熱抽出）は、発酵ではなく熱の力を利用して果皮に含まれる必要な成分を抽出する手法で、特に東ヨーロッパの国々で盛んに行われている。その工程は、破砕したブドウに20～30分ほど60～75℃の熱を加えたのち、通常の発酵温度まで下げるというものだ。こうして加熱することにより果皮の細胞壁が弱まるため、アントシアニンを効果的に抽出し、果汁に深く濃い色調を与えることができる。ただし、加熱しすぎると果物を調理したような風味のワインに仕上がってしまうので、最小限度の熱を加えるにとどめるよう注意深くコントロールすることが大切だ。また、抽出された色素成分がやや不安定で、発酵の過程でその一部が失われてしまうことも留意すべき点である。

この技術を巧みに利用したワイナリーが、フランス南東部シャトーヌフ・デュ・パプの名門シャトー・ド・ボーカステルで、ここではすべての黒ブドウを除梗後、90℃の熱交換器にすばやく通し、果皮の成分を効果的に抽出している。こうすることで果汁までは加熱せず、壊れやすい香り成分にもダメージを与えずに果皮の細胞だけを弱められるので、この後の醸しの工程でアントシアニンを容易に抽出できる。と同時に、この手法には「熟成前酸化」（Premature Oxidation：通常よりも早い速度でワインの熟成が進み、果実味や香りが失われたり、褐色がかった色調になること）を引き起こす酸化酵素のひとつとされるポリフェノールオキシダーゼを破壊する効果もあるので、二酸化硫黄の使用量を抑えることもできる。

フラッシュ・デタント

フラッシュ・デタント（Flash Détente）はもともとバナナやマンゴー、ライチなどの果実から香りを引き出すために1993年にフランス国立農学研究所（INRA：Institut National de la Recherche Agronomique）が開発した手法であるが、今ではポリフェノールと風味が豊かなワインを造る際にも用いられている。その工程は、除梗した黒ブドウ（不快な風味の発生を避けるために十分に熟したブドウを使用する）を無酸素状態で数分間、最大95℃まで熱したら、ただちに低真空〔訳注：真空の区分のひとつで、JIS規格では100パスカル以上の圧力領域を指す〕の容器に移して果皮の細胞を破裂させるというものだ。これにより、次の醸しの工程でポリフェノールと風味成分を容易に抽出できる。この手法を用いて造られたワインは非常に力強いので、最終的には伝統的な醸造方法で生産したワインとブレンドしてひとつの銘柄に仕立てられることが多い。

近年、フラッシュ・デタントはフランスの国立原産地呼称研究所（INAO：Institut National des Appellations d'Origine）〔訳注：産地統制名称［AOC］の管理運営を行っているフランス農務省所管の機関〕からAOCワインの製造法として認可され、フランス南東部のコート・デュ・ローヌや同国南西部のワイン産地で広く利用されている。

カルボニック・マセレーション（炭酸ガス浸漬法）

炭酸ガス浸漬法とも呼ばれるカルボニック・マセレーション（Carbonic Maceration：フランス語ではマセラシオン・カルボニック［Macération Carbonique］）は、早ければ収穫してから数週間で飲めるワインを造る方法として、さまざまな産地で広く用いられている。醸造後、何カ月あるいは何年と待たずにすぐに販売できることから、ワイナリーにとっては経営上、非常にありがたい手法と言える。その経済的側面はさておき、これにより醸造したワインは美しい紫色を帯び、香りがフレッシュで果実感に溢れ、かつ口当たりがやわらかくなるため、昨今では世界中で人気を呼んでいる。

カルボニック・マセレーションを行う際には、2つの点に留意しなければならない。ひとつは、傷のない黒ブドウを房ごと使用すること、もうひとつは、外部の空気を完全に遮断できる発酵槽を使うことだ。そうした発酵槽を用いるのは、二酸化炭素を充填して酸素を排除し、嫌気状態をつくるためだ。すると、ブドウの細胞内にある酵素の働きによって発酵が起こり、アルコールやアミノ酸などが生成される（これを細胞内発酵［Intercellular Fermentation］と言う）。これが、カルボニック・マセレーションと呼ばれる醸造方法であり、嫌気条件下で酵素による細胞内発酵を促すためにも傷のない全房のブドウが必要になる。

その後は、別の発酵槽に果汁を移し、酵母による通常のアルコール発酵（これを細胞外発酵［Extracellular Fermentation］と呼ぶ場合もある）を行って仕上げるが、この2つの発酵工程は誤解されていた過去がある。そこで、カルボニック・マセレーションを用いたワイン造りの各工程について、もう少し詳しく説明しておきたい。

1

発酵槽を傷のない全房のブドウで満たし、密閉する。果皮が傷ついたり裂けたりすると、果汁が流れ出して通常のアルコール発酵が始まってしまうので、ブドウは丁寧に取り扱うことが大切である。

2

二酸化炭素を充塡して発酵槽から酸素を完全に除去する。カルボニック・マセレーションを行っている間、密閉した発酵槽の内部が標準大気圧の環境にあり、かつ空気が入り込まないようにしておく必要がある。

3

二酸化炭素が充塡されることで発酵槽の内部が完全に嫌気状態になるため、ブドウの細胞内で複雑な代謝が始まる。具体的には、嫌気条件下でのストレスによってブドウが自身の持つ酵素によって攻撃され、細胞内の糖やリンゴ酸が分解される。

4

酵素によって分解された糖やリンゴ酸は、アルコールやアミノ酸などに変換される。酵素の働きによるこの発酵を、細胞内発酵と言う

カルボニック・マセレーションに用いられる、傷のない全房のグルナッシュ。AOCコトー・デュ・ラングドックのカーセス・ド・ペネ村にて。

(ただし、その生化学反応は通常の酵母の働きによるアルコール発酵と同じである)。

5
細胞内発酵が行われる間、果汁の温度は30~35℃くらいまで上昇する。この状態で5~15日間ほど発酵を続けると、3%ほどのアルコール分が生成される。

6
この工程の終盤で果皮と果肉がやわらかくなり、半液状化するとともに、さまざまな香り成分が浸出する。それからフリーラン・ジュースを抜き出し、残った果皮と果肉は圧搾する。抽出したプレス・ジュースはフリーラン・ジュースに加えるが、通常と異なり、フリーラン・ジュースよりもプレス・ジュースのほうが品質の高いものとなるのがカルボニック・マセレーションの特徴である。

7
6の工程で混合した果汁を別の発酵槽に移し、果皮などに付着している野生酵母や市販の培養酵母を利用してアルコール発酵を行う。カルボニック・マセレーションで見られる細胞内発酵に対し、通常の酵母の働きによるこの発酵を細胞外発酵と呼ぶ場合もあり、その際に果汁の温度は20℃ほどにまで低下する。このアルコール発酵が完了したら、ワインの完成である。

発酵槽に詰め込まれたガメイ。

収穫から1週間後にはガメイは液化し、ほどなくボジョレー・ヌーヴォーとなる。

このように2つの発酵方法を経て出来上がったワインは、果実感に溢れる香りが特徴的な仕上がりになる。なぜなら、高めの温度での細胞内発酵によって抽出されたさまざまな香り成分が、この後に通常の温度でのアルコール発酵が続くことでほとんど失われることなく、ワインに反映されるからだ。

カルボニック・マセレーションを応用した技術

細胞内発酵を利用するカルボニック・マセレーションは前述のように、早ければわずか数週間で醸造できることから、世界のワイン産地で導入されている。この手法を用いたワインはタンニンなどのポリフェノール類をあまり含まず、寿命も比較的短いという側面もあるが、一方で果実味に溢れ、口当たりも軽やかで飲みやすいという魅力がある。そうしたこともあって、カルボニック・マセレーションを応用した技術を用いてワインを造る生産者もいる。その技術とは次の2つである。

⊙ホール・バンチ・ファーメンテーション（全房発酵）

ホール・バンチ・ファーメンテーション（Whole Bunch Fermentation：全房発酵）はフランスのボジョレー地区で伝統的に用いられている手法で、フランス語ではセミ・マセラシオン・カルボニック（Semi-macération Carbonique）と呼ばれるが、ことボジョレーの醸造家たちに限っては「マセラシオン・ボジョレーズ（Macération Beaujolaise）」と呼んでいる。カルボニック・マセレーションとの違いは、発酵槽に二酸化炭素を人為的に充塡せず、通常のアルコール発酵によって自然発生した二酸化炭素を利用して細胞内発酵を行う点だ。

その具体的なプロセスは、まずブドウ（ボジョレーではガメイ）を全房《ホール・バンチ》のまま、開放型の発酵槽に入れる［訳注：醸造家によっては半開放型あるいは密閉型の発酵槽を用いる場合もある］。すると、発酵槽の底のほうにあるブドウがその重みで潰れるため、果汁が流れ出し、果皮に付着している酵母の働きにより通常の発酵（アルコール発酵）が開始される。このときに膨大な二酸化炭素が発生し、徐々に空気を押し出すとともに、ブドウを包み込む。こうして嫌気条件下に置かれたブドウは細胞内で酵素による発酵（細胞内発酵）を起こし、やがて色素や香り成分が抽出される。

カルボニック・マセレーションと同様、この手法により醸造されたワインも、フレッシュで果実味に溢れる。これもまた、アルコール発酵と細胞内発酵の組み合わせによる成果であり、ガメイを使ったボジョレーワイン独特の果実味もまた、こうした工程を経ることで生み出されている。ちなみにボジョレーワインのスタイルの違いは、醸しにどれだけの時間をかけるかによって生じる。たとえば11月の第3木曜日に解禁されるボジョレー・ヌーヴォーには、1週間で搾汁してしまうカジュアルなものもあれば、1カ月もかける上級キュヴェも存在する。

⊙ホール・ベリー・ファーメンテーション（全果実発酵）

カルボニック・マセレーションを応用したもうひとつの手法は、ブドウを全房のままではなく除梗して、果実《ベリー》のみを発酵させるものである。ホール・ベリー・ファーメンテーション（Whole Berry Fermentation）と呼ばれるこの手法のプロセスは全房発酵と同じで、発酵槽内で果汁が流れ出してアルコール発酵が起こる一方、その際に発生した二酸化炭素によって果実内部で細胞内発酵も起こる。これにより造られたワインは、細胞内発酵由来のフレッシュさや果実味はもちろんのこと、アルコール発酵由来の骨格も兼ね備えた仕上がりとなる。

ロゼワイン

今ではフランス語のロゼ（rosé）という言葉が、フランス以外の国で生産されるあらゆるピンク色のワインに当たり前のように使われている。スペインでは「ロサード（rosado）」や「クラレテ（clarete）」、イタリアでは「ロザート（rosato）」や「キアレット（chiaretto）」、さらにローマの東にあるアブルッツォでは「チェラスオーロ（cerasuolo）」といった、ピンク色のワインに対するれっきとした呼称があるにもかかわらずだ。英語圏では赤ワインをルージュ、白ワインをブランと呼ばないのだから、なぜピンク色のワインに限ってロゼと呼ぶのか不思議でならない。

呼称の話はさておき、近年のロゼワインはドライかつフレッシュで、夏の果実を連想させる飲み口のよい仕上がりとなっている。だがロゼワインはその昔、ロワールのロゼ・ダンジュやポルトガルのロゼ、そしてカリフォルニアのロゼ（ブラッシュ・ワイン［Blush Wine］と呼ばれる）などに見られたように、過剰に加糖して造られていた歴史があることから、今もなお甘ったるいだけのピンク色のワインという芳しくないイメージが根強く残っている。

この間違った既成概念を払拭するためにはまず、ほぼすべてのロゼワインは赤ワインと白ワインを混ぜたものではなく、黒ブドウのみから造られていることを人々に認知してもらう必要がある。ＥＵ圏内で唯一、赤ワインと白ワインをブレンドすることが許されているのはシャンパーニュ地方で醸造されるロゼ・シャンパーニュのみであり、それ以外の国や地域では規定上、ブレンド法によるロゼワインの醸造は禁止されている。これは非常に適切な規制である。というのも、黒ブドウのみで造られたロゼワインは、白ワインに赤ワインを少量ブレンドして造られたものとは明らかに風味が異なるからだ。シャンパーニュ地方のロゼ・シャンパーニュにしても、その素晴らしい風味やしっかりとした骨格は、白ワインと赤ワインをブレンドしたベースワインに由来するものではなく、伝統が育んだ製造方法に由来するものである。

ＥＵ圏内で生産されている非発泡性のロゼワインは基本的に、発酵前に短期間だけ醸しを行い、黒ブドウから色素成分であるアントシアニンをわずかに抽出して醸造されている。ただし、そのアプローチの仕方は醸造家によって異なり、主として次の4つの醸造方法が用いられている。

⊙ショート・マセレーション

これは、破砕した黒ブドウを果汁とともに短期間醸し、好みの色合いと風味が抽出できたところで果皮を取り除く手法である。特筆すべきは、この手法はロゼワインを造るためだけに考案されたものであり、ほかのワインを醸造する技術を流用したものではないという点だ。それゆえ、ショート・マセレーションはロゼワインを造る最良の方法とされている。

⊙セニエ

セニエ（saignée）とはフランス語で「血抜き」を意味し、赤ワインを造る際に短時間（2、3日になる場合もある）の醸しを行ったのち、果汁の一部を抜き取る作業のことを言う。抜き取った果汁を別のタンクで発酵させればロゼワインになり、果皮比率の高くなった残りの果汁をそのまま発酵させれば凝縮感のある赤ワインになる。このようにセニエ法は、ロゼと赤の2種類のワインを造るために用いられることが多い。

⊙ヴァン・デュヌ・ニュイ

フランス語で「一夜のワイン」という意味の何ともロマンティックな響きのヴァン・デュヌ・ニュイ（Vin d'une Nuit）は、破砕した黒ブドウを一晩だけ果汁に漬け込んで造る淡いピンク色のロゼワインのことを指す。

⊙ダブル・パスタ

ダブル・パスタ（Double Pasta）はスペインで何十年にもわたり続けられている手法で、2つの発酵槽を利用して行われる。その具体的な方法は、破砕した黒ブドウと果汁を2つの発酵槽に同時に入れ、数日間醸したのちに、ひとつの発酵槽から果汁をすべて抜き出してロゼワインに仕上げるというものだ。もうひとつの発酵槽ではそのまま赤ワインを醸造するが、ロゼ用果汁の発酵槽に残った果皮と果肉を加えることで、通常の2倍ほどのポリフェノールが含まれたワインとなる。このような醸造方法が生まれたのは、ロゼワインを造るためではなく、樽ごと販売できるブレンド用ワインを生産するためだった。つまりロゼワインは単なる副産物にすぎなかったのだが、ここ数年で非常にドライで爽やかな飲み口が評判となり、市場ではプロヴァンス産のものと同等に取り扱われるようになっている。

第9章

白ワインの醸造

これからは水ばかり飲まないで、胃のために、
また、たびたび起こる病気のためにも、
少量のぶどう酒を用いなさい。
——『新約聖書』テモテへの手紙第1 第5章23節

白ワインの醸造では発酵前に果皮と種を取り除くため、赤ワインと比べると製法はシンプルで、果帽などの厄介な問題に悩まされる心配もない。果皮からより多くの風味成分を抽出するためにスキン・コンタクトを行う場合も、発酵前に果皮を取り除くのが一般的だ（スキン・コンタクトの詳細についてはP208を参照）。良質な白ワインを造るには、ブドウ由来の香り成分が損なわれないようにすることが何よりも大事であり、それには低温で発酵させることと、酸化を防ぐことの2点に留意しなければならない。この重要な2点については本章で後述するが、白ワインの醸造についての解説に入る前に、その各工程を順を追って記すと次のようになる（以下のすべての工程を行う場合もあれば、いくつかを省略する場合もある）。

- 除梗・破砕
- 酸化防止
- スキン・コンタクト
- フリーラン・ジュースの抽出
- 圧搾
- 清澄化
- 果汁の酸と糖の調整
- 発酵

- マロラクティック発酵
- 熟成
- 澱引き
- 清澄・濾過

ここに挙げた白ワインの醸造工程の一部には必ず順守すべき条件がある。そこでまずは、発酵——白ワインの醸造で重要な低温発酵——について解説しよう。

低温発酵

第7章でも述べたように、一般的に白ワインの発酵温度は10~18℃の低温が理想とされ、この温度帯のなかでも一時期、14℃以下で発酵させることが醸造家の間で流行した。これは、発酵温度が低ければ低いほど、白ブドウが持つ揮発性の高い香り成分を維持できるためであり、自動冷却装置などの温度調節機能が装備された発酵タンクが普及したこともそれに拍車をかけた。しかし発酵温度があまりにも低いと、口当たりはすっきりとしているが、パイナップルやバナナのような風味ばかりが強くなってしまう。言い方を変えれば、品種や地域の特性に乏しい、単調なワインになってしまうのだ。

このようなことから白ワインの醸造では、ブドウの品種やワインのスタイルよって違いはあるものの、従来の見解よりやや高い温度（15～20℃の間）で発酵を行うのが好ましいとされるようになってきた。さらに近年では、パイナップルやバナナのような香りを放つ揮発性エステルが過剰に残るのを避け、品種や地域の特性をしっかりと反映した白ワインに仕上げるために、この温度帯のなかでも高めの温度で発酵を行う醸造家が増えている。ただし、何らかの原因で発酵温度が高くなりすぎると、必要な香り成分も揮発してどこか物足りない風味のワインとなってしまうので、やはり温度管理には細心の注意を払うことが大切だ。

スキン・コンタクト（マセラシオン・ペリキュレール）

当然のことながら赤ワインの色調は、黒ブドウの果皮から抽出される。改めて説明するまでもないだろうが、赤ワインの醸造において、果皮を果汁に漬け込んで色素やタンニンなどを抽出する工程を「醸し」や「浸漬」、または「マセレーション」（フランス語ではマセラシオン）と言う。一方、同様の作業を白ワインの醸造で行う場合には「スキン・コンタクト（Skin Contact）」、フランス語では「マセラシオン・ペリキュレール（Macération Pelliculaire）」と呼ぶ（フランス語の場合、早飲みの赤ワインの醸造技術である「マセラシオン・カルボニック」［英語ではカルボニック・マセレーション。詳細はＰ１９５を参照］と混同されやすいが、両者は似て非なるものなので注意してほしい）。

白ワインの醸造では、果皮からの不快な風味や苦味の原因となるポリフェノール類の抽出を避けるために、収穫したブドウを破砕したらできるだけ早く果皮と果汁を分離するのが通例であり、現在もそうした方法をとる醸造家が多い。しかしワイン醸造の研究が進むにつれ、ブドウの風味成分は果肉と接している果皮の細胞層に豊富に含まれていることが明らかになった。その風味成分は収穫後にブドウの果皮と果汁を接触させておくと、徐々に果汁へ浸み出してくる。この原理を活用した技法がスキン・コンタクトであり、白ブドウを慎重に破砕したら発酵までの一定期間、果皮を果汁に漬け込んでおくことでブドウの風味成分を抽出する。したがってこれは、果皮と果汁をすみやかに分ける通常の白ワインの製法とは対照的な技法である。

スキン・コンタクトを行う期間は数時間から24時間程度が一般的だが、これに数カ月もかける才気あふれる醸造家もいる。いずれにしてもスキン・コンタクトを行っている間は低温に保つ必要があり、そうすることで発酵の開始を防ぐとともに、不快な成分の抽出を最小限に抑えられる。たとえば、ブドウの風味成分を十分に抽出するために2日間かけてスキン・コンタクトを行ったとしても、その間、果汁を0℃に維持しておけば苦味成分の抽出を防ぐことができる。

この技法は、ソーヴィニヨン・ブランやリースリングなどの香り豊かなアロマティック品種に特に有効であるが、品種によっては不快なポリフェノール類が抽出されてしまう場合もある。こうした危険を防ぎつつも必要な風味成分を抽出するには、傷をつけないよう丁寧に収穫したブドウを低温の場所（一般的には8℃以下）に一晩置いてから、除梗・破砕を行うとよい。これにより、果皮の内側の細胞から風味成分を果実に拡散させられる一方で、果皮の外部表面からのポリフェノール類の発散を最小限に抑えることができる。このときに酸化によるダメージを防ぐためにも、ブドウを可能な限り健全な状態に保つことが重要になる。

また、低温の場所に一晩置いたブドウを除梗も破砕もせずに圧搾する、ホールバンチ・プレス（全房圧搾）と呼ばれる手法を用いる生産者もいる。こうすることでフェノール類や不純物（ブドウの果皮の破片や繊維質など）が少なく、上質で繊細な果汁を抽出できるため、シャンパンなどの高品質のスパークリング・ワインを醸造する際に不可欠な手法となっている。そのほか温暖な産地でも、シャルドネやリースリングの品質向上にこの手法を取り入れている生産者もいる。

タンク vs 樽

昔はワインを醸造する際、発酵に木製の樽を使うのが一般的だった。しかし白ワインの醸造では近年、ステンレス製のタンクが広く採用されている。その最たる理由は、すっきりとしてフレッシュな味わいの白ワインが市場で求められているからであるが、洗浄と殺菌を木樽よりも簡単に行えるという点も大きいだろう。もし、ステンレスタンクで発酵させたワインに複雑味を加えたいという場合には、木樽で熟成させればいい。ただし、これには限界があり、より風味豊かで複雑味に溢れる白ワインを造りたいならば、発酵段階から木樽を使用する必要がある。これは、果汁に含まれるポリフェノール類が樽や酵母とさまざまな反応を起こすことによる成果である（木樽の詳細については第11章を参照）。

シュール・リー

シュール・リー（Sur Lie）は「澱の上」を意味するフランス語で、発酵終了後に沈殿した澱（死滅した酵母と生きている酵母の両方を含む）を取り除かずに、そのままワインと一緒に熟成させる手法である。その目的は、沈殿した酵母からアミノ酸などの旨味成分を引き出してワインの風味と複雑さを高め、トーストのようなやや香ばしいニュアンスを加えることにある。この手法は主として白ワインの醸造に用いられ、なかでも有名なのがフランスのロワール地方で造られるミュスカデだ。この地では数カ月間にわたってワインを澱と接触させており、AOCミュスカデの規定でも、シュール・リーを名乗る際には収穫翌年の3月末までは澱引きとボトリングをしてはならないと定めている。

フランスのブルゴーニュで行われている伝統的な樽発酵による白ワイン造り。力強い発酵により、樽上部の口から果汁が吹きこぼれている。

バトナージュ

ワインを数カ月にわたって大量の澱と接触させておくと、澱の主成分である酵母の死骸が自身の持つ酵素の力で自己消化を開始し、酸化の反対の作用である還元が起こる。この状態を放置しておくと、ワイン中の二酸化硫黄の一部が硫化水素に変わり、排水溝や腐ったゆで卵のような異臭（いわゆる還元臭）を放つようになる。こうした不快なにおいを防ぐには、棒で攪拌して澱とワインに酸素を供給してあげればよい。この攪拌作業のことをバトナージュ（bâtonnage）と言い、その語源はこれに使う棒（バトン［baton］）に由来している。さらにバトナージュには、還元臭を防ぐだけでなく、酵母の旨味成分をより多くワインに溶け込ませる効果もある。つまりバトナージュは、シュール・リーのさらなる効果を促す手法でもあり、通常は先端にチェーンのついた棒を樽の栓口から差し込んでやさしく回転させることで、底に沈殿した澱をワインと混ぜ合わせる。

また近年では、バトナージュと同様の効果をより簡単かつ効率的に得ることのできる器具も登場している。バレル・ローラーと呼ばれるもので、その名のとおりローラーがついた器具の上で樽《バレル》を回転させることに

左：バトナージュに伝統的に用いられている棒（バトン）。
右：近年登場した、回転式のバレル・ローラー。

より澱とワインを攪拌する仕組みとなっている。

酸化防止

白ワインの醸造では、果実味を破壊してしまう酸化をいかに防ぐかということが極めて重要である。基本的に赤ワインは、抗酸化作用のある黒ブドウ由来のポリフェノール類を豊富に含んでいるので、そこまで酸化について気にする必要はない。しかし、白ブドウから造られる白ワインにはポリフェノール類がほとんど含まれていないため、酸化防止対策が十分でないと茶色っぽくて冴えない色調を帯び、フレッシュさと果実味に乏しい仕上がりになってしまう。しかもこうしたワインは、往々にして濡れた段ボールのようなにおいや二酸化硫黄のにおいが支配的となってしまう。実際、スペインやフランス、イタリア、そして東ヨーロッパ地域で昔ながらの方法で造られた白ワインには、そのような代物が多く見られた。

しかし現在では科学に基づいた醸造技術が進歩したことにより、あらゆる工程で酸素を排除する嫌気的醸造を行うことが可能になった。その結果、前述のようなワインは影を潜め、淡い色調と繊細な果実味を持ち、かつ爽やかで非常に飲み心地のよい白ワインが世界各地で醸造されるようになっている。そこで嫌気的醸造で特に留意すべき要素をまとめると、次のようになる。

- 圧搾は、窒素を散布した容器で行う。
- 搾り出した果汁は、パイプを使ってタンクに移動させる。そのタンクも、二酸化炭素や窒素を充填することで無酸素状態にしておく。
- 器具のつなぎ目はしっかりと固定し、空気の侵入を遮断する。特にポンプ部分のつなぎ目に注意すること。
- ワインを貯蔵する際は、タンクの縁ぎりぎりまでワインで満たす。それができない場合は、タンク内に窒素を充填する。
- 二酸化硫黄やアスコルビン酸などの酸化防止剤を適切に使用する。
- 溶存酸素量を常に確認し、酸素溶解を最小限に抑える。

ただし、前にも述べたように酸素には悪い面ばかりでなく、よい面もあるので、求めるワインのスタイルに応じて酸素の量をうまく調整することが大切である（「酸素の果たすよい役割」についてはP93を参照）。

甘口ワイン

一口に甘口ワインと言っても、世界には各地域の伝統に基づいて造られるさまざまなタイプのものがあり、製造にかかる時間とコストもまたそれぞれであるが、基本的にその製造方法は次の6つに分類できる（酒精強化によって造られる甘口ワインについてはP233を参照）。

- 発酵を完了したドライワイン［訳注：いわゆる辛口のワインではなく、発酵により糖がほぼ完全にアルコールに分解したワインを指す］に濃縮したブドウ果汁を添加して醸造する方法。安価なカラフェ・ワインがこれに該当する。
- 発酵を完了したドライワインに糖（保存しておいたブドウ果汁）を添加して醸造する方法。ドイツのQbA（Qualitätswein bestimmter Anbaugebiete）［訳注：ドイツのワイン法で上位から2番目に格付けされる特定地域上級ワイン。単にクヴァリテーツヴァインとも呼ばれる］がこれに該当する。
- 太陽の光を浴びて自然に凝縮した完熟ブドウを使用して醸造する方法。いわゆるキュヴェワインや、ドイツのプレディカーツヴァイン（pradikatswein）［訳注：ドイツのワイン法で最上位に格付けされる肩書き付き上級ワイン。旧称はQmP（Qualitätswein mit Prädikat）］の一部がこれに該当する。
- 収穫した完熟ブドウを房ごと陰干しで乾燥させてから醸造する方法。イタリアのアマローネやヴィンサントがこれに該当する。
- ボトリティス・シネレア（貴腐菌）が付着したブドウを使用して醸造する方法。ハンガリーのトカイ・アスーやフランスのソーテルヌ、ドイツのトロッケンベーレンアウスレーゼがこれに該当する。

- 氷結したブドウを使用して醸造する方法。ドイツのアイスヴァイン、カナダのアイスワインがこれに該当する。

⊙カラフェ・ワイン

カラフェ・ワインは、発酵も清澄化も完了して安定した状態となったドライワインにブドウ由来の糖を添加するという、もっとも簡単で安上がりな方法で造られる。その糖分として濃縮したブドウ果汁が使用されるのは、EUの規定でシャンパン以外のワインにショ糖を添加するのは禁じられているからだ。こうしてコストをかけずに醸造されるワインは「ミディアム・ドライ・ホワイト・ワイン」や「スウィート・ホワイト・ワイン」などとも呼ばれ、主にパブなどで提供されている。また安価な赤ワインのなかにも、日常的に楽しめるよう少しだけ加糖されたものがある。

⊙ドイツワイン

ドイツは冷涼な気候であるため、原産地呼称保護ワイン［訳注：略称は

ヴィンサントに使用するブドウを陰干ししている風景。イタリアのトスカーナ州ポンタッシエーヴェにあるグラーティ家のヴィッラ・ディ・ヴェトリチェ醸造所にて。

「g.U.」。プレディカーツヴァインとＱｂＡが含まれ、ドイツワインの大部分を占める」を生産する13の指定栽培地域のほとんどが南部と南西部に集中している。そのなかでも南方にある産地では主に、ほどよい骨格とバランスを兼ね備えた辛口の白ワインが造られてきた。一方、これより北寄りに位置するラインガウやラインヘッセン、モーゼルといった産地では、伝統的に発酵が完了したドライワインにズースレゼルヴ（süssreserve：「甘味の保存」という意味で、発酵前の果汁を一部抜き取り、精密フィルターでの濾過や、二酸化硫黄の添加を行ったうえで冷暗所で保存しておいたもの）を添加することで、軽めの甘口ワインを数多く生産してきた。

　ズースレゼルヴによる補糖は、ＱｂＡでは発酵後のワインに限り認められている――つまり、アルコール度数を上げるためのブドウ果汁への補糖は認められていない――が、最高位のカテゴリーであるプレディカーツヴァインでは一切禁止されている。したがってその残糖はすべて、原料のブドウ由来の自然な糖分ということになるが、ドイツのワイン法では使用したブドウ果汁の糖度（エクスレ度［°Oe］という単位が用いられる。詳細はＰ409を参照）によってプレディカーツヴァインをさらに6つの「肩書き（prädikat）」に細分化している。その最低果汁糖度の基準は産地やブドウ品種によって異なるが、ラインガウで生産されているリースリン

ドイツのモーゼル地方ピースポート村にある銘醸畑ゴールドトロプフェンに植えられたリースリング。

グを例にとると次のようになる。

- カビネット（kabinett：通常収穫ワイン）　73°Oe
- シュペートレーゼ（spatlese：完熟遅摘みワイン）　85°Oe
- アウスレーゼ（auslese：完熟房選りワイン）　95°Oe
- ベーレンアウスレーゼ（beerenauslese：過熟粒選りワイン）　125°Oe
- アイスヴァイン（eiswein：氷結ワイン）　125°Oe
- トロッケンベーレンアウスレーゼ（trokenbeerenauslese：貴腐ワイン）　150°Oe

要するに、この肩書きは出来上がったワインの残糖度とは無関係であり、あくまで収穫したブドウの果汁の濃度に基づいて決められる。近年の辛口ワインの人気にともない、ドイツの多くの醸造家がこれらの伝統ある甘口ワインを辛口に仕上げようと試みている。しかし結果は、必ずしも芳しいものばかりではない。そもそも、「アウスレーゼ」とラベルに表記しているにもかかわらず、実際に口にしたらドライな味わいでは大いに混乱を招く。

それはともかく、ドイツの醸造家たちはこれまでにさまざまな甘口ワインの醸造方法のなかからいくつかの手法を使い、驚くほど多様な味わいのワインを生産してきた。それらのワインは非常に繊細で、複雑なアロマと果実味、そして上質な酸とのバランスがとれた素晴らしい仕上がりとなっている。その結果、ドイツは世界でも指折りの甘口ワインの生産地として知られるようになったのだ。

⊙ソーテルヌ

フランスはボルドー地方のソーテルヌは、ボトリティス・シネレア（貴腐菌）が付着し、フランス語でプリチュール・ノーブル（Pourriture Noble：「高貴なる腐敗」という意味）と呼ばれる状態になったブドウ、すなわち貴腐ブドウから造る甘口ワインの象徴と言える。糖分が凝縮した貴腐ブドウは、付着したボトリティス・シネレアの菌糸が果皮に無数の小さな穴を開け、そこから果実の水分が蒸発することでできるが、これには特定の条件が必要になる。朝方に濃い霧が発生して菌が繁殖し、午後には太陽の光によって乾燥するという気象条件が整わなければならないのだ。しかもこれが、ブドウが完熟し始める頃から毎日繰り返されることが重要であり、単に湿度の高い環境に置かれ続けるとボトリティス・シネレアが過剰に繁殖して、ブドウが灰色カビ病にかかってしまう。要するに、このような気象条件が整い、菌がうまく繁殖してブドウの糖分がしっかりと凝縮した年にのみ、ソーテルヌらしい素晴らしい貴腐ワインが生まれるということだ。

天候に恵まれた年には、ソーテルヌの生産者たちは縮んだブドウの実を1粒ずつ丁寧に手で摘み取り、健全なブドウはボトリティス・シネレアによってしなびた状態になるまでブドウ樹に残す。そのため何度も畑を行き来し、ブドウの状態を見極めながら収穫を行う必要がある。ソーテルヌはもちろん、世界を代表する貴腐ワインの生産者であるシャトー・ディケムでは、収穫期に8〜9回ほど畑を回ることも珍しくない。それでもディケムのワインは、1本のブドウ樹からたったグラス1杯しか取れないというから、非常に高価なのも無理からぬ話だ。

⊙トカイ・アスー

ハンガリーが誇る貴腐ワイン、トカイ・アスーは、ほかの産地では一切行われていない独自の方法で造られており、ワイン愛好家ならばその詳細を知っておく価値は十分にある。

先に述べたソーテルヌと同様、トカイでも貴腐ブドウの出来は天候に大きく左右され、朝の霧と日中の日差しという気象条件が整えばボトリティス・シネレアが適度に繁殖し、ブドウの水分が蒸発して糖分が凝縮されていく。その実を1粒ずつ手で収穫するという退屈で骨の折れる作業を担うのは、一般にトカイでは手先の器用な女性たちである。そこから先は、ほかに類を見ない方法でワインへと仕上げられていく。

その方法とはまず、収穫したアスー・ベリー（貴腐ブドウ）を瓶に入れ、防腐作用のあるピロ亜硫酸カリウムを散布する。そうして貯蔵している

ロイヤル・トカイ・カンパニーにて、最高品質のトカイ・アスーを造るため選別されたブドウ。

間に、ボトリティス・シネレアの付着していない健全なブドウから、通常の方法でベースワインとなる辛口の白ワインを造る。次に、このベースワインに軽く圧搾したアスー・ベリーを一定量加え、数時間やさしく撹拌しながら醸しを行う。それから果皮を取り除いて樽に入れ、冷暗なセラーで熟成させる。熟成期間は最低でも2年とされているが、ほとんどの場合、もっと長い時間をかけてからボトリングされる。

この期間にワインはゆっくりと熟成していき、ほんの少しではあるが発酵するため、信じがたいほど複雑かつ濃密な甘味と、シャープで清涼感のある独特な後味が感じられる甘口ワインに仕上がる。このような芳醇な甘さと巧みなバランスを見せる酸味は、トカイでよく使われるフルミント種にとりわけ強く備わっている。これにハーシュレヴェリューやシャルガ・ムシュコタイ（イエロー・マスカットの現地呼称）といった品種をブレンドすれば、より複雑味のあるワインに仕上げることもできる。

トカイ・アスーの分類は、ハンガリー語による表記であるため理解するのが難しいが、その仕組みはいたってシンプルで、ドイツワインのように収穫したブドウの果汁糖度ではなく、完成したワインに含まれる糖度を基準にして決められる。この分類に使用される「プットニョス（puttonyos）」という用語は、収穫時に背負う伝統的な桶である「プット

地下深くにあるロイヤル・トカイ・カンパニーの冷暗なセラー。

ニュ（puttony）」に由来している（以前は、プットニュ1杯分に当たる約25kgのアスー・ベリーを1単位として、これを136ℓのベースワインが入った樽に何杯加えたかが基準とされ、たとえば3杯なら3プットニョスと表されていた）。これを用いたトカイ・アスーの現在の分類は、次のとおりだ。

3プットニョス＝60～90g／ℓ
4プットニョス＝90～120g／ℓ
5プットニョス＝120～150g／ℓ
6プットニョス＝150～180g／ℓ

このほかにトカイでは、貯蔵中のアスー・ベリーから自然の重みだけで流れ出た果汁を自然発酵させ、何年間も熟成させた極甘口のワインも造られている。これはトカイ・エッセンシア（Tokaji Eszencia）という名で世界的に知られ、アルコール度数が3％ほどであるのに対して糖度は最低でも450g／ℓ、なかには600g／ℓにもなるものがある。そのためエッセンシアは、ワインというよりは、とろりとした濃厚な甘味が際立つブドウのシロップに近い。

第10章

スパークリング・ワインと酒精強化ワインの醸造

CHAPTER 10

SPARKLING & FORTIFIED PROCESSES

ブルゴーニュは王に、シャンパンは公爵夫人に、
クラレットは紳士に。

——フランスの格言

本書ではこれまで、赤ワインや白ワイン、ロゼワインといったスティル・ワイン（非発泡性ワイン）の醸造方法について解説してきたが、この章ではそれ以外のワイン、つまりスパークリング・ワインと酒精強化ワイン（フォーティファイド・ワイン）の醸造方法について詳しく見ていきたい。

スパークリング・ワイン

スパークリング・ワイン（フランス語ではヴァン・ムスー［Vin Mousseux］）には5つの製法があり、それぞれの製法によって品質も価格も大きく異なる。たとえば最高級スパークリング・ワインの代名詞であるシャンパンは、もっとも時間と手間のかかるトラディショナル方式（瓶内2次発酵方式）で造られ、大量消費用の安価なスパークリングはスティル・ワインに炭酸ガスを注入するだけの簡易な方式によって生産されるといった具合だ。そこで5つの製法のうち、まずは最高の製法であるトラディショナル方式から説明していきたい。

⊙トラディショナル方式

瓶内2次発酵によって二酸化炭素を発生させるこの方式は、古くからフランスのシャンパーニュ地方で造られるすべてのシャンパンに義務付けられている製法であるため、かつてはメトード・シャンプノワーズ（Méthode Champenoise：シャンパン方式）という呼び名で広く知られていた。しかし、ほかの産地で造られたスパークリング・ワインにもこの呼び名が徐々に使用されるようになり、危機感を覚えたシャンパーニュ地方の生産者たちは原産地の法的保護を求めてさまざまな取り組みを始めた。その結果、シャンパーニュはＡＯＣ（原産地統制呼称）に認定され、同じ製法でもほかの産地のワインにはメトード・トラディショネール（Méthode Traditionelle：英語ではTraditional Method、イタリア語ではMetodo Classioco）、すなわちトラディショナル方式と表記しなくてはならなくなった。

シャンパンを造る工程は、ベースとなる辛口のスティル・ワイン（フランス語ではヴァン・クレール［Vin Clair］）を造ることから始まる。通常のスティル・ワインを造るときとの違いは、この後の工程で瓶内2次発酵を起こさせるため、発酵終了後に二酸化硫黄を添加しないことだ。その代わりに、ボトリング時にリキュール・ド・ティラージュ（Liqueur de Tirage：ショ糖と酵母などの混合液）をベースワインに加え、王冠で打栓、あるいは伝統に従ってコルクで栓をして、アグラフ（agraffe）と呼ばれる金具でコルクを固定する。その後、シャンパーニュ地方特有の石灰岩を切り開いて造られた冷涼なカーヴに運ばれ、何段にも積み重ねられた

金具（アグラフ）でコルク栓が固定され、シュール・ラット方式で横たわるシャンパンのボトル。アルフレッド・グラシアンのカーヴにて。

横木の上に並べて貯蔵される。この貯蔵方法はシュール・ラット方式（Sur Lattes）と呼ばれ、その呼び名は瓶が安定するように横木の四隅に設置された板《ラス》（lathe）に由来する。

　そうして低温貯蔵（12℃が理想とされる）されている間にワインは酵母の働きにより再び発酵し、残っていた糖からアルコールと泡のもととなる二酸化炭素がつくられる。この瓶内二次発酵後、酵母の死骸などが澱となって瓶の側面に沈殿するため、ワインは一時的に濁ったりする。しかしシャンパン特有の風味と複雑さは、その酵母が自己消化して生じたアミノ酸などの旨味成分とともに長期にわたって熟成させることで生み出される。そのためにも、長期間の熟成にも耐えうる上質なベースワインが必要となる。

　だが長きにわたる瓶内熟成を終えたら、開栓時にワインが濁る事態を防ぐため、今度はその澱を取り除かなければならない。そこでまず行われるのが、瓶口を下にして斜めに並べるミズ・シュル・ポワント（Mise Sur Pointe：倒立）と呼ばれる工程で、伝統的に瓶を差し込む穴が開いたピュピトル（pupitre）という逆V字型の澱下げ台が用いられる。そしてすべての瓶を並べ終わったら、澱を瓶口に集めるルミアージュ（remuage：動瓶）という工程に移る。これは、各瓶を毎日少しずつ回転させるとと

上：瓶内熟成中、瓶の側面にたまった澱。
左：ルミアージュを行うための伝統的な澱下げ台（ピュピトル）。

もに、斜めから徐々に倒立した状態に傾けていく作業であり、これにより瓶の側面にたまっていた澱が瓶口に集まっていく。

ルミアージュは、かつてはルミュアー（remueur）と呼ばれる専門の動瓶士が一手に担っていたが、非常に時間と手間のかかる作業であるため、現在ではジャイロパレット（gyropallet：スペイン語ではヒラソル［girasol］、英語圏ではVLMs［Very Large Machines］）と呼ばれる自動動瓶機を使って行われることが多い。この機械は30分に一度、きっかり1／4ずつ回転する仕組みで、手作業による伝統的なルミアージュと同じ効果をもたらしつつ、作業効率を大幅に向上させた。

こうして澱が瓶口に集まったら、いよいよ澱を取り除くデゴルジュマン（degorgement：澱引き）の工程に入る。このときに澱は、伝統的なコルク栓を使用していればその底に、中が空洞になったプラスチック製のキャップ（ビデュール［bidule］と呼ばれる）がついた王冠で打栓していればそのキャップ内にたまっている。どちらの栓を使用した場合もデゴルジュマンの工程ではまず、倒立した状態のまま瓶の首部分だけをマイナス20℃前後の溶液に漬けることで澱を氷塊にする。そうして栓を抜き、瓶内のガス圧を利用して氷結した澱を噴出させるのだ。澱はこのようにして簡単に取り除くことができるが、その際に失われるワインと二酸化炭

フランス語でジャイロパレットと呼ばれる自動動瓶機。

素はごく少量だ。したがって、実際に販売されるボトルのまま長期に及ぶ瓶内2次発酵を行う利点のひとつが、デゴルジュマンの工程のためにあると言っていい。

　デゴルジュマンに続いて行われるのが、打栓前の最後の工程であるドサージュ（dosage：糖分添加）だ。これは、「門出《かどで》のリキュール」（フランス語ではリキュール・デクスペディシオン［Liqueur d'Expedition］）と呼ばれるショ糖ベースのリキュールを添加して糖度を調整する作業のことで、これによってシャンパンのスタイルがほぼ決まる。AOCシャンパーニュではリキュールに含まれる糖度によってカテゴリー分けがなされており、もっとも流通している「ブリュット（brut）」とは糖度が12g／ℓ以下の辛口のシャンパンを指す［訳注：極甘口が「ドゥー（doux）」（糖度50g／ℓ以上）、甘口が「ドゥミ・セック（demi-sec）」（32〜50g／ℓ）、中甘口が「セック（sec）」（17〜32g／ℓ）、中辛口が「エクストラ・セック（extra sec）」（12〜17g／ℓ）、そして辛口の「ブリュット」、極辛口の「エクストラ・ブリュット（extra brut）」（0〜6g／ℓ）、糖分無添加の「ブリュット・ナチュール（brut nature）／ドサージュ・ゼロ（dosage zéro）／パ・ドセ（pas dose）」（3g／ℓ以下）という分類になる］。

　ドサージュのあとは新しいコルクで栓をして、ミュズレ（muselet）と呼ばれる針金がついた王冠でそれをしっかりと固定する。この工程をブ

右：瓶口に集まった澱。
左：王冠の下のプラスチック製キャップ（ビデュール）にたまった澱を氷結させた状態。

シャージュ（bouchage）と言い、最後にミュズレを含む瓶の首部分をキャップシールで覆ってエチケット（ラベル）を貼れば、あとは出荷のときを待つばかりだ。

シャンパンがトラディショナル方式で造られたスパークリング・ワインの代表格であるのは確かだが、フランスではシャンパーニュ地方以外の産地でも、同様の方式によって素晴らしいスパークリング・ワインが造られている。これらのスパークリング・ワインはクレマン（crémant）と呼ばれ、その製法もシャンパンと同じくAOCによって厳しく規定されている。

さらにこの方式はフランスにとどまらず、スペインのカヴァやイタリア・ロンバルディア州東部のフランチャコルタをはじめとする世界各地で用いられている。ただし、その質は前述したように2つの要素によって大きく左右される。すなわち、ベースワインの質と熟成期間の長さだ。シャンパンの熟成期間に関して言えば、ミレジメ（millésimé：単一収穫年のブドウから造られるシャンパン。ヴィンテージ・シャンパンとも呼ばれる）の場合は最低36カ月以上、ノン・ミレジメ（複数の収穫年のワインをブレンドして造られるシャンパン。ノン・ヴィンテージとも呼ばれる）の場合は最低15カ月以上と定められている。

⊙トランスファー方式

トランスファー方式（Transfer Method）も瓶内2次発酵および熟成まではトラディショナル方式と同様に行われるが、その後の澱を取り除く工程が大きく異なる。瓶内2次発酵を経て熟成させたワインを二酸化炭素で加圧したタンクに移し、マイナス5℃以下に冷却してから濾過によって澱を取り除くのだ。そしてドサージュを行ったのちに、再びボトリングする。つまりトランスファー方式は、トラディショナル方式でもっとも手間とコストのかかるルミアージュとデゴルジュマンの工程を省いた製法と言える。ただし、この方式によるスパークリング・ワインは確かに瓶内2次発酵由来の風味が存在するものの、移し替えと濾過が行われるため品質がやや低下する。

⊙タンク方式（シャルマ方式、キューヴ・クローズ方式）

タンク方式（Tank Method）は、ベースとなるスティル・ワインの2次発酵を瓶内ではなく密閉した耐圧タンク内で行う方式で、シャルマ方式（Méthode Charmat）またはキューヴ・クローズ方式（Cuve Close）とも呼ばれる。2次発酵が完了したら、密閉耐圧タンク内でそのまま濾過によって澱を取り除いたのち、ドサージュを行ってボトリングする。この工程からわかるように、タンク方式はトランスファー方式をさらに簡略化した製法であり、そのメリットとして、短期間で大量のスパークリング・ワインを安価に生産できる点が挙げられる。

だがタンク方式では、瓶内2次発酵方式よりもワインと澱との接触面が小さくなるので、複雑さに欠ける味わいになるという欠点もある。それを補うために、タンク内で何年にもわたってワインを熟成させるというのも経営上、現実的な手段とは言えない。そこで一部の生産者たちは、タンク内のワインと澱を攪拌させることで、ある程度の複雑味をまとったスパークリング・ワインに仕立てている。こうして造り出されたスパークリング・ワインは飲み口がよく、しかも価格が比較的手頃であるため、日常で気軽に楽しむことができる。

⊙炭酸ガス注入方式

炭酸ガス注入方式（carbonation）は、2次発酵によって二酸化炭素を発生させるのではなく、冷たくしたスティルワインに市販の二酸化炭素（炭酸ガス）を直接注入するものである。非常に簡単かつ効率的にスパークリングに仕立てることができるものの、当然ながら2次発酵由来の風味や複雑なニュアンスはまったくないばかりか、泡のキメが粗く、開栓すればその泡もすぐに抜けてしまうことが多いため、スパークリング・ワインの製法としてはもっとも劣るものである。

⊙アスティ方式

アスティは、イタリア北西部のピエモンテ州アスティ県の周辺で栽培されるモスカート・ビアンコ（マスカットの現地呼称）から造られるスプマンテ（イタリア産のスパークリング・ワイン）であり、品種由来の甘いフローラルな香りを特徴とする。だが、モスカート・ビアンコの個性は、トラディショナル方式のように酵母がすっかり死滅するまで発酵を行うと失われてしまう。そこで開発されたのが、アスティ方式（Asti Method）と呼ばれる製法である。

その具体的な工程はまず、モスカートの果汁を耐圧タンクに入れ、培養酵母を添加して発酵させる。このときに発生する二酸化炭素は最初のうちは外に放出させておくが、アルコール度数が5％くらいに達したらバルブを閉めてタンクを密閉し、ワインに二酸化炭素を溶け込ませる。こうして通常はアルコール度数が6～9％に達し、糖度が60～100g／ℓとなったところで0℃まで冷却して発酵を停止させ、清澄と濾過を行ってからボトリングする。

ただし、この方式は大きな問題点をひとつ抱えている。それは、アルコール度数が低めで酵母がまだ活動しやすい環境が保たれているうえに、酵母にとって十分な栄養分となる糖分が残っている状態でボトリングされるため、瓶内で再発酵する恐れがあるという点だ。この点に関して、興味深いエピソードがある。あるアスティの生産者に、なぜメンブレン・フィルター（表面濾過に使われる、均一な孔のあいた薄いプラスチック製のフィルター。P351参照）とトンネル・パスツーリゼーション（トンネル型の低温殺菌装置。P394参照）の両方の処理をするのかと尋ねたところ、「そうすれば夜、安心して眠れるからだよ！」と答えたというのだ。

酒精強化ワイン（フォーティファイド・ワイン）

酒精強化ワイン（フォーティファイド・ワイン［Fortified Wine］）は、ＥＵの法律では現在リキュール・ワイン（Liqueur Wine）と呼ばれている。このジャンルに分類されるワインはいずれも醸造時にブランデーなどのブドウを原料としたスピリッツ（酒精）を添加するため、通常のワインよりもアルコール度数が高くなる。世界各地で酒精強化ワインは造られているが、以下に代表的なものを紹介する。

⊙ヴァン・ドゥ・ナチュレル

フランスのヴァン・ドゥ・ナチュレル（ＶＤＮ：Vin Doux Naturel）は、直訳すると「天然甘口ワイン」という意味であるが、この名称は少々紛らわしい。というのもＶＤＮは、発酵中の果汁にブランデーなどの度数の高いアルコールを添加して意図的に発酵を止めることで、アルコールに変わるはずだったブドウの糖分を残し、甘口に仕上げられたワインであるからだ。したがって、完成したワインに含まれるすべての糖分が原料であるブドウに由来するという意味において「天然」と言える。

この工程からもわかるとおり、ＶＤＮは果汁を部分的に発酵させて造ったワインであり、発酵を完了させることなく途中で停止させることによってブドウの糖分が残り、その分だけ甘くなる。発酵を止める際にはアルコール度数が15～18％くらいになるようにアルコールが加えられるが、それ以外の添加物が使用されることはない。

アルコール添加後の工程は、目指すワインのスタイルによって大きく異なる。たとえばミュスカ（マスカット）品種を使用したVDNには、嫌気条件下でタンクに貯蔵するものもあれば、オーク樽で熟成させるものもある。また、ローヌやルーション地方で造られるランシオ（rancio）と呼ばれるVDN（グルナッシュ主体の赤やロゼワイン、ミュスカやマカベオなどを使用した白ワインがある）は、木樽または大きなガラス瓶に入れたワインを太陽熱にさらしたのち、数年間にわたりカーヴで樽熟成させる（この酸化的熟成の間、定期的にワインの一部を抜き取って新たに若いワインを注ぎ足すことで品質の安定化を図っている）。

VDNの好例は、なめらかで味の優れたミュスカ品種から造られるラングドック地方のミュスカ・ド・リュネル、ミュスカ・ド・ミルヴァル、ミュスカ・ド・フロンティニャン、ミュスカ・ド・サン・ジャン・ド・ミネルヴォワ、ルーション地方のミュスカ・ド・リヴザルト、そしてローヌ地方のミュスカ・ボーム・ド・ヴニーズだ。フランスには、これらの甘口ワインをアペリティフとして食前に楽しむ習慣もある。

⊙ポートワイン

ポートワイン（Port Wine）は元来、ポルトガルのドウロ川の河口にあるポルト（Porto）港から主としてイギリスに輸出されていたことからこの名がついた。ポートワインもヴァン・ドゥ・ナチュレル（VDN）と同様、アルコール（グレープ・スピリッツ）を添加して発酵を強制的に止めることでブドウの糖分を残している。VDNの醸造工程と大きく違うのは、ドウロ川上流のアルト・ドウロ地方［訳注：2001年に「アルト・ドウロ・ワイン生産地域」として世界遺産（文化遺産）に登録された］で栽培されたブドウのみを使用していることと、ラガールと呼ばれるドウロ地方特有の発酵槽を使用している点だ。伝統的なラガールは石で造られた強固なもので、縦横約4m四方、深さ1m弱と、発酵槽としては非常に珍しい形をしている。

昔ながらのポートワイン造りの興味深い特徴は、この石製のラガールで破砕・圧搾する工程にある。そのなかに男たちが入り、ブドウ（除梗する場合もあれば、全房まま使用する場合もある）を裸足で踏むことによって破砕・圧搾するのだ。これは数時間にも及ぶ大変な作業であるが、こうすることでブドウを穏やかに潰して果汁を得ながら、果皮からポリフェノール類を十分に抽出できるうえに、圧搾作業が終盤を迎える頃には発酵も始まる。さらに石のラガールは底が比較的浅いため、ブドウの果皮と果汁がしっかりと接触し、酸素も溶けやすい。これは色素成分のアントシアニンを安定させるうえで非常に重要な要素である。

こうしたさまざまな効果が得られる石製のラガールだが、膨大な時間と労力を要するために、いっとき前章で述べたオートヴィニフィケーション（P190参照）に取って代わられた。だが、これを使って造られたワインの出来はあまり好ましいものではなく、皮肉なことに足踏み圧搾による効果をより際立たせる結果となった。そこで生産者たちは初心に返るとともに創造性を発揮して、下の写真にあるような機械式のラガールを開発した。これは、足踏みの動作に酷似した動きをする優れ物で、今では高品質のポートワイン造りにも広く使われるようになっている。

機械式のラガールは伝統的な石製のものと同様の寸法で、ステンレス製の発酵槽の上には三角形のピストンを格納した機械が設置されている。この機械が発酵槽に取りつけられたレール上を移動していく間に、ピストンが数人の足のように上下に動き、ブドウを発酵槽の底面にこすりつけるという仕組みだ。ピストンの先端には、人の足と似た質感のシリコン製のパッドがついているため、過度に圧搾が行われる心配もない。さらに機械式のラガールでは、ピストンの上下動の範囲を調整することで、醸し発酵の工程で櫂入れ（P184参照）のように果帽を果汁に沈めることができるほか、果汁に酸素を供給するミクロ・オキシジェナシオン（P264参照）の作業を行うこともできる。

こうしてラガールで短期間の醸し発酵を行い、求める糖度になったら果汁を550ℓサイズの木樽に移してグレープ・スピリッツを添加する。これによりアルコール度数を19～22％（一部例外もある。詳しくは次項参照）にまで上昇させて発酵を止め、ブドウの糖分を残したさまざまなス

ポートワインの代名詞的ブランドであるW&J・グラハム社で使用されている機械式ラガール。

タイルのポートワインへと仕立てるのだ。

⊙ポートワインの種類

ポートワインのタイプは、黒ブドウで造るルビーおよびトウニーと、白ブドウで造るホワイトの3つに大別できるが、各タイプのなかにもまたさまざまなスタイルのものが存在する。そのスタイルは、グレープ・スピリッツを添加してから数カ月後に行われるテイスティングによって決められ、もっとも良質なルビー・タイプのワインは将来の「ヴィンテージ・ポート（Vintage Port）」候補として扱われる。

ただし、この最高峰のポートワインは、作柄が特に優れた年の、複数の畑から厳選した最良の黒ブドウからしか造ることができない。しかもヴィンテージ・ポートと名乗るには、収穫から2年目の1～9月までの間に公的な機関であるドウロ・ポート・ワイン協会（IVDP：Instituto dos Vinhos do Douro e do Porto）に申請（いわゆる「ヴィンテージ宣言」）を行って、許可を得る必要がある。このようにIVDPの許可が必要なポートワインはスペシャル・タイプと呼ばれ、申請時期のほかにもボトリングの時期やラベルの表示義務など具体的な決まり事がある。ヴィンテージ・ポートの場合は、2年目の7月～3年目の6月までの間に樽熟成させたワインを無濾過でボトリングしなければならず、その後さらに10～15年の長期瓶内熟成を経て、ラベルに収穫年を表記のうえようやく出荷できる。こうして濾過をせずに長期にわたって瓶内で熟成させるヴィンテージ・ポートは大量の澱を生じるため、デキャンティングを必要とする。

また、ヴィンテージ宣言をしなかった年でも、作柄が特によい単一畑（ポルトガル語でシングル・キンタ［Single Quinta］）の黒ブドウだけを使って、良質なルビー・タイプのワインを生み出している生産者たちもいる。このスタイルのワインは「シングル・キンタ・ヴィンテージ・ポート」と呼ばれ、ラベルには畑の名称と収穫年を記して出荷される。その醸造方法はヴィンテージ・ポートとほぼ同じで、市場価値も高いが、一般的には価格がかなり抑えられているため、限られた予算内で気軽にヴィンテージ・ポートの雰囲気を楽しみたい方には最適なワインと言える。

これに次ぐランクのルビー・タイプが「レイト・ボトルド・ヴィンテージ」（ＬＢＶ：Late Bottled Vintage）で、ヴィンテージ・ポートには達しないが、それに続く作柄に恵まれた単一年のブドウを原料に造られる。このポートもＩＶＤＰへの申請（収穫から4年目の3～9月の間）が必要なスペシャル・タイプであり、ボトリングの時期はレイト・ボトルドの名前のとおりヴィンテージ・ポートよりも遅く、4年目の7月～6年目の年末までと定められている。そしてラベルには、収穫年とボトリングした年を表記しなければならない。こうしてより長く樽でワインを熟成させるため、ＬＢＶは比較的早く飲み頃を迎えるとともに、余分なポリフェノール類などの澱は樽に残るのでデキャンティングを行う必要もない。

一方、もっとも一般的に親しまれている「ルビー・ポート（Ruby Port）」は、樽で最長3年間熟成させた複数のワインをブレンドして造られる。このほかにもルビー・タイプには、「ルビー・リザーヴ」(Ruby Reserva：かつては「ヴィンテージ・キャラクター(Vintage Character)」と呼ばれていた)という、ルビー・ポートのなかでも良質なものを樽で4〜5年熟成させてからブレンドする比較的ポピュラーなポートがある。この2つはいずれも早飲みタイプのポートワインであり、濾過を行っているためデキャンティングする必要もない。

トウニー・タイプは、ルビー・タイプよりもさらに長期間樽で熟成させたポートで、酸化が進んでワインが黄褐色《トウニー》(tawny)に変化することからこう呼ばれる。このタイプにも、一般的に飲まれている「トウニー・ポート」(平均樽熟年数5〜6年)や「トウニー・リザーヴ」(樽熟7年以上)のほかに、2つのスペシャル・タイプが存在する。そのひとつが「熟成年数表記トウニー・ポート(Tawny with an Indication of Age Port)」で、一般的なトウニー・タイプよりもブレンドしたワインの平均樽熟年数が長く、10年、20年、30年、40年ものがある。平均樽熟年数が長ければ長いほど複雑でありながら軽い味わいの仕上がりとなるが、その年数をラベルに表記するにはIVDPの許可を得なければならない。またラベルには、ボトリングした年の表示義務がある。

トウニーのもうひとつのスペシャル・タイプがコリェイタ・ポート(Colheita Port)で、ヴィンテージ・ポートと同様に単一年の黒ブドウのみを使用して造られる。これを名乗るには、収穫から3年目の7〜12月末までにIVDPに申請を行って承認を得る必要があり、ラベルには収穫年とボトリングした年を表記しなければならない。その熟成期間は最低でも7年と定められているため、コリェイタも熟成年数表記トウニーと同じような特徴がある。これらのトウニー・タイプはいずれも濾過を行ってからボトリングするため、デキャンティングをする必要はない。なお安価なトウニー・ポートは、一般的なルビー・ポートとホワイト・ポートをブレンドして造られているので、品質もそれなりであることに留意してほしい。

白ブドウを使用するホワイト・タイプには、一般的な「ホワイト・ポート（White Port）」のほかに、「ライト・ドライ・ホワイト・ポート（Light Dry White Port）」という、ポートワインとしては珍しい辛口のスペシャル・タイプが含まれる。このスペシャル・タイプは、ほかのポートよりも低温で長い間発酵させてからグレープ・スピリッツを添加することで辛口に仕立てられ、最低アルコール度数も例外的に16・5％まで認められている。こうした特徴を持つライト・ドライ・ホワイト・ポートは、ポルトガルではアペリティフとして親しまれているが、酸化が比較的早いので熟成向きではない。

これら3つのタイプのほかに、近年ではロゼ・タイプのポートも造られるようになっている。このようにポートワインには多種多様なスタイルのものがあるため、さまざまなシーンに合わせて楽しむことができる。

⊙シェリー

この酒精強化ワインは、スペイン南部のアンダルシア地方に位置するカディス県ヘレス・デ・ラ・フロンテラを中心に造られることから、同国ではヘレス（Jerez）、お隣のフランスではセレス（Xerez）と呼ばれ、シェリー（Sherry）という名もヘレスの英語読みに由来する。そのためラベルには「Jerez-Xerez-Sherry」と3つの語が並べて表記され、いずれもスペインの原産地呼称制度（DO：Denominación de Origen）でDO（原産地呼称。VP［畑限定原産地呼称］、DOC／DOCa［特選原産地呼称］に次ぐカテゴリー）として認められている。

シェリーの個性を決定づけている要素のひとつが、発酵後のワインの表面に現れるフロール（flor）と呼ばれる白い酵母（産膜酵母）の膜で、これによってシェリー特有の風味がもたらされる。もうひとつの要素がソレラ・システムという熟成方法で、通常は樽を4段ほど積み重ね、最下段にもっとも古いワインが、最上段にもっとも若いワインが入れられる。そして最下段の樽のワインが熟成を終えたら一定量（最大でも全量の1／3ほど）を抜き取ってボトリングし、その分をすぐ上の段から補充する。同様にして上段の樽からすぐ下の段の樽へと少し若いワインを順々に注ぎ足し、最上段の樽には酒精強化した新しいワインを補充するというのが、このシステムの仕組みだ。

ソレラ（solera）という言葉は、スペイン語で床を意味するスエロ（suelo）が語源で、床の上に置かれる最下段の樽群のこともソレラと言う。そのソレラから上の段は「育成所」

という意味のクリアデラ（criadera）と呼ばれ、下から順に第1クリアデラ（2段目）、第2クリアデラ（3段目）……という具合に最上段まで続く。ボデガ（スペイン語でワイナリーを意味する）のなかにはシェリーのタイプによって樽を8段も積み上げる場合もあり、その代表例がゴンザレス・ビアス社が生産している「ティオ・ペペ（Tio Pepe）」や、ドメック社に代わって現在はルスタウ社が手掛ける「ラ・イーナ（La Ina）」といった最高品質のフィノ（もっとも辛口のタイプ。詳しくは後述する）だ。

こうした大掛かりなシステムを採用する目的は、複数のワインをブレンドすることにあり、これにより若いワインが少しずつ古いワインの特徴を備えていくとともに、品質の均等化も図れる。この仕組みから明らかなように、通常シェリーには、その年に収穫されたブドウだけで造るヴィンテージは存在しない。もしラベルに年号が記載されていたら、それはそのシェリーに用いられたソレラ・システムが組み立てられた年を示し、一般に非常に古い年号が表記されているはずだ。一方で限定量ではあるが、アニャダ（añada）という、単一収穫年のブドウをソレラ・システムを用いずに長期熟成させたシェリーも造られており、ラベルにはそのヴィンテージが記されている。

シェリーの原料となるブドウは白品種のみで、公的にはパロミノ、ペ

サンチェス・ロマテ社のソレラ・システム。

ドロ・ヒメネス、モスカテルの3種のみが認められている。これらのうち主要品種となっているのがパロミノで、そのなかでもパロミノ・フィノ種が全栽培面積の90%以上を占めている。パロミノからはさまざまなタイプの辛口のシェリー（ビノ・ヘネロソ［Vino Generoso］と呼ばれる）が造られ、残りの2品種からはそれぞれ甘口のシェリー（ビノ・ドゥルセ・ナトゥラル［Vino Dulce Natural］と呼ばれる）が造られる。

パロミノを用いたシェリー造りでは、収穫から発酵までの工程は通常の白ワインとほぼ同じ方法で行われるが、発酵温度は比較的高め（22～26℃）に保たれる。その目的は前述のソレラ・システムによる熟成に適したワイン、つまり果実味のあるワインではなく、むしろ個性のないワインを造ることにあり、そのために通常は果汁の温度を制御しやすいステンレスタンクが用いられる。そうして発酵を終えたばかりのワイン（アルコール度数は11～12・5%）は濁っているが、秋の深まりとともに気温が低くなると澱が沈殿して澄んでいく。と同時に、ワインの表面には酵母による白い膜が自然発生し、やがてワインの表面を覆い尽くす。これがいわゆるフロールで、サッカロミセス属のバヤヌス種をはじめとする複数種の産膜酵母で構成される。

この時点で最初の分類が行われ、ワインは2つのタイプに——色調が淡く軽やかなワインは「フィノ（Fino）」に、色調が濃く骨格がしっかりとしたワインは「オロロソ（Oloroso）」に——分けられる。そして、フィノに分類されたワインはアルコール度数が15・0～15・5%程度になるまで、オロロソは17・5%前後になるまでグレープ・スピリッツが添加される。

フィノが比較的低めのアルコール度数に酒精強化されるのは、この度数がフロールを形成する産膜酵母にとって一番生育しやすい環境であるからだ。こうして酒精強化されたフィノ・タイプのワインは澱引き後、フロールとともに空《から》の樽に移され、そこで半年〜1年の間静置される（この段階にある若いワインのことをソブレタブラ［sobretabla］と言う）。それから2回目の分類が行われ、フロールがワインの表面を覆い続けていれば、その状態のままフィノ用のソレラ・システムに補充されて長期の熟成に入る。このようなフロールの下での熟成を生物学的熟成と呼び、その膜によってワインの酸化が防止されるとともに、アセトアルデヒドなどの成分が形成されてフィノ特有のシャープな香りやドライな風味が生み出される。また、フィノと同じ製法でも、大西洋に面したサンルーカル・デ・バラメダのボデガで熟成されたものは、その気候条件によって独特の軽やかさとソルティな風味がもたらされるため、「マンサニーリャ（Manzanilla）」と呼ばれる。

かたやオロロソに分類されたワインは、フロールを消滅させるためにフィノよりも高いアルコール度数に酒精強化されたのち、ソブレタブラの段階を経ることなくオロロソ用のソレラ・システムに注ぎ足される。アルコール度数が17・5%前後になると、産膜酵母は生育できなくなるのだ。その結果、ワインは常に空気にさらされて酸化熟成が進むので、色が琥珀になり、芳醇な香りを帯びるようになる。この香りこそが、オロロソ（スペイン語で「香り高い」という意味）と名付けられたゆえんである。

これまでに説明したフィノとオロロソがシェリーを代表する2つのタイプであるが、このほかにも辛口のシェリーには、「アモンティリャード（Amontillado）」と「パロ・コルタド（Palo Cortado）」というタイプが存在する。アモンティリャードは、フィノをさらに長い間熟成させるか、熟成中のフィノに再度酒精強化することでフロールを消滅させたのち、さらに酸化熟成させたもので、要はフィノとオロロソの中間的なタイプと言える。実際、アモンティリャードはフィノのようなシャープで軽やかな風味と、オロロソのような琥珀色を併せ持つ。もうひとつのパロ・コルタドは、ソブレタブラの段階を経て2回目の分類を行った際に、酸化熟成に適した特別な個性を持つと認められたワインに、再度酒精強化してフロールを消し、酸化熟成させたものである。そのため、アモンティリャードの繊細な香りとオロロソのボディを兼ね備える。

これらのタイプのうち、長期熟成による高品質のアモンティリャードとオロロソ、パロ・コルタドは、ボトリング時にブレンドは行わず、ラベルにはスペイン語で「古い」を意味する「viejo（ヴィエホ）」と記される。この単語が表記されたシェリーは比較的高価ではあるが、実に複雑かつ力強い味わいで、その価値に見合うだけの素晴らしさがあるのでぜひ探してみてほしい。

以上が辛口タイプのシェリーの概要であるが、科学技術の飛躍的な進展により、その伝統的な製法が持つロマンティックな側面は失われつつある。現在では、発酵を終えたワインの最初の分類のときを待たずに、市場のニーズに合わせてフィノとオロロソのどちらを生産するかを決められるようにもなっている。たとえばフィノを造る場合には、多くのボデガで発酵を終えたワインが入ったステンレスタンクに産膜酵母を添加したあと、気泡をタンクに送り込むことで酵母の育成を促すとともに、必要な香りや風味成分を生成させている。そうしてフロールがワインの表面を十分に覆ったところでフィノ用のソレラ・システムに注ぎ足すのだ。

一方、甘口のシェリーは、前述したようにペドロ・ヒメネスとモスカテルの2品種から造られる。これらのブドウはもともと糖度が高いうえに、収穫後にヘレスの強い日差しにさらされるため、より糖分が濃縮される。このブドウを圧搾して得た果汁は発酵の初期に酒精強化することで非常に甘いワインとなり、ソレラ・システムで酸化熟成される。こうしてでき上がったシェリーは、それぞれの品種名と同じく、「ペドロ・ヒメネス(Pedro Ximénez)」「モスカテル(Moscatel)」と呼ばれ、濃いマホガニー色を呈する。それぞれの特徴は、ペドロ・ヒメネスが芳醇な香りと濃厚な甘味に豊かな粘性を備えているのに対し、モスカテルは品種由来のフローラルな香りと爽やかな甘味を携えている。

そのほかにシェリーには、辛口のシェリー(ビノ・ヘネロソ)と甘口のシェリー(ビノ・ドゥルセ・ナトゥラル)をブレンドした、「ビノ・ヘネロソ・デ・リコール(Vino Generoso de Licor)」というカテゴリーに含まれるものもある。このカテゴリーにはブレンドするシェリーによってさまざまな甘さのものがあるが、主なタイプは、フィノをベースにした「ペイル・クリーム(Pale Cream)」、アモンティリャードをベースにした「ミディアム（Medium）」、オロロソをベースにした「クリーム（Cream）」に分けられる。

⊙マデイラワイン

マデイラワインは、アフリカ北西岸沖に浮かぶポルトガル領マデイラ島で生産される酒精強化ワインで、ポートワインやシェリーと同様、さまざまなタイプが存在する。どのタイプも酒精強化にはやはりグレープ・スピリッツが使用され、甘口のタイプは発酵初期に、辛口のタイプは発酵終了間際に添加して発酵が止められる。

マデイラ造りの最大の特徴は、酒精強化後に行われる工程にある。加熱処理を行って、酸化熟成させるのだ。その方法は2つあり、ひとつは、お湯を循環させる管が通った「エストゥファ（estufa）」と呼ばれるタンクにワインを入れ、45～50度程度で3カ月以上人工的に温めるというもの。もうひとつは、太陽熱によって30度程度に温度が保たれた「カンテイロ（canteiro）」と呼ばれる貯蔵庫に樽を置き、最短でも3年以上自然加熱するというものだ。前者の方式は主にスタンダートなマデイラに、後者の方式は高級なマデイラに採用され、この工程を経ることでマデイラ特有の芳醇な香りと風味が生み出される。加熱処理後は、ヴィンテージ以外は複数収穫年のものがブレンドされ、最低でも3年間、常温で樽熟成させてから（このときにシェリーと同じようにソレラ・システムを用いるところもある）、ボトリングされる。

マデイラワインは熟成期間や原料などによって細かく分類され、単一収穫年の単一品種を使用して最低でもカンテイロで20年間熟成させた「フラスケイラ（Frasqueria）」を筆頭に、単一収穫年のブドウを使用して5年以上カンテイロで熟成させた「コリエイタ（Colheita）」、複数収穫年のブドウを使用して5年以上樽熟成させた「リザーブ（Reserve）」（同様にして10年以上熟成させたものが「スペシャル・リザーブ」、15年以上熟成させたものが「エクストラ・リザーブ」）、さまざまなブドウを使用して3年以上樽熟成させた「ファイネスト（Finest）」といったカテゴリーがある。

また、ワインの糖度によっても「セコ（seco：辛口）」「メイオ・セコ（meio-seco：中辛口）」「メイオ・ドセ（meio-doce：中甘口）」「ドセ（doce：甘口）」の4つのタイプに分類されるが、以前はそれぞれの糖度を顕著に示す白ブドウ品種の名前がその役割を果たしていた。すなわち、セコがセルシアル、メイオ・セコがヴェルデーリョ、メイオ・ドセがボアル（ブアル）、ドセがマルムジー（マルヴァジア）といった具合である。この伝統的慣習が薄れたのは、19世紀後半にフィロキセラ禍に見舞われて以降、多作で病気に強く、1品種で辛口から甘口まで造り分けられる黒品種のティンタ・ネグラ・モーレが広く使用されるようになったためである。こうした時代背景もあり、ティンタ・ネグラを使用したワインはしばらくその品種名をラベルに記載することが認められていなかったが、近年、法律が改正されて85％以上使用していれば、ほかの伝統的な品種と同様、品種名を表記できるようになった。

⊙マルサラワイン

ポートワインやシェリー、マデイラワインと並び、四大酒精強化ワインのひとつに数えられるマルサラワインは、イタリア・シチリア島の西端にある港湾都市マルサラの周辺で生産されている。そのスタイルはポートワインやマデイラワインと同様、発酵のどの段階でグレープ・スピリッツを添加するかで決まる。つまり甘口タイプは発酵初期に、辛口タイプは発酵終了間際に酒精強化することで造られる。酒精強化したワインは伝統的にはソレラ・システムに注ぎ足されるが、現在では大きな木樽で熟成するワイナリーも増えている。

マルサラワインはその熟成期間（ソレラ熟成の場合はワインを注ぎ足した年を基準とする）によってカテゴリー分けがなされ、1年のものは「フィーネ（Fine）」、2年のものは「スペリオーレ（Superiore）」、4年のものは「スペリオーレ・リゼルヴァ（Superiore Riserva）」、5年のものは「ヴェルジネ（Vergine）」または「ソレーラス（Soleras）」、そして10年ものは「ヴェルジネまたはソレーラス・ストラヴェッキオ（Vergine/Soleras Stravecchio）」「ヴェルジネまたはソレーラス・リゼルヴァ（Vergine/Soleras Riserva）」などと呼ばれる。

また、マルサラワインは色調によっても3タイプに分類され、白ブドウを使用した黄金色の「オーロ（oro）」と琥珀色の「アンブラ（anlbra）」、そして主に黒ブドウを使用したルビー色の「ルビーノ（rubino）」に分けられる。さらにワインの糖度によっても、「セッコ（secco：辛口）」「セミ・セッコ（semi-secco：中辛口）」「ドルチェ（dolce：甘口）」に分類されている。

残念なことにマルサラワインは一時期、品質の低いものが広く出回ったため、料理用のワインと見る向きも多い。だが、そんな方にこそ伝統と最新の醸造技術を駆使して熟成されたマルサラを飲んでほしい。きっと、軽やかでありながら芳醇な味わいに驚かれることだろう。

第11章

木樽と熟成

CHAPTER 11

WOOD & MATURATION

小さな斧であったとしても、何度も何度も打てば、
硬さを誇る樫の木さえも伐り倒すことができる。
——シェイクスピア戯曲『ヘンリー六世』第3部

木

がワインに与える影響は非常に複雑であり、ときに論争の的ともなっているが、確かなことは、コンクリートやグラスファイバー、ステンレス製のタンクが発酵や熟成の工程で使用されるはるか昔から、木製の発酵槽や樽が使用されてきたということだ。さらに木材加工の技術が発達する前は、動物の革や土または石でつくった容器が使用されていた時代があったことも忘れてはならない。

木製の樽で赤ワインを熟成させる場合、酸素が重要な役割を担っている。上質なボルドーの赤ワインもその力に負うところが大きく、ボルドーならではの特長の多くは熟成期間中につくり出される。つまり、ボルドー伝統のオーク樽［訳注：バリック［barrique］と呼ばれ、容量は225ℓと定められている］の木目や樽の栓の隙間から酸素が入り込み、常に酸素とワインが触れ合うことで荒々しいタンニンが底に沈み、ワインの味わいがやわらかく、そしてしなやかになるのだ。また澱引きをするときなども、ワインを酸素と接触させることで、これと同じ効果が期待できる。

さらに酸素には、赤ワインの色調を安定させる働きもある。アルコール発酵終了時に酸化的カップリングと呼ばれる反応［訳注：2つの化合物が酸化的過程を経て結合する反応］により、タンニンとアントシアニンが結びついて安定するのに酸素は不可欠であり、この過程を経ることによって最終的に色調が安定するのだ。

木製の樽を使うメリットはほかにもあり、ワインに樽の風味が加わって複雑さが増し、深みのある味わいになる。これが理由で、ワインの熟成に樽を使っている生産者も少なくない。ただし、樽の影響がワインにどの程度もたらされるかは、その樽が何度使用されたものか、どのくらいの期間樽で熟成させたか、さらには使用する樽のサイズやトースティング（焼き入れ。P258参照）の度合いによっても左右される。

樽の風味を最大限に利用したいのであれば、熟成だけでなく発酵の工程も新樽で行う必要がある。ただし、新樽を使用しても、ワインにその効果がもたらされる期間は通常8カ月程度だ。しかも新樽は1個当たり約500ユーロ（約6万円）と非常に値が張るため、新樽で発酵と熟成を行ったワインが高価になってしまうのも無理はない。

木の種類

ワインの発酵や熟成に使用される樽の材料はオークだけと思われがちだが、ほかにも栗やブナ、チェリー、ニセアカシア、クルミ、マホガニーなどが樽材として使われている。たとえばチェリー製の樽は、バニラ香をつけずにポリフェノール類をやわらかくする効果があるとされ、イタリア・ヴェネト州特産のヴァルポリチェッラ・リパッソの熟成に用いられている。このワインの名前は、イタリアを代表する赤ワインのひとつであるヴァルポリチェッラの醸造工程において、アルコール発酵させたワインに、陰干ししたブドウで造ったアマローネの搾りかすを加えて再発酵《リパッソ》させることに由来している。

またヴェネト州では、ソーヴィニヨン・ブランやグリューナー・ヴェルトリーナー、リースリングの熟成にニセアカシア製の樽も使用している。この樹種はアロマティックな白ブドウ品種に適した樽材とされ、実際にワインの熟成中にやわらかなタンニンと癖のない甘味をもたらす効果がある。そのためヴェネト州のほかに、こうしたブドウ品種を使ったワイン醸造が盛んなオーストリアでも、ニセアカシア製の樽がよく使用されている。

だが、オーク製の樽が持つ貯蔵性と風味に勝るものはない。特にバニラ香やスパイスのニュアンスはオーク樽なくして演出することはできず、これが理由で多くの生産者がオーク樽を好んで愛用していると言っていい。ただ、一口にオーク樽と言ってもさまざまな種類や産地のものがあるので、もう少しこの樹種について説明しておこう。

オーク

オークはブナ科（*Fagaceae*）を構成するコナラ属（*Quercus*）のうちの落葉性の樹種の総称［訳注：日本では一般にナラと呼ばれ、常緑性の樹種であるカシと区別される］であり、北半球の温帯地方に広く分布する。合わせて数百種が知られるが、樽造りに適した種はごくわずかで、大きくヨーロピアン・オークとアメリカン・オークの2つに分けられる。

代表的なヨーロピアン・オークは、イングリッシュ・オーク（English Oak）またはペダンキュレイト・オーク（Pedunculate Oak）と呼ばれるクエルクス・ロブール種（*Quercus robur*：ヨーロッパナラ）と、フランスのセシル・オーク（Sessil Oak）と呼ばれるクエルクス・ペトラエア種（*Quercus petraea*：フユナラ）の2種で、いずれもヨーロッパに広く分布している。一方のアメリカン・オークは、ホワイト・オーク（White Oak）［訳注：広義には、材が淡色の複数種の総称］と呼ばれるクエルクス・アルバ種（*Quercus alba*。かつての学名は*Quercus sessilis*）が主で、北米のなかでも東部に多く自生している。

このうち最良の樽材とされるのはフランス産のオークで、なかでもクエルクス・ペトラエア種が、キメが細かくて風味成分も豊富であることから高い評価を受けている。この樹種は、トロンセやヌヴェール、アリエ、ヴォージュといったフランスを代表するほとんどの森林に分布しているが、唯一リムーザンの森にはクエルクス・ロブール種だけが自生している。この森で育ったクエルクス・ロブール種はキメが粗くて風味成分が少ないため、主にコニャックの熟成に用いられている。ちなみにフランスは、ヨーロッパ最大のオークの森を有し、もっとも幅広い樽材を提供している国でもある。

そうした伝統的なオークのほかに、近年ではハンガリーやルーマニア、ロシア、ポーランドといった東欧諸国に自生しているオークも樽材として使用されるようになっている。その選考基準は樹種ではなく、産地に

フランスの森に自生するオーク。

重きが置かれることが多い。それは、産地ごとに異なる個性が見られるためだ。たとえばハンガリー産オーク樽は、ボリューム感と質感をワインに与え、コーカサス産のオーク樽は、穏やかなタンニンとアロマティックな香りを与えるとの評価を受けている。また、クロアチア東部のスラヴォニアに自生するクエルクス・ロブール種は、キメの粗さからミクロ・オキシジェナシオン（ワインに微細な酸素の気泡を送り込む技術。詳細はP264を参照）と同様の効果が期待できるとされている。そのためスラヴォニア産オークは、この技術が普及しているイタリアのヴェネト州、トスカーナ州、ピエモンテ州の生産者が長期熟成型のワインを造るときに使用されている。かたやスペインでは、クエルクス・モンゴリクス種（*Quercus mongolicus*：フモトミズナラ）という中国産のオークを使用している樽製造業者もいるという。

容器のサイズ

オークは樽材としてだけでなく、発酵や熟成用の大きな桶の材料としても使用されている。一般的なオーク桶は、下の写真に見られるような直立型のタイプで、容量は1000〜2万ℓのものが普及しているが、大

熟成用に使われるオーク製の桶。フランス南東部シャトーヌフ・デュ・パプにあるオジェの醸造所にて。

きなものになると5万ℓかそれ以上の桶も存在する（記録では、フランス南部の町チュイルにある100万ℓのオーク桶が世界最大とされている）。このような大きなオーク桶は、オークの風味をワインに与えるため以外にも、次のような理由から用いられている。

- 保温性に優れる。
- オーク・タンニン（エラジタンニンが主体）がアントシアニンとタンニンの結合を助ける。
- 木目などから少しずつ酸素が供給されることで赤ワインの色調が安定する。
- 何よりも外観が素晴らしい！

樽や桶がワインに与える影響はその大きさに反比例し、サイズが小さければ小さいほど容器からの影響を受けやすくなる。これは、樽や桶と接するワインの表面積が大きくなるからだ。小さめのオーク樽のなかでも、オークの繊細な風味を与えるのに最適とみなされているのが前にも触れたボルドー伝統の225ℓのバリック樽で、この樽は作業効率の面でももっとも優れているとされている。そのため、伝統的にグンツィ

バリック樽によるボルドーワインの熟成風景。コート・ド・ブールのシャトー・ド・ラ・グラーヴにて。

(gönci) と呼ばれる130ℓの樽を使用してきたトカイ・アスーの生産者たちの間でも、バリック樽を用いるところが増えている。

また第7章でも述べたが、樽や桶の大きさは発酵時の温度とも密接に関係している。小さめの容器のほうが果汁の容量に対する液体表面の比率が大きいので、発酵の際に生じる熱を逃がしやすいのだ。そのためボルドーでは、冷暗な発酵室での発酵にも古くからバリック樽を使用してきた。これにより冷却装置はほとんど不要で、寒さが厳しくなる晩秋には、発酵が不完全な状態で停止しないように暖かくすることもあるほどだ。

シーズニング（乾燥）とトースティング（焼き入れ）

製材したばかりの木材は水分を多く含んでいるので、そのまま使用すると徐々に水分が蒸発して変形や収縮、割れなどを起こす。そのため木材を使用する前には、必ず乾燥（シーズニング［seasoning］）させる必要がある。ワイン樽をつくる場合、この作業は樽板状に加工した時点で行われ、含水率［訳注：木材に含まれる水の割合で、以下の計算式で求められる。「（乾燥前重量－乾燥後重量）÷乾燥後重量×100」］が15％程度になるまで乾燥させる。その際、建具に使う木材などでよく見られるように専用の乾燥機を使用する場合もあるが、この方法によりつくられた木樽では、往々にして木材から溶出する粗っぽいタンニンの影響で収斂性が際立ち、青くさい味わいのワインになってしまう。そのためワイン樽に使用する木材は、3年ほどかけて自然乾燥させる場合が多い。

さらに近年の研究により、自然乾燥させた樽材では、もともとそこをすみかとしていた微生物がワインの味わいに大きな影響を与えていることもわかってきた。自然乾燥中に木の細孔の奥にまで入り込んで成長した微生物の働きにより、ポリフェノール類がさまざまな化学変化を起こすことで、ワインに洗練された風味と深みや複雑さ、そしてなめらかな余韻がもたらされることが明らかになったのだ。しかし人工的に乾燥させると微生物が死滅してしまい、その効果が得られなくなってしまう。

長い時間をかけて自然乾燥を終えた樽板は、樽の形に組み上げられたのち、トースティング（toasting：焼き入れ）［訳注：ゆっくりと加熱して内面を焦がしていく作業］の工程に移る。これを20分ほど続けると木の温度は120〜180℃ほどになり、成形しやすくなる。この焼き加減をライト・トーストと言い、さらに10分ほど火を入れると木の温度は約200℃に達し、ミディアム・トーストと呼ばれる仕上がりになる。そこからさらにまた5分ほど火を入れると木の温度は225℃ほどにまで上昇し、ヘビー・トーストと呼ばれる黒焦げの状態になる。

このトースティングの工程を経ることで、完成した樽には豊富かつ複雑な風味成分が加わる。たとえばワインにもっとも好ましい香りとして

ボルドー伝統のバリック樽は、天日にさらして自然乾燥させたオーク材からつくられる。サン・テミリオンのシャトー・ベレールにて。

樽材のトースティング風景。フランスのコニャック地方にある製樽会社タランソーの工場にて。

知られるバニラ香は、樽材に含まれるリグニン［訳注：芳香族高分子化合物。木材や竹など木質化した植物体に20〜30％含まれる］が加熱分解されて生成するバニリン［訳注：芳香族アルデヒドのひとつ］由来の香りである。同じく樽材に含まれるヘミセルロース［訳注：植物中にセルロースとともに存在する多糖類］が加熱分解により生成する化合物からは、トーストしたパンやキャラメル、ココア、コーヒー、ピーマン、ローストしたアーモンドなどの香りがワインに加えられる。さらに、スモーキーさやロースト香、スパイス、クローブ、カーネーションといった香りも、トースティングによって生成された化合物からもたらされるものである。

こうした風味は、トースト度合いが強くなればなるほどワインに色濃く反映される。ただし、その科学的メカニズムについてはまだ解明すべき点も多く、現在もさまざまな研究が行われている。

樽発酵

白ワインと違って赤ワインの醸造では、第8章で説明したようにアルコール発酵中に浮き上がってくる厄介な果帽を管理する必要があるため、発酵の工程でオーク樽が使用されることはあまりなかった。しかし近年

樽のトースト度合い。左からライト、ミディアム、ミディアム・プラス、ヘビー。

では、熟成段階のみならず、発酵段階から使用することでオークの風味が一層まとまりのある形でワインに加わることが認知されたため、発酵工程でもオーク樽を使用する生産者が増えている。ただし、その使い方はさまざまで、樽の上面を外して果帽を沈める作業を行いつつ発酵を完了させる生産者もいれば、別の発酵槽でそれを途中まで行ってから果汁だけをオーク樽に移して発酵を完了させる生産者もいる。

いずれの使い方であれ、ステンレスタンクやコンクリートタンクではなく、木樽を発酵の工程で使用する最大の利点は酸素を十分に供給できることにあり、これにより酵母の活発な活動が促される。その結果、通常はアルコール度数が高めのワインに仕上がるが、酵母が果たす役割はそれだけではない。ワインと木材の相互作用に変化を引き起こし、果実の風味と木材の風味のバランスを整えてくれるのだ。具体的にはまず、酵母細胞が樽の内側に付着してワインと木との接触面積を減らす。次に酵母は樽から溶出する成分を吸収し、生化学反応によってワインの香り成分をやわらげる。このような酵母の働きのおかげでワインの繊細さが増し、さまざまな成分が調和された仕上がりとなる。さらに大量の酵母は、ポリフェノール類のようにワインを酸化から守ってくれることも確認されている。

こうして発酵を終えたら、澱引きをするかしないかの選択が待っている。というのも、酵母の死骸などからなる澱にはいくつかの有益な効果があるからだ。たとえば酵母が死滅すると、多糖類という物質が放出されるが、これには天然の清澄剤としての作用があるほか、樽材に含まれるタンニン由来の渋みを減少させるなど、樽からもたらされる風味をまろやかにする作用がある。さらに、ワインの複雑さや透明度を向上させるとともに、酸化防止効果や色調に深みを与える効果も持っている。ただし、澱引きをしない場合には、還元臭が発生しないように定期的にバトナージュ（P212参照）を行って澱を攪拌する必要がある。

このように木樽での発酵・熟成にはさまざまな効果がある一方で、価格高騰により導入しづらいという側面もある。また、タンクや桶などに比べて衛生的に保つのに手間がかかるという欠点もある。さらに発酵工程においては、酵母の活発な活動によって熟成が早まり、フレッシュさや果実感が失われてしまうこともある。したがって樽発酵は、骨格がしっかりとして、ふくよかさと複雑さのあるワインに仕上げたい場合にのみ向いている。逆に、フレッシュさや果実感を重視する早飲みタイプのワインには不向きと言っていい。

樽熟成

ステンレスタンクやコンクリートタンクで発酵を行ってからワインを樽で熟成させても、前項で説明したようなワインと木材、そして酵母による複雑な相互作用を経ていないため、樽発酵を行ったワインに比べると繊細さやまとまりに欠けた仕上がりとなってしまう。また、発酵段階で酵母が樽から溶出する成分を吸収することもないので、トースティングの処置を施された木材由来の香り成分がワインへと過剰に溶け込んでしまう恐れがあるほか、酵母による酸化防止効果も得られないことから、ポリフェノール類の酸化が早まったりもする。したがって木樽を熟成工程でのみ使用する際には、くれぐれも慎重を期していただきたい。

オーク・チップの使用

わざわざ高価なオーク樽を購入してまでワインを樽熟成させる必要はないが、オークの風味だけはワインに与えたいという場合、オーク樽にワインを入れる代わりに、ワインにオーク・チップを入れるという選択肢がある。このオークのかけらはクエルクス・フラグメンタス（Quercus Fragmentus）という学名めいた呼び名もあるが、それが意味するところは「ブナ科ナラ属の破片種」といったところだ。

呼び名はさておき、オーク・チップには樽材として使用されるすべての樹種が揃っており、トースト度合いもあらゆる段階から選ぶことができる。そのため高価な樽を購入しなくても、ワインにオーク樽の風味を

オーク・チップは、EUでは「ピース・オブ・オーク・ウッド（Pieces of Oak Wood：オークの木片）」と呼ばれる。

再現させることが可能になっている。

ただし、オーク・チップから得られる効果は樽を使用したときと同じようにはいかない。言うまでもないが、酸素との接触がないため、粗いタンニンをやわらげることはできないし、もちろん樽熟成と同じような調和のとれた仕上がりなどは望むべくもない。あくまで、オークの風味がもたらされるだけである。

ミクロ・オキシジェナシオン

実は、木樽を使わなくても赤ワインに調和をもたらす比較的新しい技術がある。ミクロ・オキシジェナシオン（micro-oxygenation：略称はmicrox）と呼ばれる技術で、その原理は極めてシンプルなものだ——樽には酸素を少しずつ供給しながらワインをゆっくりと熟成させるという効果がある。それならば、タンク内のワインに微量の酸素を人工的に供給し続ければよいのではないか、というわけである。もはや高価な樽を購入するなど時代遅れだ、と言われる日が来るかもしれない。なにしろミクロ・オキシジェナシオンには実際に効果があり、この技術を導入する生産者も急速に増えているのだ。

樽熟成中のワインが必要とする酸素は1カ月に1ℓ当たり約1㎖と、ごく微量だ。そこで必要になるのは、酸素を微小な気泡にしてワインに送り込む技術であるが、これは微細な孔がたくさんあいた陶器製の筒に酸素を通すことで容易に実現できる。その際に重要なのは、陶器製の筒に釉薬《ゆうやく》をかけないことで、これにより微細な孔を通る酸素は泡にすらならずにワイン内に拡散される。つまり、酸素の気泡サイズはガスなどの気体レベルどころではなく、分子レベルなのだ。これが、ミクロ・オキシジェナシオンと呼ばれる技術の仕組みである。

酸素がワインに及ぼす作用は非常に複雑で、ワインに含まれるフェノール類の構成比や二酸化硫黄の量、温度、そしてタイミングなどに左右される。酸素がワインにどう働きかけるのかについてはいまだに議論が続いているが、最大の効果はポリフェノール類と反応してワインの構造に変化をもたらすことだ。その結果としてワインはよりやわらかくなめらかで、タンニンと果実味との調和がとれた味わいになるうえに、瓶内で時とともにさらに熟成していく。こうしたことから、ミクロ・オキシジェナシオンの技術がもっとも効果を発揮するのは、タンニンとアントシアニンの含量が高いワインであることがおわかりいただけると思う。ただし、この技術から十分な効果を得るには、次の2つの局面で用いることが重要である。

1回目は、アルコール発酵が終了してからマロラクティック発酵が始まるまでの1~3カ月ほどの間で、1カ月当たり10~60mg／ℓというかなり多めの酸素を供給する。この期間はストラクチャー・フェイズ

フランス、ローヌ北部のエルミタージュにある協同醸造所カーヴ・ド・タンで使われているミクロ・オキシジェナシオン装置。

（Structuring Phase：形成期）と呼ばれ、ワインが酸素と触れ合うことでアントシアニンとタンニンに構造変化が起こり、ワインの色調が安定する。特に赤ワインの醸造においては、酸素による反応が大切である。なぜなら、ポリフェノール類に構造変化が起こることでワインの収斂性も増すからだ。

そして2回目は、マロラクティック発酵の完了後、じっくりと数カ月間ほどかけて1カ月当たり0.1～10mg／ℓという極少量の酸素を供給する。この期間はハーモニゼイション・フェイズ（Harmonisation Phase：調和期）と呼ばれ、酸素が供給されることでワインにしなやかさが加わる。こうした効果がミクロ・オキシジェナシオンによって得られるのは、この段階のみである。

ミクロ・オキシジェナシオンは現代においてまぎれもなく、もっとも有用な技術のひとつであり、すでに相当な数のワイナリーで用いられている。そうしたワイナリーの醸造家たちからは、この技術を用いる利点は、コスト削減というよりも、ワインの品質が目に見えて向上することにある、という声がよく聞かれる。古くから赤ワインの熟成において酸素が非常に大きな役割を果たすことは認識されてきたが、ミクロ・オキシジェナシオンの誕生によって酸素のもたらす作用を自在に操れるようになったのだ。なお、ミクロ・オキシジェナシオンはハイパー・オキシデーション（P131参照）とは異なる技術であるので、混同しないように注意してほしい。

第12章

ワインの必須成分

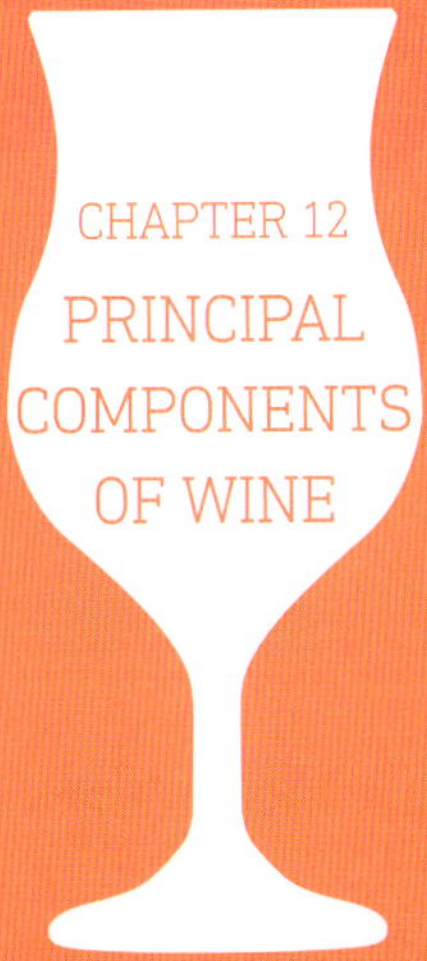

聖人たちの描かれた教会より、
ワインひと樽のほうがよほど奇跡を起こす。
——イタリアのことわざ

ワインのバランスやスタイルは、ワインに含まれる成分の相対的な量によって決まる。ワインの成分は、ブドウ果汁にもともと含まれる成分と、アルコール発酵によって生成する成分に由来する。

ブドウ果汁には、糖や酸、ミネラル、アミノ酸、そして色調に関係するアントシアニンや収斂性をもたらすタンニンなどのポリフェノール類、さらにはワインの味わいを大きく左右する香り物質などが豊富に含まれる。一方、アルコール発酵の過程でつくり出される成分には、アルコールやさまざまな酸、グリセロール、そしてこれらの成分間で起こる化学反応によって生成する物質などがある。ブドウ果汁に含まれる成分については第3章で述べたので、本章では発酵によってつくり出される成分について解説していきたい。

アルコール

アルコールにはいろいろな種類があるが、発酵の過程で酵母が主としてつくるのはエタノール（別名エチルアルコール）である。アルコール飲料に含まれる、いわゆるアルコールとはすべてこのエタノールを指す。アルコール飲料を飲んで喉にほてりを覚えたり、気分が高まったり、果ては意識がもうろうとしたりするのはエタノールの仕業だ。

ワインに含まれるエタノールは、口にふくんだときの味わい（香りとともにワインを特徴付ける要因）と深く関係している。これまでに幾度となくノンアルコール・ワインを造る試みがなされているが、現代の技術をもってしてもまったくうまくいっていないのは、ワインを口にふくんだときにアルコーの及ぼす影響がとても大きいからだ。エタノールには感覚を麻痺させる働きがあり、特に酸やタンニンに対する口内の感覚を鈍らせるため、これを取り除くと酸味や収斂性が目立ちすぎてしまうのだ。アルコールを飲みたくないのであれば、どうぞトマトジュースを！

アルコールという化合物は、炭素原子（C）に水素原子（H）が結びついた鎖のような構造をしていて、鎖の端はアルコールの官能基であるOH基で終わる。アルコールの種類は、次の分子式のように炭素の鎖の長さによって決まる。

CH_3OH メタノール
CH_3CH_2OH エタノール
$CH_3CH_2CH_2OH$ プロパノール
$CH_3CH_2CH_2CH_2OH$ ブタノール

一番上の、炭素原子をひとつしか持たないメタノール（別名メチルアルコール）は厄介なアルコールで、体に入ると吐き気や視覚障害、意識混濁を引き起こし、ときには命を奪うことさえある。ワインにもメタノールは含まれるが、極めて微量だ。酒類に関してメタノールの影響が懸念されるのは、蒸留でしっかり取り除けない場合だ。そのため多くの国で、スピリッツの蒸留を厳しく管理している。とはいえ、メタノールを除去するのはさほど難しくはない。メタノールはエタノールよりも分子が小さく、沸点が低いので、蒸留過程でヘッド（head）と呼ばれる蒸留液の最初の部分に留出してくる。したがってこれを廃棄すれば、メタノールをすっかり取り除くことができる。

発酵の過程ではエタノールやメタノールのほかにもさまざまな種類のアルコールがつくり出されるが、そのいずれもがエタノールよりも分子が大きく、3個以上の炭素原子を持つ。こうした構造を有するアルコール類をフーゼル油と言い、沸点はエタノールよりも高いため、スピリッツの蒸留では最後に出てくる蒸留液（テール［tail］と呼ばれる）に含まれる。その毒性はメタノールほど強くはないが、まったく害がないわけではなく、酒類中の含量が多ければ頭痛や吐き気を引き起こすこともある。

このように厄介な側面もあるアルコール類だが、ワインの熟成過程ではエステル類の生成という重要な役割を担っている。エステルは、アルコールと酸が反応することでできる化合物で、フルーティーな香りを放つものが多い。また天然にもパイナップルやバナナ、ストロベリーやラズベリーといった多くの果物の果汁中に存在し、芳香成分として各果物特有の香りを生み出している。ただし、新鮮なブドウ果汁にはそれほど多く含まれず、ワインの場合は発酵と熟成の過程で生成されることで、さまざまな果物の香りがブーケに添えられる（エステルについての詳細は本章で後述する）。

一方で、アルコール（フーゼル油）のなかにも独特の力強い香りを放ち、ワインの特徴に直接影響を与えるものがある。したがってもし、2種類のワインの特徴が同じ果物や花などで表現されていたとしたら、それはきっと、両者に共通したアルコールが含まれているからだろう。

ここまでアルコールの作用について述べてきたが、ワインに含まれるエタノールの体積の割合、すなわちアルコール度数に関しても触れておきたい。アルコール度数はブドウの甘味と密接な関係にあり、酵母があまり活動せずに発酵が早めに停止したり、強制的に発酵を途中で止めたりしない限り、糖度の高い果汁からはアルコール度数の高いワインができ上がる。しかし、アルコール度数が高ければワインの品質がよくなるというわけではなく、むしろ飲みにくさにつながる場合もある。そこで多くの醸造家はアルコール度数の高いワインを避けているが、温暖な産地のワインはどうしても高めになる傾向がある。しかも昨今は気候変動により気温が上昇し、ブドウは以前よりも熟しやすく、糖度が高くなっている。そのため一般のワイン愛好家の口にはあまり合わない、アルコール度数が高めのワインが増えている。

実際、上質で軽やかなワインのアルコール度数は、20世紀半ばの時点では12・5%ほどだったが、約70年後の現在では13・5%という表記をよく見かける。温暖な産地ともなれば14・5%も当たり前となりつつあり、15%という数字も珍しくなくなった。ここまでアルコール度数が高くなると、酒税の基準を15%で区切っている国では早晩、追加の税金を払わなければならなくなる。

そうした状況を踏まえ、ワインの風味を損なうことなくアルコールを低減する物理的な方法がいくつか開発されている。逆浸透法（P142参照）もそのひとつだが、一時期はスピニング・コーン・カラム（Spinning Cone Column）という、アルコールを回収する装置がメディアの注目を集めた。これは、円柱状《カラム》の真空タンクのなかに逆円錐型のコーンが何十個も入っている装置で、その仕組みは以下のとおりだ。まず、タンクにワインを注いでコーンを回転させる。すると、ワインは遠心力によりコーンの上で薄膜状に広がりながら滴り落ちる。このとき、下部から送り込まれた蒸気に触れて揮発性の高い香気成分が蒸発するので、これを採取する。次に、下にたまったワインを再度、上から流し込み、今度は温度を上げて蒸気を送り込むとアルコールが蒸発するので、これを回収する。そして最後に採取しておいた香気成分を添加すれば、風味も失われなくて済む。

この技術がイギリスでちょっとした騒動を起こしたことがあった。フランスでスピニング・コーン・テクノロジーを使用して仕上げたワインをイギリスに輸出しようとしたところ、イギリス側ではこの技術が認められておらず、足止めを食らったのだ。しかし現在は承認され、スピニング・コーン・テクノロジーを使ってアルコール度数を下げたワインがイギリスにも問題なく行きわたっている。逆にブドウの糖度が足りなければ、人為的に糖分補強をしてアルコール度数を上げることももちろん可能だ（補糖についての詳細はP137を参照）。

酸

酸はワインを構成する成分のなかでも特に重要な存在だ。酸がなかったら色調がおかしくなるし、味も素っ気なくなって品質が大きく低下する。ワインの酸味を支えるのはブドウ由来の酒石酸とリンゴ酸（P65参照）の2つだが、そのほかにもアルコール発酵の過程で酵母の行う生化学反応によってさまざまな種類の酸がつくられる。どのワインでも発酵によって必ず生成されるのが乳酸とコハク酸で、乳酸は乳酸菌がリンゴ酸を分解するマロラクティック発酵によってもつくられる。それら以外でアルコール発酵によって生成する酸としては、プロピオン酸やピルビン酸、グリコール酸、フマル酸、ガラクツロン酸、ムチン酸、シュウ酸などが挙げられる。

酸の化学構造はアルコールよりも変化に富んでいて、なかなか理解しづらい。だが、ひとつだけ押さえておいてほしいのは、どの酸もカルボキシル基（COOH）を持ち、この官能基が酸に共通する性質を与えていることだ。また先にも述べたが、ワインに含まれる酸にはアルコールと反応してエステルをつくるという重要な役割もある。

ワインの総酸度は、酒石酸が決めていると言われることが多いが、実際はほかの酸も含むすべての酸の総量である。酸度の調整は、ブドウ果汁の段階で終えておくことをお勧めする（補酸と除酸についての詳細はそれぞれP133とP134を参照）。あらかじめ調整しておけば、調和のとれたワインに仕上がるからだ。EUの委員会規則では、発酵前と発酵後のいずれの段階でも酸度の調整を認めているが、どちらにしても分析結果をもとに酸の総量を把握しておくと、ちょうどよいバランスに仕上げられる（総酸度の滴定についての詳細はＰ４１５を参照）。

エステル

前述したようにエステル類は酸とアルコールが反応してできる芳香族化合物で、自然界でも多くの果物の果汁中に存在する。ブドウにも少量ながらいくつかのエステルが含まれ、この果物特有の香りを醸し出すのに一役買っている。しかしワインの風味は、発酵と熟成の過程、さらには瓶内での嫌気的熟成の過程で生成される多くのエステルが放つ香りによって決定づけられる。また、そのなかにはワインに含まれる水によって加水分解され、再び酸とアルコールに戻るエステルもある。

ワインに含まれる主要なエステルは酢酸（ヴィネガーの主成分であり、揮発酸の大部分を占める）から生じる酢酸エチルで、そのもととなる酢酸は、どのワインにも天然成分としてある程度存在している。酢酸自体もワインに複雑さを与える大きな要因のひとつとなっているが、多すぎると残念な仕上がりのワインとなってしまう。ただし、適切な貯蔵を心掛ければ心配するほどのことはない。ワインに含まれる酢酸は、酢酸菌の働きによりアルコールが酸化されて生成する。その化学反応式は次のとおりだ。

$$CH_3CH_2OH + O_2 \rightarrow CH_3COOH + H_2O$$

エタノール　酸素 → 酢酸　水

酢酸菌はワイン醸造においては厄介な存在だ。好気条件下に置かれると繁殖して、ワインにさまざまな悪さをするからだ。したがってこうしたトラブルを回避するには、ワインを酸素に触れさせないようにして酢酸菌の繁殖を防ぐことが大切だが、あいにくブドウの果皮にはたくさんの酢酸菌が付着しているし、空気中には約21%の酸素が含まれる。そこで必要になるのが、濾過装置を使用して細菌を除去したり、窒素や二酸化炭素などの不活性ガス（もしくは両者の混合ガス。P86参照）をタンクやパイプラインに通して酸素を取り除いたりする処置だ。また酢酸菌は二酸化硫黄に対する感受性が高いので、必要に応じて二酸化硫黄を添加すれば酢酸菌の活動を抑制することもできる。

酢酸菌の働きにより発酵や熟成の過程で酢酸が過剰に生成すると、前述のようにワインの仕上がりに大きなダメージを与える。不思議なことに酢酸由来のヴィネガー臭ではなく、除光液やシンナーのような、もっと鼻をつくにおいを帯びるようになるのだ。これは、酢酸の一部が酢酸よりも強いにおいを持つ酢酸エチルに変わるためだ。しかし同じ反応が瓶内熟成の過程で起こると、酢酸エチルはフルーティーな香りを呈してワインのブーケを華やかにしてくれる。このように酸とアルコールから強い芳香を持つエステルができる反応をエステル化と言い、その化学反応式を示すと次のようになる。

$$CH_3CO\ OH + H\ OCH_2CH_3 \rightarrow CH_3COOCH_2CH_3 + H_2O$$

酢酸　エタノール　→　酢酸エチル　水

ＥＵの規定ではワインに含まれる揮発酸の上限が定められており、赤ワインの場合は酢酸に換算して1.2ｇ／ℓとなっている。だが、人の味覚は0.8ｇ／ℓで気づくので、これを超えたワインがボトリングされることはない。この基準値を超える可能性があるとすれば、時間とともに瓶内で揮発酸が増える恐れのある年代物のワインか、温暖な気候下で細菌の活動が活発になり、もともと揮発酸の含量が多くなりやすい地中海東部や北アフリカ産のワインだ。これらのワインはボトリングしたあとも、その取り扱いに十分な配慮が求められる。

一方、白ワインやロゼワインの場合は、細菌が付着しているブドウの果皮を醸造の早い段階で取り除いてしまうので、揮発酸が過剰に生成されることはほとんどない。そのためＥＵの規定でも、揮発酸の上限は酢酸に換算して１・08ｇ／ℓと、赤ワインに比べて低く設定されている。ただし実状に鑑みるに、この基準値でもやや設定が高すぎるようだ。というのも、一般的な白ワインやロゼワインに含まれる揮発酸は0.4～0.5ｇ／ℓほどであるからだ。

嫌気条件下での瓶内熟成を経る間に、酢酸エチルのほかにも種々のエステルがつくられ、複雑さやフルーティーさ、そして酔いしれるような香りをワインに与える。さまざまな種類の酸がさまざまな種類のアルコールと反応してできた種々のエステルと、そのエステルが加水分解されてできた成分と、それがまた結合してできた成分とが含まれる結果、熟成を経て飲み頃となったワインは、上質で魅惑的な香りをまとうようになる。

残糖

発酵後に残っている糖（残糖）は、アルコールや酸とともにワインのバランスを構成する3大要素のひとつである。発酵を自然な形で完了させれば、ほとんどの糖は酵母によって分解されるので、1ℓ当たり数グラム程度の辛口ワインになる。しかし冷涼な産地ではブドウの糖度が低いため、特に不作の年には人為的に糖を補強しないと十分なアルコール度数が得られないことが多い。そこで日常的に飲まれるワインには、ブドウ果汁に精製濃縮ブドウ果汁（RCGM）を混ぜて造られるものが多く、ドイツでは発酵が完了した辛口ワインにズースレゼルヴ（未発酵のブドウ果汁）を添加した特定地域上級ワイン（QbA）が数多く生産されている。そのほかにEUでは、補強する糖類としてサトウキビとテンサイ由来のショ糖を認めているが、これらを添加できるのは発酵前のブドウ果汁、もしくはシャンパンの甘さを決めるドサージュの工程に限られる（補糖については

P137を、ドサージュを含むシャンパンの製法についてはP224を参照)。

もともとブドウ果汁には、ブドウ糖と果糖が含まれる。これは第1章で説明したように、光合成によって葉で合成されたショ糖が果実に送られたのち、果実に含まれる酸と酵素によってブドウ糖と果糖に加水分解され、蓄積されるためだ。この2つの糖類のうち、ほとんどのワイン酵母の細胞膜はブドウ糖のみを通し、発酵にもブドウ糖を利用するので、残糖の成分は果糖が主になる。また、スパークリング・ワインの醸造工程でショ糖を添加しても、テーブルに運ばれる頃にはショ糖はなくなっている。ショ糖はワインに含まれる酸によってブドウ糖と果糖に転化し、最後は酵母の働きによりアルコールに変わるからだ。つまるところ、技術面から言えばブドウ果汁やワインにブドウ由来の糖を添加しようが、ショ糖を添加しようが何ら違いはないのだ。したがって、単に規則による問題だと認識しておけばよい。

EUでは、残糖度によってスティル・ワインの甘辛度が明確に規定される。しかし糖類には税金がかからないので、なぜこのような規則を設けるのか不思議でならない。本当に大事なのはワインの味、つまり糖と酸のバランスであり、その複雑な関係は、単なる分析のパラメーターなどでは測れないはずだ。ともあれEUの規則による甘辛度の定義を示すと、次のようになる。

- ドライ(辛口):残糖度が4g/ℓ以下。もしくは9g/ℓまでで、総酸量(酒石酸で換算）との差が2ｇ／ℓ以下。

- ミディアム・ドライ（中辛口）：残糖度が12ｇ／ℓ以下。もしくは18ｇ／ℓまでで、総酸量は10ｇ／ℓ以下。
- ミディアムまたはミディアム・スウィート（中甘口）：残糖度45ｇ／ℓ未満。
- スウィート（甘口）：残糖度45ｇ／ℓ以上。

補足を少し。果糖を主とする残糖は還元的な性質を有することから還元糖とも呼ばれ、酸化剤であるフェーリング液に反応する。そのためワインに含まれる残糖度は、この酸化剤を使えば容易に測定できる（残糖度の滴定についての詳細はP419を参照）。

グリセロール

ワインに含まれるグリセロール（別名グリセリン）はアルコール発酵の副産物で、水とアルコールの次に多い成分だ。ワイン中のグリセロールはブドウ果汁に含まれる糖に由来するため、果汁の糖度が高ければ、総じてグリセロールの濃度も高くなる（ただし、グリセロールの量は酵母の種類によっても変わってくる）。したがって、ブドウ果汁の糖度が高くなる温暖な産地のワインほどグリセロールを多く含むことになる。

グリセロール自体は無色透明の粘り気のある液体で、かすかに甘味を呈するが、ワインを口にふくんだときの甘味には影響を与えず、なめらかさやボリューム感を生む。実は、グラスに注いだワインを回したり傾けたりしたときに、グラスの内側の液面近くに残る跡（「ワインの涙」または「ワインの脚」などと呼ばれる）も、グリセロールとアルコールの表面張力によって生じる現象だ。つまり、グリセロールの濃度とアルコール度数が高いワインほど、グラスに「涙」がはっきりと現れる。

また、貴腐菌が繁殖したブドウには、糖が代謝されてできたグリセロールがもともと豊富に存在する。さらに発酵過程でもグリセロールが生成するので、貴腐ワインにはとりわけなめらかな粘性がある。実際、貴腐ワインのなかにはグリセロールを30g／ℓほど含有するものもある。

アルデヒドとケトン

アセトアルデヒドは発酵過程ではエタノールの前駆体でありながら、エタノールの酸化によっても生成する興味深い物質だ。アルコールが酸化するとアルデヒドができるわけだが、エタノールの場合はアセトアルデヒド（別名エタナール）になり、これがワイン中のアルデヒドの90％を占める。ここからわかるように、アセトアルデヒドはワインに含まれるアルデヒドのなかでもっとも重要な成分である。

アルデヒドはフィノ・タイプのシェリー（P241参照）の風味を決定づける成分だが、

そのほかのワインではカビくさい印象を与えてしまうため好ましくないとされている。また、アルデヒドは二酸化硫黄と強く結合して亜硫酸水素付加物を生成し、遊離型の二酸化硫黄が持つ酸化防止効果を減じてしまう。これはあまり手をかけずに造られたワインや、雑に扱われたワインに生じる現象としても知られる。こうしたワインは飲める範囲ではあるけれども、二酸化硫黄の効果がないので、必然的に寿命が短くなる。とはいえ、ここ数十年ほどで醸造設備の改良が進み、この問題を目にすることはなくなってきた。

ケトンも酸化生成物であるが、エタノールとは関係なく、糖の複雑な代謝によって生成する。ケトンのなかでもワインとビールに少なからぬ影響を与えるのは、バターやトーストのような香りを放つダイアセチルだ。ケトンはまた、マロラクティック発酵でも生成し、ワインに個性的な香りやニュアンスを与える。一方でケトンも二酸化硫黄と強く結びつく性質があり、残念ながらアルデヒドと同じ問題を引き起こす。

第13章

澱引きと清澄

ワインほど健康を増進し、
病気と縁遠い飲み物は存在しない。
——ルイ・パストゥール（1822～95年）

ワインに必要な処置

発酵を終えたばかりのワインは口当たりがよくない。酵母細胞のせいで濁っていたり、腐敗臭がしたりもする。また、飲みすぎるとお腹の調子がおかしくなることもある。なんだか怪しげなベールで幾重にも覆われているようだが、その下には無上の喜びと健康を授けてくれる素晴らしい飲み物が眠っている。そこで求められるのは、ワイン本来の性質を覆い隠しているベールを少しずつはがす作業だ。これは、時間の制約がまったくないのであれば自然任せでも可能だが、実際の醸造現場では時間を短縮するために専門的な知識に基づいて慎重に介入する必要がある。

ワインはそもそも天然物質が複雑に混じり合った飲料であり、含まれる成分の多くは絶えず変化している。そのため最先端の分析技術や、昔から続いている、あるいは最新の処置をもってしても濁りが取れないこともあるし、瓶の底に固形物が沈殿することもある。こういった沈殿物の正体は、天然由来の酒石酸の結晶かタンパク質の凝集体、もしくは種々のミネラルの反応生成物かタンパク質とタンニンの反応生成物である。沈殿物と聞くと構えてしまうけれども、これに害はない。ワインにはアルコールと酸が含まれているため、有害な微生物は繁殖しないからだ。

ワインに通じている人ならば、沈殿物はよいワインには付き物だと認識し、むしろ歓迎してくれるが、気軽にワインを楽しむ一般の消費者が求めるのは、最後の1滴まで輝きを放つワインだ。しかしこれは、とても残念なことだ。なぜならワインは触れるたび、処置を施すたびに、ごく一部ではあるが品質が損なわれていくからだ。そのため熟練の醸造家は、できるだけ手を加えないようロー・インターベンション・ワインメイキング（人的介入を最小限に抑えるワイン造り）を心掛けているが、一般消費者向けのワイン造りにおいては、沈殿物を減らすための処置を施さなくてはならないのが実状である。ボトリングされてからも透明感を失わない安定したワインを最後の1滴まで楽しむことができるのは、こういった処置のおかげなのだ。

何らかの処置を施すためにワインに使用される添加物には、消費されるまで残っているものと、最終的に存在しないもの（加工助剤）があり、この2つはしっかりと区別しなければならない。本章で取り上げる物質は基本的には後者であり、主に時間の経過とともにワインを不安定にする成分を取り除くために用いられる。こうした加工助剤は中和されたり除去されたりするので、消費者の口に入るワインには存在せず、ラベルの原材料名表示欄にも記載する必要はない（義務が生じれば明記する場合もある）。だが、加工助剤が最終的に1分子も残っていないことを証明するのは至難の業だ。したがって、後述する動物由来の物質で清澄したワインをベジタリアン用やビーガン用として提供するべきではない。それでは、発酵後のワインに施されるさまざまな処置と、その際に使用される加工助剤を中心とした添加物について解説していこう。

澱引き（ラッキング）

二酸化炭素が発生しなくなる、すなわち発酵が終了すると、酵母の死骸やブドウの細胞組織などが発酵槽の底に徐々に沈殿していく。これは重力による自然の清澄作用であり、このときに沈殿する固形物は「グロス・リーズ（Gross Lees：最初の大量の澱）」と呼ばれる。グロス・リーズは放置しておくと腐敗して嫌なにおいや苦味をもたらすので、すみやかに取り除かなければならない。そこで行われるのが澱引きという作業で、英語ではラッキング（racking）と呼ばれる（「racking」は、ブドウの皮と種と果梗を意味する古英語「rakken」に由来する）。

この作業は通常、澱が沈んでワインに透明感が出てきたら行われるが、自然に任せて沈殿するのを待つと、大型のタンクでは1～2日かかることもある。そのため大規模なワイナリーでは、遠心分離機を用いて時間を短縮している。遠心分離機は、発酵前の果汁を清澄化する際にも使われる（P129参照）が、使用方法にはひとつだけ異なる点がある。澱引きの場合は、作業に取りかかる前に、遠心分離機の内部に窒素などの不活性ガスを充填しておかなければならない。発酵後のワインは発酵前の果汁と違い、空気中の酸素が過剰に供給されると酸化して、大きなダメージを負ってしまうこともあるからだ。こうしたリスクを避けるために、現在では密閉式の遠心分離機が開発されている。

酸化防止

発酵の間ずっと発生し続けてワインを酸化から守ってきた二酸化炭素は、発酵の終わりとともにその効果を失ってしまう。このためワインは酸化しやすくなり、ひいてはワインの寿命が縮むことにもつながる。腕のよい醸造家はこういった事情をしっかり心得ていて、酸化を防ぐために必要に応じて適切な調整を図っている。

また発酵中に発生する二酸化炭素は、遊離型の二酸化硫黄をすべて取り除いてしまう。二酸化炭素の泡の作用により、二酸化硫黄がワインから追い出されてしまうのだ。したがって、その影響がワインに及ぶ前に二酸化硫黄を添加する必要がある（二酸化硫黄についての詳細はＰ３１８を参照）。

ブレンディング

澱引きを終えたワインは未完成の部分を残してはいるものの、経験豊富な醸造家ならばここから最終的な仕上がりを予想できる。そこで彼らはこの段階で最初のテイスティングを行って、求めるワインのスタイルに向けてブレンディング（フランス語ではアッサンブラージュ［assemblage］）の方向性を見定める。

しかし、日常的にワインを楽しんでいる人のみならず、ワインの流通に携わる人のなかにも、ブレンディングに懐疑的な見方をする向きが多い。というのもブレンディングは、セカンドラベルを避けるための方策と言われることがあるからだ。だが実際のところは、ボトリング前のブレンディングはワイン造りのなかで発酵に匹敵する重要な工程であり、世界のどのワイン産地でもごく一般的に行われている。たとえばフランス・ボルドーの格付けシャトーのグラン・ヴァンでも、さまざまな選択肢のなかから選び抜いたワイン——最高の区画で栽培された最高のブドウを最高の樽で熟成させたワイン——がブレンディングされているし、平均的な価格帯のワインでも、とても複雑なブレンディングがなされている。実は、別のワインを1種類、ほんの5%ほど加えるだけでワインのスタイルががらりと変わることもある。

ブレンディングに際しては、以下のようなさまざまな要素が考慮される。

- ブドウ品種
- ブドウ畑
- ブドウ果汁の搾汁方法
- 発酵温度
- 酵母
- 発酵槽
- 貯蔵タンク

●熟成樽

ブレンディングを行うことにより、毎年同じようなスタイルのワインを造り続けていくことができる。さらに、ボトリングをせずに保存していたワインから、違うスタイルのワインを造り出すこともできる。ただし、ブレンディングをした場合は、その後に必ず清澄や安定化といった処置を施さなければならない。異なるワインをブレンディングすると、さまざまな処置を経て造られてきたそれぞれのバランスが崩れ、再び不安定な状態になるからだ。

清澄

清澄（ファイニング［fining］）は古くから行われている、ワインをクリアーな状態にする作業のことで、主に2つの目的で行われる。ひとつは、濁りの原因となる浮遊物を取り除くこと。もうひとつは、ワインのバランスを崩す過剰なタンニンを取り除くことだ。この作業には主として天然由来のタンパク質が利用されてきたが、最近では信頼性が高く、使い勝手のよい精製品も用いられている。

清澄のメカニズムはとても複雑で、まだ完全には解き明かされていない。とはいえ、ワインには大きさの異なるさまざまな種類の分子や粒子が混ざり合っていることは昔から知られているし、こういった分子や粒子が負または正に帯電していることもわかっている。発酵を終えたばかりのワインに含まれる成分は、大きく次の3つに分けられる。

1 アルコール、酸、糖など、簡単な分子構造の物質。醸造の全過程を通じて存在するワインの必須要素。

2 ブドウの細胞、酵母など、大きな粒子。ワインの濁りの原因となるが、濾過によって取り除くことができる。

3 タンパク質。この成分も大きな分子だが、濁りを引き起こすほど大きくはなく、濾過で取り除くことはできない。コロイド状で存在する。

コロイドには、安定なものと不安定なものの2種類がある。安定なコロイド（コロイド粒子が分散した状態のこと）は何の問題も起こさず、見た目は透明だ。たとえば、液体糊の原料として知られるアカシア樹脂（アラビアガム。P336参照）は安定なコロイドで、ワインの安定化にもよく利用される。一方、不安定なコロイドはボトリング後にワインの濁りを引き起こしてしまうため、取り除かなければならない。

この不安定なコロイドの粒子は、できて間もないときはそれぞれ同じ電荷を持っているので互いに反発し合い、一定の距離を保って存在する。したがって凝集することはなく、濁りを招くこともない。しかし、時間とともにタンパク質が変性して分子の並びが変わると、電荷が失われて凝集し、コロイド状の固形物になる。このような固形物はまったく害ではないし、味もしないが、透明感と輝きを保つワインを目指すには除去する必要がある。ただし、コロイド粒子はフィルターで濾過するには小さすぎるので、清澄剤を加えて取り除かなければならない。

清澄の方法はとても簡単だ。だから、何世紀にもわたって広く行われてきたのだろう。天然でも十分な時間が与えられれば同じ現象が生じる。清澄を行う場合は、負の電荷を持つコロイド粒子を若いワインに添加し、正の電荷を持つ分子と引きつけ合わせて沈殿物をつくらせる。この沈殿物は濾過によって除去できるが、前述したようにコロイド粒子は小さすぎて一番孔径の小さなフィルターにも引っかからず、濾過だけでは取り除くことができない。そのためコロイド粒子は清澄剤を加えて取り除き、清澄によってつくられた粒子を含む固体粒子は濾過で取り除くことになる。つまるところ、清澄と濾過は互いに代替えできる操作ではなく、互いに補い合う操作なのだ。

ところが清澄剤を加えすぎると、時間とともに清澄剤だけが沈殿してしまう場合がある。したがって必要以上の量を加えないことが重要だ。その適正な量は、簡単な予備実験で求められる。まず、同じ量のワインが

できたてのワインに含まれる自然な状態のタンパク質

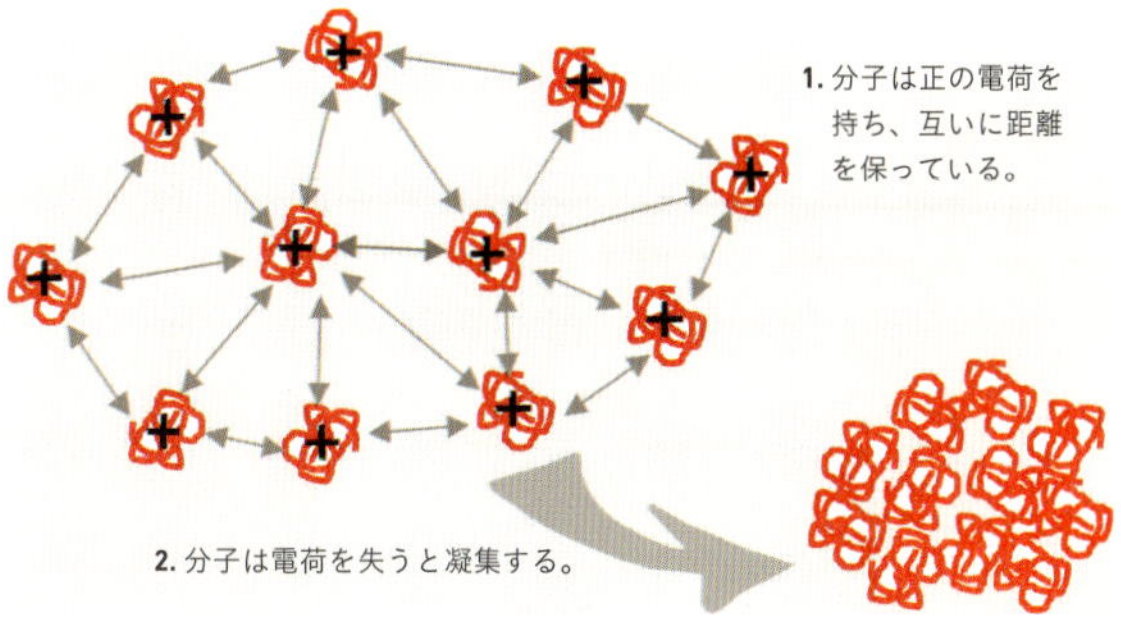
1. 分子は正の電荷を持ち、互いに距離を保っている。
2. 分子は電荷を失うと凝集する。

入った瓶をいくつか1列に並べる。次に、各瓶に清澄剤を添加していくが、その量は少しずつ増やしていく。それからボトルを振り、しばらく放置した後、沈殿物の状態を観察すれば、清澄剤が作用しなくなる量が判明する。

この量こそが清澄の適正な割合であり、つまりはワインに加えるコロイドの量と、ワインから取り除くべきコロイド状のタンパク質の量とが一致していることを意味する。実際に加える清澄剤の量は、タンク中のワインの量をもとに計算すれば簡単に求められる。清澄剤を加えるときは、まずバケツなどの容器に数リットルのワインを入れ、そこに清澄剤を添加して分散させてからワインを貯蔵タンクに戻し、全体を撹拌したのち放置する。そしてタンクの底に沈殿が生じたら、沈殿より上のワインを別のタンクに移す。

清澄剤

清澄剤には天然由来のタンパク質が多く使用され、なかでも卵白のアルブミンや、動物の骨や皮のゼラチン、牛乳のカゼイン、そしてチョウザメのアイシングラス（魚にかわ）などがよく利用されてきた。どれも、

清澄剤の作用

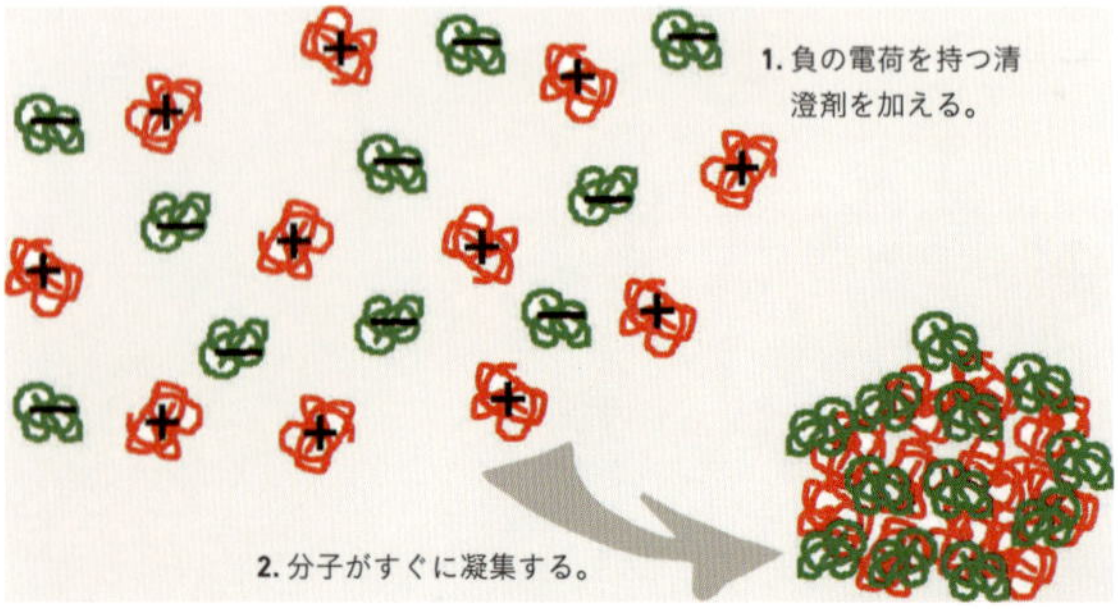
1. 負の電荷を持つ清澄剤を加える。
2. 分子がすぐに凝集する。

ワインに含まれるコロイド粒子とは反対の電荷を持ち、互いに引きつけ合うので、凝集したものを取り除けばよい。ただし、それぞれに特徴があるため、ワインの状態に合わせて選ぶことが重要だ。

清澄に使用するこれらの物質は、原理上はコロイド粒子と一緒に除去されるため、製品となったワインには含まれない。つまり清澄剤は成分ではなく、加工助剤とみなされるべきものである。とはいえ動物由来の食品をいっさい口にしないビーガンやベジタリアンのなかには、卵白や乳製品が使用されたかもしれないワインを口にするのをためらう人もいるかもしれない。そうした懸念を確実に拭い去る方法は、ベントナイトを使用するか、もしくは清澄を行わないかのいずれかしかない。

清澄剤として使用される物質には、次のようなものがある。

⊙牛の血

清澄剤に「牛の血」を使っていると聞くと、たいていの人は驚くと思うが、実際にこの物質は広く使われ続けてきた。主成分のアルブミンは厄介なコロイドを除去するのに非常に有効なタンパク質であるうえに、使用方法もいたって簡単で、ワインが入った貯蔵タンクに直接入れてかき混ぜるだけでいい。だがヨーロッパでは１９８７年にワイン醸造規則が

清澄剤の量を求める予備実験

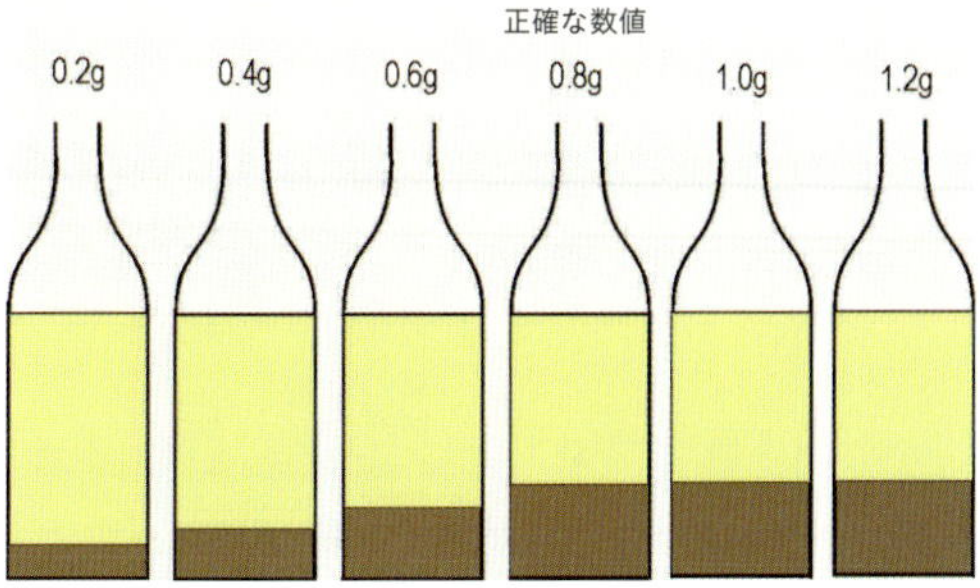

導入されて以来、牛の血を使用できなくなった。そこで牛の血から抽出したアルブミンが清澄剤として使われることになったが、これもBSE（牛海綿状脳症）の拡大を受け、1997年にフランスで使用が禁じられた。なお、BSEの感染因子であるプリオンはとても安定した構造のタンパク質で、熱にも耐性があることがわかってはいるものの、その影響がワインにまで及ぶかどうかまでは証明されていない。

⊙卵白

卵白はもっとも古くから使われてきた清澄剤のひとつで、現在も高級赤ワインを造る際によく利用されている。卵白には、ワインに負担をかけることなく、不快なタンニンを取り除く働きがあるからだ。ボルドー伝統の225ℓのバリック樽ならば、卵3〜8個分の卵白を使用する（その量はブドウ品種やワインの状態によって異なる）。具体的な使用方法は、ボウルなどに卵白だけを入れ、そこに少量のワインを注いでやさしく混ぜ合わせたのち、ワインを樽に戻してまんべんなく撹拌するというものだ。

卵白の有効成分は牛の血と同じくアルブミンで、赤ワインのみならず白ワインでも清澄効果を発揮する。現在では粉末状になったものも購入でき、鶏にはサルモネラ菌のリスクがあることから、こちらのほうが卵白よりも好んで使用される傾向にある。ただし、アルコールと酸が存在するワインという環境のなかではサルモネラ菌は繁殖できないため、卵白を使用したとしてもあまり心配する必要はない。

⊙アルブミン

前述の「牛の血」と「卵白」を参照のこと。

⊙ゼラチン

ゼラチンは動物の皮や骨を煮出したのち、酸やアルカリ、あるいは酵素で処理してつくられる。ゼラチンの構造はアルブミンに少し似ていて、共通する性質も持っている。アルブミンのように赤ワインに含まれるタンニンと結合するので、この性質を利用してタンニンを取り除くことができるのだ。ゼラチンによりタンニンを取り除いた赤ワインは安定していて、ソフトな味わいになる。一方、白ワインの清澄にゼラチンを用いる場合は、シリカゾル（P297参照）と一緒に使用されることが多い。現在では、動物由来の製品を好まない人たちのために、植物由来のゼラチンも利用できるようになっている。

⊙アイシングラス（魚にかわ）

アイシングラスは、昔はチョウザメなどの浮き袋からつくられていたが、現在は缶詰工場で不要になった魚の部位がよく利用されている。アイシングラスは混じりけのないゼラチンであり、清澄剤として使用すると穏やかに作用し、特に白ワインでは透明感のあるみごとな仕上がりになる。アイシングラスはまた、古くからビールの清澄にも利用されている。

⊙カゼイン

カゼインは牛乳などに含まれるタンパク質の一種で、主に白ワインの色素を取り除くために使われる。醸造家のなかには、純粋なカゼインよりもスキムミルクを好んで使用する者もいる。

⊙タンニン

ゼラチンと組み合わせてタンニンを使用することもある。この場合、ゼラチンの後からタンニンを入れる。清澄のために使われるタンニンはワインにもともと含まれるタンニンとは別のもので、植物からの抽出物である。このタンニンはかなり強い渋味と収斂性を持ち、ゼラチンと一緒に使用することでワインに含まれるコロイド状のタンパク質を沈殿させる。

⊙ベントナイト

ベントナイトもとてもよく使われている清澄剤であるが、これまで紹介したタンパク質系のものとは違い、全米各地で採掘される粘土の一種である（深層濾過剤の珪藻土［P344参照］と混同しがちなので注意が必要だ）。ベントナイト（主成分はモンモリロナイト）は火山灰が変性してできたアルミニウムの含水ケイ酸塩鉱物で、その粒子はワインに分散させると負の電荷を持つので、正の電荷を持つタンパク質分子を取り除くにはもってこいだ。また、清澄過剰にならないことも利点とされている。だがその一方で、ベントナイトは強い吸着性を持つために、ワインから果実の風味を奪ってしまう。さらに沈殿量が多くなるため、どうしてもワインの破棄分が増えてしまう。したがって使用の際には、十分な配慮が求められる。

⊙シリカゾル

シリカゾル（キーゼルゾル）の成分である二酸化ケイ素は、正と負、両方の電荷を持つコロイド粒子で、白ワインに含まれる保護コロイド物質を取り除くためにゼラチンと一緒に使われることが多い。シリカゾルもベントナイトと同様に鉱物であり、動物由来のタンパク質ではない。

⊙ポリビニルポリピロリドン

ポリビニルポリピロリドン（ＰＶＰＰ）はほかの清澄剤とは異なり、微粒子状に粉砕したプラスチックである。特に白ワインからフェノール化合物を取り除くときに用いられる。このフェノール化合物はゆっくり酸化してピンクや茶色になり、白ワインの色調に影響を及ぼす物質である。

⊙活性炭

活性炭は白ワインにのみ使用が許可されており、濁りやくすみを取り除いてワインに透明感と輝きを与える。だが、一緒に風味も取り除いてしまうことがあるため、取り扱いには注意が必要だ。この活性炭は、癖のないエタノールの風味が求められるウォッカの製造でも役立っている。また、活性炭を付着させた濾過シートも利用されている。

⊙アレルゲン

EUでは理事会指令2003／89／ECにより、食品に含まれるアレルゲンについて、その成分名を明記することが義務付けられた。この指令が2005年から適用されたことより、ワイン造りにおける二酸化硫黄やタンパク質系の清澄剤などアレルゲン物質の使用が明らかになり、一般消費者やワイン愛好家の間に衝撃が広がった。

アレルゲン成分のラベル表記に関し、二酸化硫黄についてはワイン生産者の間でも広く受け入れられている。酸化防止などさまざまな効果があることから二酸化硫黄が使われているのは事実だし、実際にアレルギー反応を引き起こすこともあるからだ。

ワインに使用される主な清澄剤

清澄剤	原材料	ワイン	除去成分
ベントナイト	鉱物	すべて	タンパク質
卵白、アルブミン	卵	赤・白	タンニン
ゼラチン	動物の骨や皮	赤・白	タンニン
アイシングラス	魚の浮き袋など	白	タンニン
牛乳、カゼイン	牛乳	白	色素、タンニン
PVPP	工業製品	白	フェノール類
シリカゾル	工業製品	白	保護コロイド物質

ところが、清澄剤のアイシングラスやアルブミン、カゼインについては少し事情が違う。確かに、これらはいずれも動物由来の成分で、口にすればアレルゲンとなる可能性がある。しかし実際のところは、完成したワインには残らない加工助剤であることから、ワイン生産者たちはこれらを記載すれば間違った印象を与えかねないと主張してきた。それに、ごく微量のタンパク質の成分分析は非常に難しく費用がかさむうえに、膨大な労力と時間も必要とする。

こうした事情を踏まえ、清澄剤についてはラベルへの表記がしばらく免除されてきたが、2012年、ついに卵（アルブミン）や牛乳（カゼイン）由来のものは、「敏感な人にはネガティブな反応を引き起こす可能性がある」として、0・25mg／ℓ以上含まれる場合には表記が義務付けられた（アイシングラスについてはアレルゲンをいっさい含まないことが証明されたため、記載が免除された）。タンパク質系の清澄剤はすばらしい効果を発揮するだけに、ただただ残念でならない。

ブルー・ファイニング

ブルー・ファイニング（Blue Fining）は、厄介なコロイドを取り除く方法ではないので、ファイニング（清澄）という名前は少しそぐわない。ブルー・ファイニングとは、ワインにフェロシアン化カリウム溶液を加えることで余分な鉄や銅を化学的に取り除く方法であり、ドイツを代表するワイン化学者であるヴィルヘルム・メスリンガー（1856～1930年）によって20世紀初期に発見された。ワインにフェロシアン化カリウムを添加すると鉄や銅と反応して、濃い青色《ブルー》のフェロシアン化第二鉄またはフェロシアン化第二銅となって沈殿する。この青色の沈殿物が余分な鉄や銅であり、これを澱引きの要領で取り除くだけでいいので、いたって使い勝手のよい方法であるが、効果は絶大だ。その化学反応式を示すと次のようになる。

$$K_4Fe(CN)_6 + 2Cu^{2+} \rightarrow Cu_2Fe(CN)_6 + 4K^+$$

フェロシアン化カリウム　　　　青色沈殿物

鉄と銅は、あらゆる生命体にとってなくてはならない成分である。土壌にも存在するし、すべての食べ物にも含まれている。ところがワインでは多すぎると問題を引き起こすため、含量をきちんと管理しなければならない。

鉄や銅がワインに問題を起こす理由は主に3つある。1つ目は、鉄も銅もワインに濁りや沈殿物を生じる原因物質であること（詳細は「鉄混濁」と「銅混濁」の項［P446］を参照）。2つ目は、銅はワインにとって致命的な酸化を促す触媒として作用すること（銅や酸化酵素が含まれていなければ、ワインの酸化はゆっくり進む）。そして3つ目は、ワインに含まれる銅の濃度が高くなると、毒性を発揮することだ。そのためワインに含まれる銅は1mg／ℓまでと規制されている。だが昔は、ポンプやタンクの金具に青銅（銅とスズの合金）を使っているワイナリーが多かった（いまだに使っているところもあるが……）。ワインに含まれる酸は青銅と反応しやすいので、こうした環境下で造られたワインは当然のことながら銅の含量が高くなる。

したがって銅は真っ先に取り除かなければならず、特に銅の除去にブルー・ファイニングは有効に働く。一方、鉄は少量ならば残っていても何ら問題はない。それより注意しなければならないのは、フェロシアン化物の残留だ。フェロシアン化物自体は無害なのだが、ほかの金属イオンの干渉によりシアン化物（青酸カリなど）に変わる可能性があるからだ。そのためブルー・ファイニングは、必ずワイン醸造管理技術士（エノログ）の監督のもとで実施しなければならない。

フェロシアン化物を確実に残さないためには、予備実験を行って、加えるフェロシアン化カリウムの量を導き出す必要がある。具体的には、ワインに1～2mg／ℓの鉄が残るようにする。これは、フェロシアン化物を含まず、したがってワインには毒がないことを保証する。逆に、鉄の含量がゼロという分析結果が出たら要注意だ。どのようなワインにも、必ず天然由来の鉄分が存在しているからだ。

ここで、ブルー・ファイニングの手順をまとめておこう。

1 ワインに含まれる鉄と銅の量を調べる。

2 1の分析結果をもとに、鉄と銅を除去するために必要なフェロシアン化カリウムの理論値を求める。

3 2で求めた理論値の効果を分析し、必要に応じて量を調整をする。

4 実際に必要なフェロシアン化カリウムの総量を計算し、計量する。

5 フェロシアン化カリウムを水に溶かしてから、貯蔵中のワインに加えてかき混ぜる。

6 しばらく放置すると鉄や銅は濃い青色の沈殿物となるので、澱引きの要領でワインをほかのタンクに移動させる。

実は、ブルー・ファイニングは多くの国で禁止されているが、ドイツでは今でも許可されている。ブルー・ファイニング自体については、ワインの品質に何ら影響を及ぼさないとの支持が得られている一方で、ほかの技術と同様に、金属だけでなく果実味も一緒に取り除いてしまうこともあるため、使用を避ける生産者もいる。いずれにしても、鉄や銅の対策でまずなすべきは取り除くことではなく、原因となる汚染の防止である。

フィチン酸カルシウム

フィチン酸は穀類の糠《ぬか》などに存在する天然物質であり、そのカルシウム塩を使用すると、赤ワインに含まれる余分な鉄を取り除くことができる。これは、鉄と結合することにより、不溶性の第二鉄フィチン酸となって沈殿するためだ。だが、ワインにフィチン酸が残留して体内に入ると、カルシウムと結合して人間の代謝活動を阻害する。そのためブルー・ファイニングと同様に、フィチン酸カルシウムではなく、鉄を少しだけ残すことが原則となる。なお、EUではフィチン酸カルシウムの添加を最大で0・08g/ℓまで認めているが、実際にこの処置により鉄を除去している生産者はあまりいない。

ポリビニルイミダゾール/ポリビニルピロリドン共重合体

ポリビニルイミダゾール（PVI）とポリビニルピロリドン（PVP）は、どちらもプラスチックの材料で、その共重合体は鉄や銅などの金属イオンと結びつく性質を持っているため、ブルー・ファイニングの代わりとなる。顆粒状にされたPVI/PVP共重合体は果汁にもワインにも使用できるが、EUでは使用方法が次のように厳しく定められている。

- 総使用量は500mg/ℓ以下とすること。
- 使用後2日以内に除去すること。
- ワイン醸造管理技術士の監督のもと使用すること。

キチングルカン複合体とキトサン

キチングルカンは天然に存在する重合体（キチンとβ-グルカンの重合体）で、真菌の一種であるアスペルギルス・ニガー（*Aspergillus niger*：クロコウジカビ）の細胞壁の主成分でもある。また、食品や製薬分野でクエン酸を製造するときの副産物としても生成する。キチングルカンの複合体は、ワインの濁りのもととなるタンパク質を沈殿させることから、２００９年に清澄剤として国際ブドウ・ワイン機構（ＯＩＶ：Organisation Internationale de la Vigne et du Vin）により認可された。

また同じ年、ＯＩＶは天然多糖類であるキトサンの使用も認めた。キトサンはアスペルギルス・ニガーやアスペルギルス・ビスポラス（*Aspergillus bisporus*）から抽出される成分で、ワインに含まれる鉄や鉛やカドミウムなどの重金属を取り除く。さらにキトサンは、オクラトキシンＡ（カビ毒の一種）の含量も低下させるほか、ワインの香りに悪影響を及ぼすブレタノマイセス属の酵母まで取り除いてくれる（Ｐ４４８参照）。

キチングルカン複合体とキトサンは一緒に使用されているようだが、認可されてからまだ間もない技術であるため、現在のところ情報が限られている。

第14章

酒石の安定処理

引用された文のひとつひとつが、
その言語の安定や広がりに何がしかの貢献をしている。
——Dr. サミュエル・ジョンソン（1709〜84年）
1755年発刊の『英語辞書』より

天然由来で害もない？

不安定なコロイド粒子や固体粒子を取り除けば透明感や輝きのあるワインになるが、だからといって完全に安定したワインになるわけではないし、この先ずっと沈殿物を生じないというわけでもない。むしろボトルの底に沈んでいる酒石結晶を見つける日が来る可能性は高い。酒石結晶は天然由来の無害な物質だが、一般に消費者には嫌がられ、ときに酒石結晶の混入したワインはたいそうなクレーム付きで返却される。そのため、酒石結晶が析出しないようにさまざまな対策が講じられているが、いつもうまくいくとは限らない。酒石結晶の析出は、おそらくどの生産者も直面しているもっとも重大な問題のひとつだろう。

結晶ができる仕組みはとても複雑だ。酒石自体はもともと発酵前のブドウ果汁にも完全に溶解した状態で存在する。これは、酒石の量が飽和濃度以下であるからだ。だが、ブドウ果汁が発酵してできたワインはアルコールを含むので、溶解度が小さくなる。このため酒石の濃度が溶解限界を超えると「過飽和」と呼ばれる状態になり、結晶が析出し始めるが、その一方でワインに存在するコロイド粒子が結晶化を抑制する保護剤として作用するので、酒石のさらなる結晶化は抑えられる。ただし、コロイド粒子のこの保護作用は長続きせず、発酵後、数週間から数カ月たつとコロイド粒子が変性してその作用が失われ、酒石の結晶が成長し始める。このような現象が瓶内で起こると、「ガラスの破片」や「砂糖の結晶」といったクレームを招くことになる（P440参照）。

そこで本章では、酒石結晶を処理するためのさまざまな方法を紹介する。そのうちの2つは、低温にすると物質の溶解度が小さくなる原理を利用して、強制的に酒石酸水素カリウム（酒石混入のクレームの主な原因となる物質）を結晶化させて除去する冷却法である。だが、この冷却法は酒石酸カルシウム（酒石の一種）の除去にはあまり効果がない。なぜなら、酒石酸カルシウムは低温でも溶解度がほとんど変わらないからだ。ともあれ、いずれの方法で酒石処理を行う場合にも、結晶化の保護剤として作用するコロイド粒子を極力減らすために、あらかじめ清澄作業をしっかりと行わなければならない。

冷却安定法

従来から行われている冷却安定法では、アルコール度数が12％ほどの一般的なワインであればマイナス4℃、酒精強化ワインであればマイナス8℃程度まで温度を下げ、氷結寸前の状態にする。その後、最長で8日間、断熱タンクで貯蔵する。すると、ワインのなかに存在する酒石酸水素カリウムの微粒子が核となって結晶化が始まる。いったん小さな結晶ができると、その結晶の表面でさらに結晶化が進み、だんだん大きく成長していく。

だが、この方法はあまり効率がよくない。その理由のひとつは、結晶がタンクの底に沈殿して、結晶化が止まってしまうことにある。これを防ぐには、対流を起こしてタンク内の成分をまんべんなく結晶と接触させるほかない。もうひとつの理由は、ワインに含まれるコロイド粒子やほかの成分が結晶化を大幅に抑制してしまうことだ。このような成分は小さな結晶を保護するように包み込み、結晶の成長を防いでしまう。その結果、冷却をしてもワインの酒石酸水素カリウム濃度が十分に低くなりきらない。つまり、ボトリング後の安定は保証されず、時間が経過して結晶に対するコロイド粒子の保護作用が失われると、瓶内での結晶化を招いてしまう。したがって、冷却前にはやはり清澄をきちんと行わなければならない。

この方法には、ほかにも大きな欠点がある。冷却装置も断熱タンクも設備投資がかさむうえに、冷却作業には膨大な電力を要し、断熱タンクでの貯蔵にも維持費がかかる。さらに、いつも確実と言えるほどの効果を期待できるわけではないことから、次に紹介する「コンタクト法」が開発された。

コンタクト法

コンタクト法は、従来の冷却安定法よりも作業に要する時間を短縮で

スペインのヘレスにあるボデガで使用されている冷却安定装置。

きるうえに、コストも抑えられ、かつ効果が高い。冷却温度も従来の方法ほど下げる必要はなく、0℃で十分だ。この方法では、「マイクロ・クリスタル」と呼ばれる酒石酸水素カリウムの微細結晶を使用する。具体的には、これをワインに4g／ℓ添加し、1〜2時間ほど力強く撹拌する。するとマイクロ・クリスタルがワインのなかで分散して、過剰な酒石酸水素カリウムを結晶化させる。そうして、酒石結晶が十分に大きくなったところで、濾過をしてワインから酒石結晶を取り除く。残った酒石結晶はまだ冷たいうちに取り出し、細かく砕いて微細な結晶にすれば再利用できる。

イオン交換法

イオン交換は、硬水を軟化させるために古くからヨーロッパの家庭でも用いられてきた方法で、イオン交換樹脂（ナトリウムイオンが緩く吸着したプラスチックの一種）が入った装置に硬水を通し、硬水に含まれるイオンと樹脂に吸着しているイオンとを交換する。もう少し詳しく説明すると、硬水にはカルシウムイオンやマグネシウムイオンが多く含まれる。硬水をイオン交換樹脂に通すと、それらのイオンが樹脂に引き寄せられ、樹

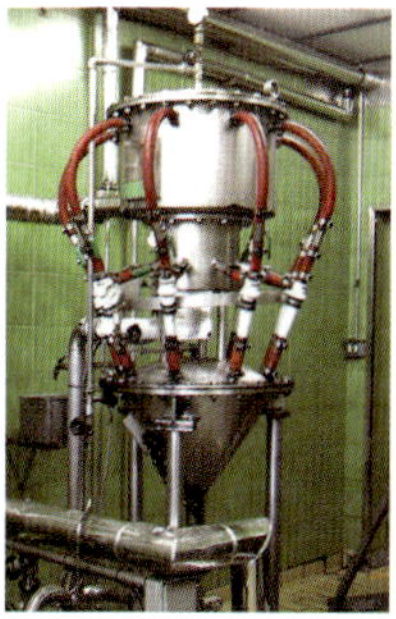

著名なシェリーの生産者が使用しているコンタクト法用の冷却装置。

脂に吸着しているナトリウムイオンと入れ替わることで水が軟らかくなるという仕組みだ。また、イオン交換樹脂がカルシウムイオンやマグネシウムイオンで飽和しても、塩水（塩化ナトリウムの水溶液）を流せば再生する。つまり、今度はナトリウムイオンが樹脂に引き寄せられ、代わりにカルシウムイオンとマグネシウムイオンが樹脂から流し出されるので、樹脂は再び利用可能になる。

ワインの場合もこれと同じ仕組みで、イオン交換樹脂に通すことでワイン中のカリウムイオンとカルシウムイオンをナトリウムイオンと交換する。そうしてイオン交換をしたワインには重酒石酸ナトリウムが含まれることになるが、この物質はカルシウムイオンやマグネシウムイオンよりも溶解度が大きいため、酒石の結晶化を予防する。つまり、冷却法が過剰な酒石を取り除く方法であるのに対し、イオン交換法は酒石の結晶化を防ぐ方法なのである。

ただし、健康という観点から言えば、カリウムイオンとナトリウムイオンの交換はまったく好ましくない。過剰な塩分が体によくないのは皆さんもご存じだろう。特に循環器系に悪い影響を及ぼすので、塩化カリウムのようなカリウム塩で塩化ナトリウムを代替することも推奨されているが、これはカリウムが体内でナトリウムと入れ替わるからだ。その

オーストラリアで使われているイオン交換器。

カリウムがワインには豊富に含まれる。イオン交換は、この健康によい成分を悪玉と交換してしまうのだから、当然のことながらEUでは禁じられていた。ところが、EUの委員会規則606／2009号付則1A＃43において「ワインの酒石酸安定のために、陽イオン交換の使用は可能」であるとされたことから、現在ではこの方法が徐々に用いられるようになっている。

電気透析法

電気透析法は、電荷を利用して特殊な性質を付与したメンブレン・フィルター（P351参照）にワインを通すことにより、カリウムイオンやカルシウムイオン、酒石酸イオンを濾過する比較的新しい技術だ。この方法で用いるメンブレン・フィルターは、個々のワインに合わせて仕様を変えたり、変更したりすることもできる。また、濾過を行っている間は、ワインの伝導率を絶えず測定しながら処置を施すことで、酒石を効果的に除去できる。さらに電気透析法には、次のような冷却法に勝る点がある。

ボルドーの大きなボトリング工場で使われている電気透析装置。

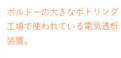

- エネルギーコストが非常に低い。
- カリウムとカルシウムの両方を取り除くことができる。
- 処理前に多くの準備を必要としない。
- 結果を信頼できる。

ただし、この装置は非常に高価だ。そのため、小規模なワイナリーではなかなか導入しづらいという難点もある。

メタ酒石酸

メタ酒石酸は一定の構造をとらない少し変わった物質で、密閉された容器で酒石酸が加熱され、高温にさらされる過程で分子が部分的に重合したり、結びついたりして生成する。この物質は水やワインに簡単に溶け込み、酒石の結晶化を防ぐ性質を持っている。その正確なメカニズムは定かではないものの、ワインに存在する微小な結晶を包み込むことで、結晶が目に見えるくらいの大きさにまで成長するのを防ぐと考えられている。

メタ酒石酸は使いやすいうえに効果が高く、しかも経費があまりかからない。したがって、瓶内での酒石結晶の析出を防ぐ、ベストに近い解決方法と思えるのだが、残念ながら効果は長続きしない。ワインのなかでは不安定なため、時間の経過とともに普通の酒石酸へと変化し、さらに多くの酒石結晶を生成する結果となってしまうのだ。この変化は温かい環境下ほど速く進行する。化学反応が高温で速く進むのと同じ現象である。メタ酒石酸の効果が期待できる期間は、ワインを25℃で保管すれば6カ月、10℃で保管しても18カ月ほどだ。そのため、ボトルのなかで長期熟成が必要なワインには用をなさない。一方、賞味期限が充填してから9カ月と短いバッグ・イン・ボックス（P363参照）には最適な方法である。酒石が生じて注ぎ口から漏れるなど、クレームにつながる心配もないからだ。

このような長所と短所の両面を併せ持つメタ酒石酸だが、高額な冷却装置に投資できない小さなワイナリーなどでは有効な手段かもしれない。また現代的な大規模ワイナリーでも、冷却安定法が品質に与える影響を考慮して、メタ酒石酸を好んで使用することがある。なおEUの委員会規則では、メタ酒石酸の使用量は100㎎／ℓ以下と定められているが、この数値は実際にワイナリーで使用されている量である。つまり最大値とはいえ、これより少ない量では意味がない。

カルボキシメチルセルロース（セルロースガム）

カルボキシメチルセルロース（セルロースガム）もメタ酒石酸のように、結晶化する可能性のある物質を包み込むことで、酒石の結晶化とその沈殿を防ぐ性質を持っている。さらに、メタ酒石酸よりも効果が長続きするという利点もある。ＥＵの委員会規則では、カルボキシメチルセルロースの使用量は１００㎎／ℓ以下と定められている。

マンノプロテイン

澱と一緒に熟成されたワインが酒石安定性に優れていることは、かねてから知られていたが、近年の研究により、これは酵母が自己分解する際に生成するマンノプロテイン［訳注：α－マンナンを主体とするマンナンが約10％とタンパク質が約90％から構成される糖タンパク質］の作用によるものであることが明らかになった。マンノプロテインは、結晶化する酒石の核を包む保護的コロイドとして働く。その結果、酒石結晶の成長が止まるのだ。

マンノプロテインは、ワイン醸造にもっとも適した酵母であるサッカロミセス・セレビシエの細胞壁を酵素で加水分解してつくられ、製品化もされている。製品自体は白い粉末だが、溶液は無味無臭で、無色透明である。現在、マンノプロテインの使用がＥＵならびにアルゼンチンで認可され、さらにオーストラリアとアメリカでも認証に向けた調査が行われている。

マンノプロテインを使用する場合は、必ずボトリングを行う前の日に添加しなければならない。添加量は２００～２５０㎎／ℓで、しっかりとかき混ぜることが重要である。メタ酒石酸とは違って分子が安定しているため、その効果は非常に長続きする。

ミニマム・インターベンション

これまで見てきたように、適切な方法で酒石を処理すればワインの品質を著しく低下させるようなことはないが、それでもやはり手を加えないに越したことはない。ワイン造りにおける「ロー・インターベンション」は間違いなく正しい取り組みである。ただし、その場合も処置を施すたびに品質は落ちるし、経費もかかる。さらに、期待していたほどの効果が望めないこともある。酒石結晶が沈んでいたら、むしろ最小限しか手が加えられていない、自然の状態に近いワインだと一般消費者を説得できれば、ワイン業界にとっても消費者にとっても利があるはずだ。

第15章

添加物

CHAPTER 15

ADDITIVES

粗悪なワインの一番の使い道は、
うまくいっていない関係を終わらせることである。
――フランスのことわざ

各種食品に使用される添加物と同様に、ワインの添加物も国ごとに厳しく規制されている。しかし、きちんと丁寧に造られたワインは安定しているので、酸化と微生物の繁殖を防ぐための添加物以外は必要ない。ワインによっては、それすら必要としないものもある。そもそもワインにはアルコールと酸が含まれ、病原性微生物は生きていけないので、食品衛生上の問題はない。本章で紹介する物質は、ワインが消費されるまでワインのなかに残っている添加物である。したがって成分表記の義務が生じれば、必ず記載しなければならない（完成前に除去されてワインには残っていない加工助剤については第13章を参照）。

二酸化硫黄

二酸化硫黄は、その化学的振る舞いが正確に理解される何百年も前からもっとも有効な添加物として使用されてきた。硫黄は元素記号Sで表記される元素で、火山地帯の地殻に存在する、砕けやすい岩のような淡い黄色の物質である。点火すると青く燃え上がり、黄色の固体が粘性のあるオレンジ色の液体に変わる。その際に発生する有毒な刺激性ガスを肺いっぱいに吸い込むと、喘息に似た重篤な呼吸障害を引き起こす。このガスの正体が二酸化硫黄であり、次の化学反応式に従って生成する。

$$S + O_2 \rightarrow SO_2$$

硫黄　酸素　二酸化硫黄

二酸化硫黄が水に溶け込むと、水と反応して亜硫酸になる（詳しくはＰ３２６参照）。

$$SO_2 + H_2O \rightarrow H_2SO_3$$

二酸化硫黄　水　亜硫酸

ここで示した反応がまさに「酸性雨」をもたらす一連の化学反応でもある。１９６０年代に北欧に大きな森林被害をもたらした酸性雨はイギリスに端を発する。当時、イギリスの発電所では排出ガスを浄化する装置を設置していなかった。そのため燃料の残留物である硫黄が炉内で燃焼し続け、大量の二酸化硫黄が大気中に放出された。その二酸化硫黄がやがて遠く離れたスカンジナビア半島にまで達した後、雨水に溶け込んで硫酸に変化し、酸性雨となって針葉樹の森に壊滅的なダメージを与えることとなったのだ。ちなみにイギリスの発電所は、現在では酸性雨とは別の理由で、二酸化硫黄を除去する高価な排出ガス清浄装置を設置している。

酸性雨の話はさておき、ワインに添加する二酸化硫黄（Sulphur Dioxide）のことを醸造家たちは慣用的に硫黄（sulphur）と呼んでいる。科学的には誤りだが、この習慣が始まったのは化学の知識が深まるずっと以前にさかのぼる。はるか昔からワイン造りに使う樽の殺菌に、硫黄を燃やして発生させた二酸化硫黄を利用してきたのだ。その方法は極めて簡単で、空《から》の樽のなかで少量の硫黄を燃やし、水ですすぐだけだが、残留した水分に二酸化硫黄が溶解することで殺菌作用が発揮される。この殺菌方法には高い効果があり、現在でも用いられている。

また、硫黄を練り込んだサルファー・キャンドルも樽の殺菌に昔から利用されているが、現在ではもっと手軽に使える白い粉末状のピロ亜硫酸カリウム（$K_2S_2O_5$）もある。ピロ亜硫酸カリウムは、ブドウ果汁やワインなど酸性水溶液に溶けると、総量の約57％の二酸化硫黄を発生させるという便利な性質を持っている。このほか、ガスボンベから直接ワインに添加できる液化二酸化硫黄もある。その際には計量供給機を使用することで、適切な濃度になるように調整できる。

二酸化硫黄は大量に摂取すると急性中毒を引き起こすが、適切な量であれば無害である。そのため酸化防止剤や保存料として、ドライフルーツやフルーツジュース、フルーツサラダ、さらにはソーセージや皮をむいたジャガイモなど数多くの食品に使用されている。世界保健機関

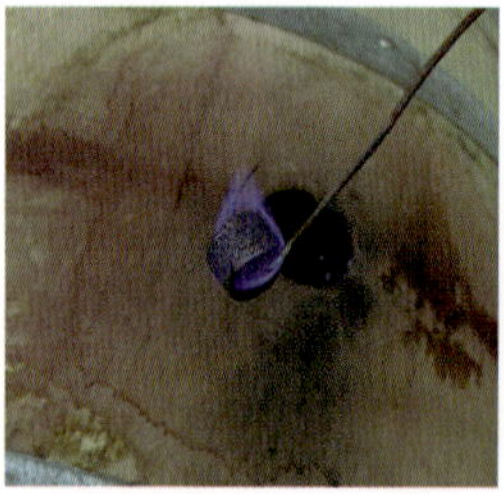

硫黄を燃やすと二酸化硫黄が発生する。

樽の殺菌に使われるサルファー・キャンドル。

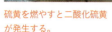

（WHO）も食事に含まれる二酸化硫黄の総量を調査し、「現在の数値は安全な範囲内である」との見解を示している。なおEUでは、ワインへの添加物として二酸化硫黄やピロ亜硫酸カリウムのほかに、殺菌効果のある亜硫酸水素カリウム（$KHSO_3$）も認可しているが、フルーツジュースや清涼飲料水などの保存料として広く利用されているピロ亜硫酸ナトリウム（$Na_2S_2O_5$）と亜硫酸水素ナトリウム（$NaHSO_3$）の使用は認めていない。

安全基準を順守しさえすれば非常に使い勝手のいい二酸化硫黄だが、一方で欠点もいくつか存在する。ひとつ目は、喘息を持つ人やアレルギー体質の人は、発作やアレルギー反応を起こす可能性があることだ。そのためEUでは、2005年11月からアレルゲンとなる二酸化硫黄を10mg／ℓ以上含むワインは、ラベルに「Contains Sulfites（二酸化硫黄［亜硫酸塩］含有）」と明記することが義務付けられ、これによって事実上すべてのワインが添加物として二酸化硫黄を表示することになった（EUにおけるワイン・ラベルの記載事項についてはP494を参照）。その理由は、アルコール発酵で酵母が硫黄化合物を生成するため、すべてのワインに天然由来の硫黄化合物が含まれるからだ。

もうひとつの欠点は、二酸化硫黄によって果実味が失われたり、赤ワインの色調が薄くなったりすることだ。ただし、これらの問題は部分的ではあるが、時間が解決してくれる。時間がたつうちに遊離型の二酸化硫黄の濃度が低くなるため、色調も果実味もいくらか回復するのだ。こうした性質を持つことから、経験と知識のある醸造家は各工程で二酸化硫黄を注意深く利用している。

一方で二酸化硫黄には、添加物に適した4つの性質がある。

1 抗酸化作用

二酸化硫黄を使用する最大の理由は、ワインの酸化を防ぐことにある。なぜなら果実感に溢れるワインを造ろうとした場合、酸化を最小限に抑えることが重要になるからだ。その点、二酸化硫黄は容易に酸素と結びつくので、これを添加すればワインが酸化の危険にさらされる前に酸素を取り除くことができる。また、このときに硫酸が生成するが、その量はごくわずか（数ppmのみ）なので人体にとってもワインにとっても害はない。亜硫酸が硫酸になる反応の概略を化学反応式で示すと、次のようになる。

$$\underset{\text{亜硫酸}}{H_2SO_3} + \underset{\text{酸素}}{[O]} \rightarrow \underset{\text{硫酸}}{H_2SO_4}$$

ただし、二酸化硫黄の抗酸化作用はすぐに起こるわけではない。つまり、ワインのなかに酸素と二酸化硫黄が一緒に存在する期間があるということだ。したがって二酸化硫黄の作用が働くまでは、ワインが酸化する危険をはらむことになる。そこで必要になるのが、できる限り酸素とワインが接触しないように、窒素などの不活性ガス（P86参照）を利用して酸素を取り除く処置だ。要するに、二酸化硫黄は雑な醸造技術の埋め合わせをするものではないのだ。

さらに二酸化硫黄は、酸素を取り除く際に消滅してしまう（前記の化学式のように、酸素と反応して硫酸となる）ので、どんどん減り続ける。そのため醸造工程ごとに二酸化硫黄の濃度を確認して、適量を維持するよう努めなければならない。特にボトリングの準備をするときには注意を要する。また、主に日常的に飲まれるワインの場合は、二酸化硫黄の濃度を厳密に調整して品質を維持することが重要である。

2 抗菌作用

怪我をして傷口の周囲の組織に細菌が感染すると膿がたまる。これは、栄養が豊富な湿った環境下で細菌が繁殖するために起こる現象であるが、傷口を消毒すれば細菌を殺すことができる。二酸化硫黄はワインに混入した細菌などの微生物に対して、これと同じような効果を示す。ワインに悪さをする一番の微生物は、ワインをヴィネガーに変えてしまう酢酸菌だ。この菌も、二酸化硫黄を添加することで簡単に始末できるのだ。

酢酸菌は好気性細菌なので、酸素があると活発に繁殖する。そのためもしワインが酢酸菌に汚染されたら、すみやかに殺菌すると同時に、繁殖に必要な酸素も除去する必要があるが、二酸化硫黄はどちらにも有効に働く。酢酸菌を死滅させたら、あとは濾過するだけでいい。さらに二酸化硫黄は、リンゴ酸を乳酸に変える乳酸菌も殺菌するため、ワインのマロラクティック発酵（P171参照）を抑える効果もある。

一方、酵母は細菌と比べると二酸化硫黄に対して強い耐性を持つが、その強さは酵母の株によって異なる。したがって、二酸化硫黄は耐性の弱い悪玉酵母を選択的に取り除くこともできる。さらに発酵前に二酸化硫黄を添加すると、自然界に存在するさまざまな酵母の活動を抑制できるため、発酵初期のワイン用酵母の活動を助け、安定した発酵を維持することも可能になる。

広く誤解されていることだが、ボトリングの際に二酸化硫黄を添加する理由は、ワインの再発酵を防ぐためではない。ワイン用酵母は、二酸化硫黄に対してワインに認められている濃度よりも、あるいは風味を損なわない濃度よりもはるかに高い濃度に耐性がある。確かに、ボトリングの際に二酸化硫黄を添加すると繁殖速度が遅くなる微生物もいるが、その根本的な目的は酸化を防止することにあるのだ。

3 酸化酵素の活動防止

3つ目の性質は、酵素と関係している。果実や、果実を使った製品の酸化は触媒がなければゆっくり進む。リンゴを切ったり、かじったりすると、その断面がすぐに褐色に変化してしまうのは、リンゴには触媒として作用する酸化酵素が存在しているからだ。二酸化硫黄はこの酸化酵素（いろいろな種類がある）の活動を妨げて、酸化速度を著しく低下させる働きもある。そのため二酸化硫黄は、フルーツサラダなどで果物の褐変を防ぐ保存料として一般に使用されている。また白ワインに二酸化硫黄を添加する場合は、変色を抑える効果も得られる。

4 酸化したワインの調整

二酸化硫黄の4つ目の性質は、やや酸化したワインにフレッシュさや果実味をよみがえらせる作用だ。ワインが酸化する主たる原因は、丁寧に扱われなかったために遊離型の二酸化硫黄が完全に消失してしまったことにあると考えられる。したがって、まずは成分分析をしてワインの二酸化硫黄濃度を調べてから適切な量を補充すれば、さらなる酸化からワインを守るだけでなく、ワイン本来の風味を取り戻すこともできる。

アルコールの酸化によって生成する主な物質にアセトアルデヒド（P280参照）がある。アセトアルデヒドはシェリーの個性的な香りを醸し出す成分でもあるが、そのほかのワインではカビくさい印象を与えるため好ましくないとされている。しかし酸化してしまったワインに二酸化硫黄を添加するとアセトアルデヒドと結合して、アセトアルデヒドが無味無臭の化合物に変化する。その結果、酸化したニュアンスが消し去られ、ワインにフレッシュさが戻るのだ。この一連の化学反応式は、次のとおりである。

$$CH_3CH_2OH + [O] \rightarrow CH_3CHO + H_2O$$

エタノール　酸素　アセトアルデヒド　水

アセトアルデヒド　＋　二酸化硫黄　↓　無味無臭の亜硫酸水素付加物

このようなさまざまな効果が期待できる二酸化硫黄だが、覚えておいてほしいのは、二酸化硫黄は劣化したワインや粗悪なワイン造りを修正する万能薬ではないということだ。したがって各工程で絶えず注意を払いながら、適切な方法でワインを造ることが求められる。二酸化硫黄の作用は品質を維持する手助けをするだけ――つまり、確かな質があったうえで初めてその効果が発揮されるのだ。

⊙遊離型亜硫酸と総亜硫酸

ワインに含まれる二酸化硫黄の話をする際、醸造家の間で広く使われている「遊離」と「総」という表現を抜きには語れない。この概念を理解してもらうために、少し化学の話をしたい。二酸化硫黄は前述したようにガス性物質であるが、水に溶けると亜硫酸水溶液となるため亜硫酸とも呼ばれる。そこで本項では以下、二酸化硫黄を亜硫酸と表記する。

亜硫酸は反応性物質で、酸素と結合するだけでなく、糖やアルデヒド、ケトンなどワインに含まれる天然由来の物質とも結びつく。このようにほかの物質と結合した結合型亜硫酸（亜硫酸水素付加物）は、抗酸化作用などのワインを守る性質を失ってしまう。したがって、雑に造られたワインや酸化したワインは健全なワインと比べ、アルデヒドやケトンを多く含む。その結果、より多くの亜硫酸がそれらの物質と結合することになり、結合した亜硫酸が多いほど、ワインを守るという亜硫酸本来の効果が低下する。

亜硫酸 ＋ アルデヒドやケトン → 結合型亜硫酸（亜硫酸水素付加物）

それに対し、ほかの物質と結合していない亜硫酸を理論上、遊離型亜硫酸と呼ぶ。ワインを守る効果を発揮するのは遊離型亜硫酸だけであり、これと結合型亜硫酸の総量を総亜硫酸と言う。

遊離型亜硫酸 ＋ 結合型亜硫酸 ＝ 総亜硫酸

ワインを飲むと、胃酸と胃の内容物の熱により結合型亜硫酸が放出され、それが一定量を超えると人体に悪影響を及ぼす。そのためEUでは、ワインの種類ごとに添加量の上限が定められ、たとえば辛口の赤ワイン（残糖度4g／ℓ以下）の場合は総亜硫酸量で150mg／ℓまでとしている。一方、白ワインの場合は、天然の抗酸化物質であるポリフェノールの含量が赤ワインよりも少ないので、総亜硫酸量の上限は200mg／ℓまで認められている。また、亜硫酸は糖とも結合するので、残糖度が5g／ℓ以上のワインについては赤、白とも上限がさらに50㎎／ℓ高くなっている。ここで、ＥＵにおける総亜硫酸量の上限をまとめておこう。

ＥＵにおける総亜硫酸量の使用上限

- 辛口赤ワイン（残糖度４ｇ／ℓ以下）　１５０㎎／ℓ
- 辛口白ワイン＆ロゼワイン（残糖度４ｇ／ℓ以下）　２００㎎／ℓ
- 赤ワイン（残糖度５ｇ／ℓ以上）　２００㎎／ℓ
- 白ワイン（残糖度５ｇ／ℓ以上）　２５０㎎／ℓ
- シュペートレーゼやボルドー・シュペリウールなど　３００㎎／ℓ
- アウスレーゼなど　３５０㎎／ℓ
- トロッケンベーレンアウスレーゼ、ベーレンアウスレーゼ、アウスブルッフ、ソーテルヌ、ボンヌゾー、グラーヴ・シュペリュールなど　４００㎎／ℓ

かつて粗悪なワインが造られていた時代、ワインには結合型亜硫酸が高濃度で含まれていた。そのため法で定められた総量の基準値（当時は非常に高かった）を超えていなくても、よく問題が起きた。しかし幸いにも状況が大幅に改善され、今日ではこのような問題は見られなくなった。ワインに添加できる総亜硫酸量の上限が時代とともに低くなったことで、ＥＵ各国の醸造家の技術も向上したのだ。

⊙分子状二酸化硫黄

遊離型亜硫酸は形を変えながらワインに存在し続けるので、もう少し二酸化硫黄の話を続けたい。やや複雑な化学の話だが、詳しい理論ではなく、まずは分子が陽イオンと陰イオンに分離することを押さえておいてほしい。

二酸化硫黄がワインや水に溶けると化学反応を起こして亜硫酸になるのは前述したとおりだが、水溶液中の亜硫酸はH_2SO_3ではなく、3種類のイオン化された形で存在し、ワインのpH（水素イオン指数。P417参照）では主にHSO_3^-となる。

$$SO_2 + H_2O \rightleftarrows H^+ + HSO_3^-$$

二酸化硫黄　水　水素イオン　亜硫酸水素イオン

この反応は、化学式の矢印が示すようにどちらにも進むため、2種類のイオンが結合して水と二酸化硫黄に戻ることもある。このような反応を平衡と言い、右記の化学式で示した反応の場合、4種類の物質が同時に存在する。つまり、ワインにはイオン化した二酸化硫黄と、イオン化されていない分子状の二酸化硫黄が含まれていることとなるが、ワインを守る性質を持つのは後者の分子状二酸化硫黄だけである。分子状二酸化硫黄は酸素を除去し、微生物の生育を抑制する。さらに酵素の活性を阻害して、ワインに新鮮さを与えるという重要な役割を担っている。

この平衡のバランスは水溶液のpHの影響を受ける。pH値が低いと下から上に反応が進み、pH値が高いと上から下に反応が進む。つまり、ワインのpHが低くなれば——ワインの酸度が高くなれば——分子状二酸化硫黄の割合が増えることになる。したがって、酸度の高いワインは酸度の低いワインに比べて、二酸化硫黄の添加量も少なくて済む。

アスコルビン酸

アスコルビン酸（別名ビタミンC）は、さまざまな果物や野菜に含まれる有益なビタミンのひとつである。アスコルビン酸には強い抗酸化作用があるため、添加物として使用すると嫌気条件下で行われるワイン醸造において高い効果を期待できる。また、私たちの体内でも有効に働き、酸素の影響からを人体を守り、老化を遅らせてくれる。

だが、酸化防止剤としてのアスコルビン酸には注意すべき点もある。アスコルビン酸が酸化すると、非常に強力な酸化剤である過酸化水素を生成してしまうのだ。さらに、アスコルビン酸が酸化してできる物質は茶色を呈しているので、ワインが本来よりも琥珀がかった色になってしまう。こうなると災難としか言いようがなく、アスコルビン酸を使わなかった場合よりも悪い結果をもたらす。したがってアスコルビン酸は、二酸化硫黄の代用品ではなく、二酸化硫黄の効果を助ける物質と考えたほうがよい。

事実、アスコルビン酸の保護剤として二酸化硫黄が含まれていれば、アスコルビン酸は間違いなく大きな効果を発揮する。そうしたこともあってドイツやニュージーランド、オーストラリアでは、熟練した醸造家がワインをフレッシュに仕上げるために、このような組み合わせで適量のアスコルビン酸をよく利用している。ただし、オーストラリアで使用されているのは、アスコルビン酸の異性体（同じ種類の原子を同じ数だけ持っているが、立体的な構造が違うため、異なる性質を持つ化合物）であるエリソルビン酸だ。エリソルビン酸には同じ効果があるうえに、安価であるのがその理由だ。しかしEUで販売されるワインには強い還元力を有するエリソルビン酸の使用が禁止されているため、オーストラリア産のワインも規制の対象となっている。

一方、ビタミンCとしてよく知られているアスコルビン酸は、EUでは150mg／ℓまでワインへの添加が認められている。だが、この基準値は少しおかしい気もする。人間の体はうまくできていて、ビタミンCを大量に摂取しても過剰分は尿として排出するからだ。ノーベル賞を2回受賞した物理化学者のライナス・ポーリング（1901〜1994年）は、風邪の予防のために1日スプーン1杯のビタミンCの摂取を提唱していたほどだ。ただし、下痢に苦しむはめになるかもしれないので、あくまでも自己責任で摂取されたい。

ソルビン酸

ソルビン酸には、発酵を止めるというワイン造りにもってこいの性質がある。そのため、ボトリング直前に再発酵防止を目的としてよく添加される。ソルビン酸は実際に酵母を殺すわけではなく、酵母の代謝を阻害することで発酵活動を停止させる。したがって酵母が繁殖を続ける場合もあり、そうなると最終的に綿毛状の沈殿物が瓶内に現れ、消費者からのクレームにつながる場合もある。それでも濁りが生じたり、コルクがポンッと音を立てたりする最悪の事態は妨いでくれる。

ソルビン酸による酵母の代謝阻害は、二酸化硫黄とアルコールと酸が一緒に存在することで発揮されるが、ワインにはいずれの成分も含まれているので、醸造家にとっては実に都合がよい。ただし、アルコール度数が低いとソルビン酸の添加量を増やさなければならず、EUで定められている200㎎/ℓという使用上限近くの濃度ともなれば、ソルビン酸の味を感知できる人も出てくる（もっと低い濃度で感知できる人もいる）。そのため、すべてのワインでソルビン酸の添加量を150㎎/ℓ以下にとどめている生産者やボトリング業者が多いが、この添加量でアルコール発酵を停止させるには約12%のアルコール度数が必要となる。また、残糖度が高いために細菌に汚染されやすいワインでは、ソルビン酸の効果があまり得られないにもかかわらず、慣習的に多く加えられているものもある。

こういった性質を持つソルビン酸だが、そのままでは溶けにくいので、ワイン醸造の現場ではソルビン酸カリウムが使用されている。ソルビン酸カリウムはワインにすぐ溶け、酸によって分解されてソルビン酸となる。前述したようにソルビン酸には殺菌効果がないため、どのような状況であってもソルビン酸カリウムの添加はボトリング直前に行うことが重要である。また、ソルビン酸はある種の細菌に代謝され、ペラルゴニウム（テンジクアオイ）の葉のようなにおいを発生することもある。そのにおいの正体は「2－エトキシ－3，5－ジエン」である。このような状態になってしまうとワインを破棄しなくてはならなくなるので、ソルビン酸を使用する際には必ずワインを無菌状態にしておかなければならない。

そんなソルビン酸は昨今、多くの小売業者から厳しい目を向けられている。それは、一般消費者の健康志向の高まりが理由ではない。丁寧な濾過と衛生管理を徹底して、無菌化したワインをボトリングすれば、ソルビン酸は必要ないからだ。つまりソルビン酸を加えるということは、ボトリングに確信が持てないと告白しているも同然なのだ。そのため、ソルビン酸の使用は現在減少の一途をたどっている。

メタ酒石酸

メタ酒石酸には酒石の結晶化を防ぐ素晴らしい性質がある。ただし、その仕組みはいまだによくわかっておらず、メタ酒石酸の効果が続く期間も限られている（メタ酒石酸の詳細についてはP312を参照）。

クエン酸

クエン酸は柑橘類由来の天然の酸で、鉄と可溶性複合体を形成して鉄淬《てっさい》の発生を防ぐという有用な性質を持つ。そのため、ワイン醸造の現場においてはブルー・ファイニング（P299参照）が行えない場合に、ワインに含まれるリン酸と鉄の反応による不溶性化合物の生成を防ぐために利用されている。この場合も、クエン酸は鉄を取り除くわけではなく、鉄は複合体を形成してワインのなかに存在している。

世界のワイン産地のなかには、クエン酸を補酸に使用している地域もある。だが、クエン酸はブドウ由来の成分ではないため、EUでは補酸を目的とした使用は許可されておらず、安定化を目的とした場合にのみ1g／ℓ以下の添加が認められている。また、クエン酸を添加できるのも発酵を終えたワインに限られる。これは、発酵前のブドウ果汁にクエン酸を添加すると、酵母の働きにより酢酸が生成し、揮発酸が増えてしまうからである。

硫酸銅と塩化銀

ワイナリーの設備がステンレス製になったことで、旧式な設備の時代よりも還元臭（排水溝や腐ったゆで卵のようなにおい）によるトラブルが深刻化したのは皮肉なことだ。旧式の設備では、青銅製のポンプやパイプ、継手などに由来する微量の銅が還元臭のもとである硫化水素を取り除いていた。つまり、青銅をまったく使わないということは、硫化水素を除去する銅イオンがワイン中に存在しないことを意味する。また、酸素とワインが触れることを一切許さない嫌気性処理技術の発達により、現在の設備では二酸化硫黄が還元されて硫化水素を発生しやすくもなっている。さらに、発酵の間に硫黄化合物から硫化水素をつくる酵母も多い。

このような状況を踏まえ、現在は硫酸銅の形で銅をワインに添加する場合がある。硫酸銅は理科の授業でも使う、明るい青色の結晶粉末だ。これを使用する際は、必ず分析をもとに添加量を算出しなければならない。もし過剰に添加して銅が残留したら、ブルー・ファイニングなどの処置が必要になってしまうからだ。EUでは、硫酸銅で処置をした後のワインに含まれる銅の上限は1㎎／ℓまでと定められ、2009年からは塩化銀を硫酸銅と同様の目的で使用することも認められている。

また、異臭があると感じた場合に、銅を利用することでその原因を簡単に確かめることもできる。ワインを注いだグラスに銅製の硬貨（イギリスの1ペニーや2ペンス、ユーロの1セントや2セント、日本の10円硬貨）を入れたらスワリングして、数分待つだけでいいのだ。その結果、ワインから異臭が消えて健全な果実の香りがしたら、原因は硫化水素だ。これは、ワインに含まれる酸の働きで硬貨から溶け出した銅が硫化水素と反応し、硫化銅として沈殿したことに起因する。逆に、もし香りに変化がなければ、原因はほかにあるということだ。

アカシア樹脂

アカシア樹脂（アラビアガムまたはアラビアゴム）は、スーダン原産のマメ科アカシア属のアカシアゴムノキから採取される物質で、液状糊の原料としてよく知られている。化学的には、ブドウにも存在する多糖類の一種である。アカシア樹脂は安定したコロイドに分類され、不安定なコロイドを安定させる働きがある。そのためワイン造りにおいても古代から使われていて、現在では主に若い早飲みタイプのワインの色調変化を遅らせることを目的として利用されている。ただし、アカシア樹脂を使用する場合は、冷却安定処置（P307参照）を施して酒石を取り除いた後でなければならない。なぜならアカシアは安定性に優れたコロイドであるために、その処置を経ずに使用すると、冷却をしている間に酒石の結晶化を防いでしまうからだ。

酵素

酵素は生物が命を維持するうえでもっとも重要な高分子化合物で、生物のように命を宿すが、生殖活動をするわけではない。したがって酵素を殺すことはできないが、その働きを抑えることはできる。

酵素は触媒として作用する。生体内で化学反応が円滑に進むのも酵素のおかげだ。もしすべての酵素の働きが阻害されれば、その生物は生命活動を終える。たとえばシアン化物（青酸カリなど）が即効性の猛毒として作用するのも、体内で酵素に攻撃を加えるせいだ。ところで、触媒とは何だろう？　端的に言うと、それ自体は化学変化しないで、化学反応を促す物質を触媒と言い、酵素にも化学反応のスピードを速める働きがある。

そうした性質を持つ酵素にはさまざまな種類があるが、それぞれの酵素の英名は最後に必ず「アーゼ（-ase）」がつく。たとえば、物質を酸化（oxidation）させる酵素であれば「oxidase（オキシダーゼ）」になるといった具合だ。ワイン造りにおいて酵素の添加は搾汁時に始まり、その後も必要に応じていろいろな段階で行われる。そこで、ワイン造りに使用される主な酵素について紹介しておこう。

⊙ペクチン分解酵素

ブドウはさまざまな種類のペクチンとガム（ゴム）を含んでいる。搾った果汁が粘度を帯びるのはこれらの多糖類が存在するからであり、果実と果汁を分けづらいのも、また固形分が下に沈みにくいのも同じ理由による。

ペクチンとガムは、枝分かれした長い原子鎖からなる複雑な分子でできている。細胞どうしがしっかり結びついているのには、このような分子の構造が一役買っている。ある種のカビから抽出されるペクチン分解酵素は、ペクチンの鎖を分解して小さくする性質を持つため、圧搾前のブドウに添加すると果汁の粘度が低くなり、搾汁効率を上げることができる。

しかし近年、圧搾時にペクチン分解酵素を使用すると品種の個性が損なわれ、風味の乏しい仕上がりになることがわかってきた。したがって酵素の特性をうまく利用するには、圧搾後の果汁に添加することが重要である。この段階で粘度を下げると、清澄作業も効率よく行えるようになる。

⊙β-グルカナーゼ

ボトリティス・シネレアによって灰色カビ病にかかったブドウや、意図的にその菌を付着させた貴腐ブドウには、β-グルカンという厄介な高分子多糖類が存在する。なぜ厄介かと言うと、β-グルカンは濾過を行うときに、メンブレン・フィルターの孔をすべてふさいでしまうからだ。この問題を解決するために使用されるのが、真菌の一種トリコデルマ・ハルジアナム（*Trichoderma harzianum*）から抽出したβ-グルカナーゼで、アルコール発酵を終了したワインに添加することでその効果を発揮する。ただし、β－グルカンによるフィルターの目詰まりは、ワインの温度を25℃まで上げることでも簡単に解決する。β－グルカンは25℃になると形が変わって粘度が低下するため、目詰まりを起こすことなく濾過できるようになるのだ。

⊙リゾチーム

リゾチームは動物が分泌する涙や唾液などに含まれる酵素で、ある種の細菌の細胞壁を分解する。その細菌とはグラム陽性菌で、代表的なものにはオエノコッカス・オエニ（*Oenococcus oeni*）や、ペディオコッカス属（*Pediococcus*）やラクトバチルス属（*Lactobacillus*）の乳酸菌がある。市販されているリゾチームは主に卵白から抽出されたもので、ワイン醸造においてはラクトバチルス属に対して特に効果があるため、マロラクティック発酵を止める（少なくとも遅らせる）ことができる。一方で、酢酸菌などのグラム陰性菌や酵母に対しては効果がない。

このようにリゾチームはワインのなかに生息する数種類の細菌に対しては効果を発揮するため、これを使用すれば二酸化硫黄の添加量を減らすことができる。たとえば、黒ブドウを破砕する際にリゾチームを添加すれば、アルコール発酵が始まる前に細菌を管理することもできるし、発酵停止や発酵不良を起こした際に添加すれば、ラクトバチルス属による揮発酸の増加リスクを減らすこともできる。さらには、2次発酵終了後に添加すれば二酸化硫黄の使用量を減らす効果も期待できる。

次に取り上げる2種類の酵素は添加物ではなく、収穫されたブドウ果汁に含まれているものであるが、ここでは酵素のカテゴリーということで紹介しておく。

⊙ラッカーゼ

ラッカーゼもβ-グルカンと同じく、ボトリティス・シネレアによって灰色カビ病にかかったブドウに存在する。ポリフェノールオキシダーゼの一種で、酸化を促し、ワインの色調を深い黄金色や琥珀色に変化させる性質を持つ。この変化は適量の二酸化硫黄を含んでいても起こるが、赤ワインの場合はラッカーゼによる色素の破壊が大きな問題となることがある。こうした問題が起きたら二酸化硫黄を通常よりも多く添加するか、低温殺菌をするしかないが、後者の方法は高級ワインには向かない。

⊙チロシナーゼ

チロシナーゼもポリフェノールオキシダーゼの一種で、ワインを酸化させる酵素だが、こちらは健全なブドウ果汁に含まれる。酸化の問題は二酸化硫黄によって容易に対処できるため、特に問題となる要素を含むわけではないが、すべての醸造家が知っておくべき酵素なのでここで紹介した。

第16章

濾過

すばらしい！　琥珀をよくよく見てみると、毛にわらに土に芋虫にミミズまで！
どれもこれも豪華なものでもなければ、珍しいものでもない。
いったいどうして、このようなものが混ざっているのか不思議でならない。

——アレキサンダー・ポープ（1688～1744年）

ワイン造りでは各工程でさまざまな処置がとられるが、なかでも意見が分かれやすいのが濾過である。濾過によって台無しになるワインもあれば、ちょうどよい具合に仕上がるワインもあるからだ。しかし実際のところは、専門知識に基づいて注意深く濾過をすればワインの風味を損なうことはない。また、自然に任せて辛口になるまで発酵させるワインについては、濾過は必須の処置ではない。なぜなら、このような伝統的な方法で造られたワインは安定しているので、ボトルに密封してしまえば何の問題も起こさないからだ。栄養も酸素もない環境下では酵母も細菌も生き残ることができず、コルクさえ傷んでいなければ、酸化を防いだままワインの寿命が来るまで保存できる。唯一起こるのは、熟成による変化だけだ。

濾過技術には数種類あり、目的に応じて使い分けられる。たとえば、ワインが濁っている場合は目の粗いフィルターを使って濾過する粗濾過という方法がとられるし、微生物をすべて取り除かなければならない場合は低温無菌化濾過（P397参照）という方法が用いられる。特に、少量の残糖を含む中辛口のワインでは、ボトリング後の再発酵を防ぐために酵母を完全に除去する必要があるので、無菌濾過が必須となる。

いずれの方法でも注意しなければならないのは、濾過をしすぎてしまうことだ。したがって、点滴用の輸液の調製に使うような目の細かなフィルターを最初から使うのは危険である。また、初めから孔径の小さなフィルターを使用すると、大きな粒子によって目詰まりを起こしてしまうこともある。そこで濾過は通常、段階的に行われる。最初に粗濾過で大きな粒子を除去したら、少しずつ目の細かいフィルターに換えていき、求めるレベルまで不純物を取り除くのだ。ただし、クロスフロー濾過（P354参照）の場合は原理が違うのでフィルターの扱い方も異なる。

濾過の原理

濾過の方式は表面濾過（サーフェス・フィルトレーション）と深層濾過（デプス・フィルトレーション）の2つに分類され、表面濾過が濾材の表面で個体粒子を捕捉するのに対して、深層濾過は濾材内部を液体が通過する際に固体粒子を捕捉する。このため深層濾過に使用する濾材の孔径は捕捉する粒子よりもわずかに大きく、その孔のなかは途中で粒子が引っかかるように曲がりくねった構造になっている。もちろん、粒子が反対側に流出しないくらいの厚みもある。

深層濾過の利点は、搾りたての果汁や発酵終了直後のワインのように、さまざまな大きさの固体粒子が存在する液体を処理できることだ。ワイン醸造でもっともよく利用される深層濾過の濾材には、珪藻土フィルター（P344参照）とプレート&フレーム・フィルター（P347参照）がある。どちらも取り扱いが簡単で、捕捉された粒子は濾材のなかにたまり、少しずつ目詰まりを起こす。そうして用をなさなくなったら使い捨てができるように、価格も比較的抑えめになっている。ただし、安全性を保証できるほど微小な物質を取り除くことまではできない。

また、深層濾過で濾過スピードが速すぎたり、フィルターを交換せずに長期間使用したりすると、本来除去すべき粒子を除去できなくなる。そのために開発されたのが、表面濾過だ。表面濾過は間違いなく安全である。なぜなら、フィルターの孔径よりも大きな固体粒子を99・9%以上の精度（これを絶対濾過精度と言う）で捕捉するからだ。粒子は深層濾過のように濾材のなかまで入り込まず、名前のとおり表面で捕捉される。この表面濾過の濾材には、メンブレン・フィルター（P351参照）が使われている。欠点は、フィルターが簡単に目詰まりし、濾過が停止してしまうことだが、それでも絶対濾過精度を誇るため、ワインのボトリング業界ではファイナル・フィルターとして広く用いられている。

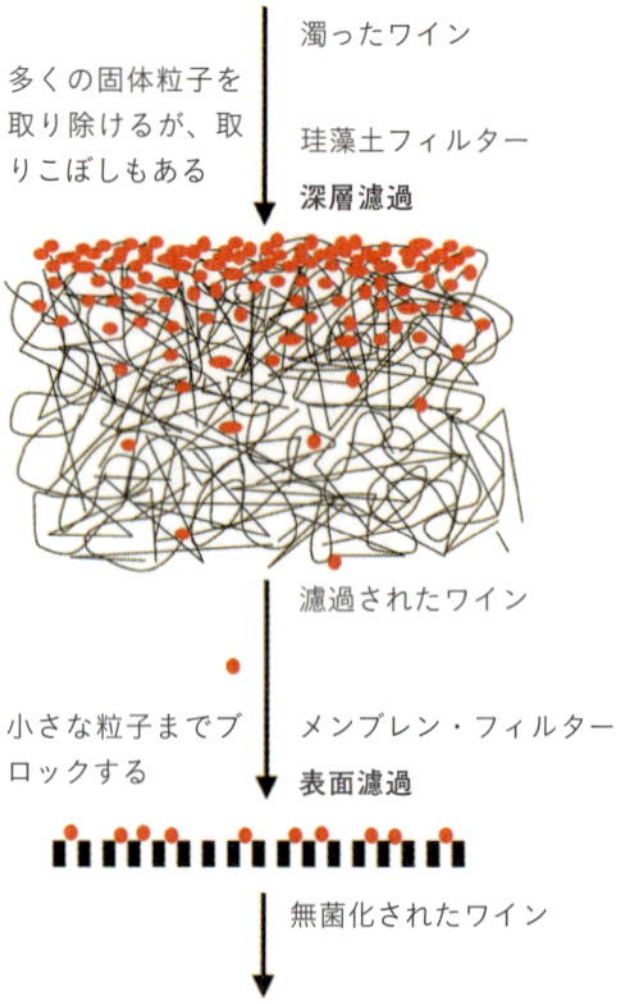

深層濾過

⊙珪藻土フィルター

珪藻土フィルターは、発酵終了後のワインの最初の深層濾過に使われる。発酵を終えたワインには、まだ生きている酵母や死骸となった酵母に加え、ブドウ由来の固形分やアルコールによって不溶性となった固体粒子などが混合物として存在しているが、その除去に珪藻土は最適なのだ。

珪藻土は主にドイツで採掘される土の一種で、何百万年も昔、ドイツの一部が海だった頃に生息していた小さな海生生物（珪藻）の遺骸からできている（その色から、テッラ・ロゼやピンクの土などとも呼ばれている）。珪藻の遺骸は曲がりくねった孔をたくさん持つため、効率のよいフィルターになる。採掘した珪藻土は細かく砕かれ、完全に不活性なシリカになるまで酸とアルカリで処理される。このようにして処理された珪藻土は2つの深層濾過装置——ロータリー・バキューム・フィルターとアース・フィルター——で利用されるが、どちらの装置でもまずは珪藻土を水またはワインと混ぜて泥状にしてから、発酵後の濁ったワインに入れて濾材として用いる。

ロータリー・バキューム・フィルターは水平式のステンレス製ドラム装置で、粘度が高くてとても液体とは呼べない状態のワインを濾過するために開発された。ドラムの表面は全体が細かい網目状になっており、その下部はワインで満たした溶液槽に浸かる構造となっている。ドラム内部を減圧してから回転させることで、その溶液槽に入ったワインに混じ

濾材として使用される珪藻土の表面の顕微鏡写真。

る珪藻土をドラム表面に吸着させ、この濾材を通して表面の網目からドラムのなかにワインを吸い込むという仕組みだ。つまり珪藻土の層は、スポンジのような働きをする。

その層はドラムを回転させていくうちに徐々に目詰まりを起こし、厚くなっていく。そこで珪藻土の表面を削り取る作業が必要になるが、これはドラムの側面についたブレードが下の写真のように自動的に行ってくれる。そのため、ワインに含まれる不純物を濾《こ》し取った層を除去しながら、連続して濾過を行うことができる。だが実は、ロータリー・バキューム・フィルターの効率はあまりよくない。この装置に使用する珪藻土フィルターでは、ワインの濁りの原因となるような小さな粒子までは捕捉できないからだ。したがって、ここから精密な濾過が始まることとなる。

また、ロータリー・バキューム・フィルターでは濾過の際にワインが空気にさらされるため、酸化の危険性もある。この欠点を解消するために開発されたのが密閉式のアース・フィルターで、タンク内に窒素などの不活性ガスを充塡することで酸化を防ぐことができる。タンク内部には、表面に網目状のくぼみがついたディスクが何枚も設置されており、これが回転することにより濾過を行うという仕組みだ。原理は、ロータ

マルサラワインの濾過に使用されているロータリー・バキューム・フィルター。

リー・バキューム・フィルターと同じである。

さらに、アース・フィルターに使用する珪藻土フィルターにはさまざまな孔径のものがあり、簡単な清澄から酵母の除去まであらゆるレベルの濾過を行うことができる。しかも珪藻土フィルターの価格はさほど高くない。濾過装置自体は高価だが用途は広く、可動式でもあるので移動も容易だ。こうしたことから、アース・フィルターはこの後の段階の濾過工程にも利用されている。

⊙プレート&フレーム・フィルター（シート・フィルター、パッド・フィルター）

プレート&フレーム・フィルター（別名シート・フィルター、またはパッド・フィルター）は、発酵後のワインを粗濾過した後に用いられる深層濾過装置で、その名のとおりプレート（濾板）と、特殊な孔を持つフレーム（濾枠）が交互に並び、その間にフィルター・シート（濾材）が挟み込まれている。

この装置の大きな特徴は、同時並行的に濾過を行えることだ。具体的にはまず、ポンプで各フレームに濁ったワイン（次ページの図の青色の部分）を加圧送入する。すると、フレームに送り込まれたワインがフィル

脚にローラーがついた可動式のアース・フィルター。

ター・シートを通ってプレートに集められる。そうして濾過されたワイン（下の図の茶色の部分）を回収するという仕組みだ。このようにプレート&フレーム・フィルターは複数のフィルター・シートがあることで、効率的かつ効果的な濾過を可能にしている。

フィルター・シートは吸い取り紙と同じようにシンプルな構造で、主にセルロース繊維でつくられているが、なかには濾過効率を向上させるために珪藻土のような濾材を含んでいるものもある。このほかに以前はアスベストも使用されていたが、1970年代に発ガン性物質であることが確認されたため、現在では使用が禁止されている。その孔径は、粗濾過用のものから無菌濾過用のものまでさまざまな値のものがあるが、深層濾過の一種であるプレート&フレーム・フィルターでは、珪藻土シートと同じように除去する固体粒子よりも孔径の大きなものが使用される（したがって、その効果はシートの厚さに左右される）。

一方、無菌濾過用の細かい孔のフィルター・シート（いわゆる無菌シート）は、ボトリングの前に酵母や微生物を除去する際によく使用されている。だが、このようなフィルター・シートの使用は、プレート&フレーム・フィルターでは危険をともなう。なぜならフィルター・シートは構造上、繊維の隙間が比較的大きく、取り扱いを間違えれば、その隙間か

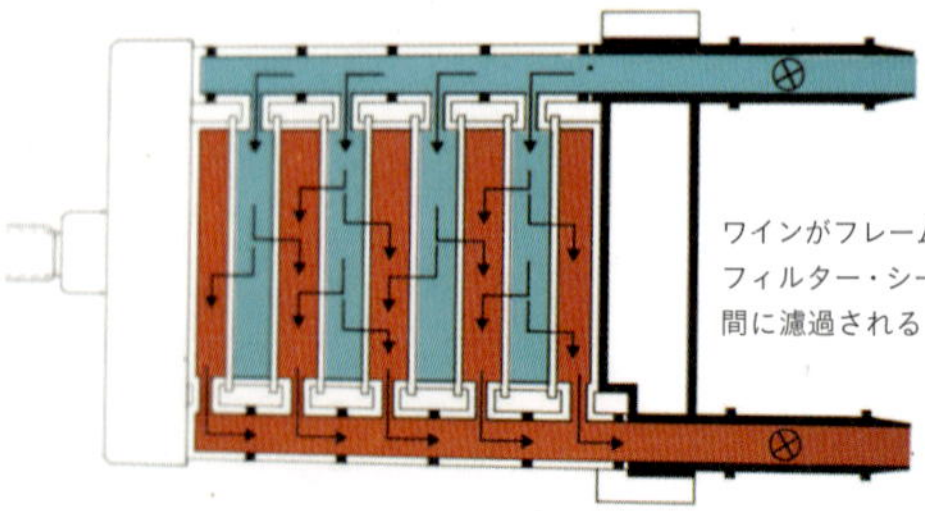
ワインをフレームに
加圧送入する
ワインがフレームから浸み出て
フィルター・シートを通過する
を回収する

プレート&フレーム・フィルターによる濾過

ら酵母が通り抜けて深層濾過したワインに混入してしまうからだ。したがって、ワインの状態に応じて適切なフィルター・シートを選択することが極めて重要である。また、プレート&フレーム・フィルターを稼働させる際には、送り込むワインと回収するワインとの間の最大濾過速度ならびに最大圧力の差が決められた値を超えないように常に注意しなければならない。

こうした難点があり、かつ初期の設備投資が大きいにもかかわらず、プレート&フレーム・フィルターは前述のように効率的かつ効果的に深層濾過を行うことができ、フィルター・シートも手頃な価格でさまざまな孔径値のものを購入できることから広く使用されている。昔はフィルター・シートとフレームの隙間からワインが漏れて周りをハエが飛び回っているという、およそ衛生的とは言いがたい光景を見かけることがあったが、現在の装置はしっかりとシートを押し込むことができるよう頑丈な造りになっているため、そうした光景を目にすることもほとんどなくなった。さらに最近では密封型の装置も開発され、衛生面が飛躍的に向上した。この密封型プレート&フレーム・フィルターは、表面濾過に使用する装置に似た外観なので、ワイナリーを訪れた際に見間違えないように注意していただきたい。

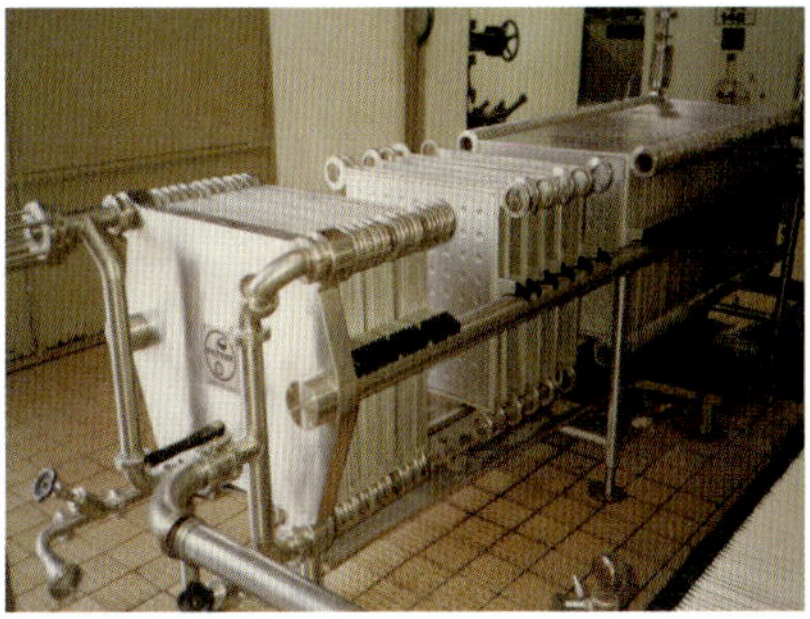

洗浄のために分解されたプレート&フレーム・フィルター。

このほか、濁ったワインには負の電荷を帯びた粒子が多いという特性を利用した深層濾過方法も開発されている。この仕組みの電気化学的説明はとても複雑で、いまだ全貌は解明されていないが、簡潔に言うと、反対の電荷を持つ物質を濾材として使用することで、ワインから目的の粒子を取り除くというものだ（この粒子電荷はゼータ電位［Zeta Potential］という言葉で表される）。

このような電荷の効果を持つ物質のひとつがアスベストだ。先に述べたように、アスベストを使ったフィルター・シートは1970年代まで広く使用されていた。これは、ボトリング前の最終濾過に効果があったからであり、アスベストに発ガン性のあることが判明したときは大きな衝撃が走った。実際にフィルター・シートに使われていたのは猛毒の青色のアスベスト（クロシドライト）ではなく、茶色のアスベスト（アモサイト）ではあったのだが、いずれにしても毒性があるためアスベストは以後、一切の使用が禁止された。もちろん、現在使われているゼータ電位シートは無害な素材でできている。しかしながら面倒を起こすコロイドは小さすぎて、ゼータ電位を利用したシートではうまく捕捉できないため、原理ほどには効果が得られていない。

プレート＆フレーム・フィルターに捕捉された酵母の顕微鏡写真。

表面濾過

⊙メンブレン・フィルター（カートリッジ・フィルター）

深層濾過装置が扱いづらく、濾過能力も確実ではないことから、表面濾過が開発された。濾材の厚みを利用した深層濾過とは対照的に、表面濾過ではフィルターの表面を利用して固体粒子を取り除く。表面濾過で用いられるのが薄いプラスチック製のメンブレン・フィルター（別名カートリッジ・フィルター）で、除去する物質よりも小さな孔が無数にあいている（メンブレン・フィルターの機能を理解するために簡単に説明したが、実際はかなり複雑である）。

メンブレン・フィルターは破れやすい薄い膜なので、繊維素材で補強してから折りたたみ、円筒形のカートリッジに密封する（要は車のオイルフィルターに似た構造だ）。そのカートリッジにはゴム製のO《オー》リングがついていて、これを表面濾過装置の底に設置された金属製のプレートの穴に差し込む。そして、この装置全体をステンレス製の容器で覆ったら、そこにワインを流し込んで外部から圧力をかける。すると、ワインがカートリッジの内側に流れ込んでメンブレン・フィルターによって濾過され、

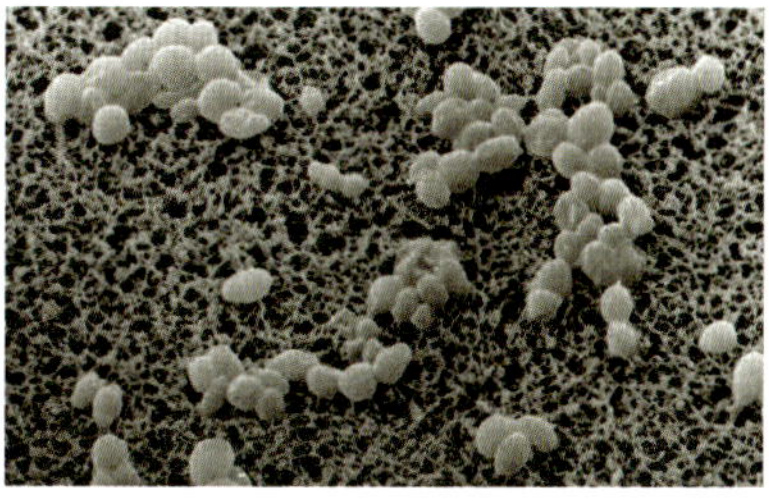

メンブレン・フィルターの表面に付着したサッカロミセス・セレビシエ。

排出されるという仕組みだ。

　メンブレン・フィルターを使えば不純物を効率よく除去できそうだが、残念ながら欠点もある。フィルターに厚みがなく、表面で濾過を行うために、すぐに孔がふさがれてワインが流れなくなってしまうのだ。したがってメンブレン・フィルターは慎重に取り扱わなければならず、使うことができるのはボトリング直前のすでにかなりきれいなワインだけだ。もっと正確に言うと、無菌濾過などほかの濾過工程をすり抜けてきた残留酵母を取り除くために、充塡機の直前で行う最終濾過にのみ使用できる。逆に汚れたワインを濾過しようものなら、間違いなく高価なカートリッジを交換しなければならなくなる。

　だがメンブレン・フィルターの場合、深層濾過装置とは反対に、カートリッジを収める容器自体は比較的安価だ。カートリッジも高価ではあるが、適切に使用すれば何万とは言わないまでも何千リットルものワインを濾過できるので、維持費もそれほどかからずに済む。メンブレン・フィルターにはさまざまな孔径値のものがあり、その寿命を延ばすには、孔の大きなものから小さなものを順々に使用していくとよい。

　ワイン造りに使用されているもっとも大きな孔径のメンブレン・フィルターは1.2μ（μ「ミクロン」はμm「マイクロメートル」とも表記される。

内部構造が見えるように一部を切り取ったメンブレン・フィルター用のカートリッジ。

100万分の1m）で、ほぼすべての酵母を除去できるが、細菌は通過してしまう。1.2μの次に小さな孔径は0.8μで、すべての酵母を除去し、完璧ではないものの細菌もほぼ取り除くことができる。そこで細菌を完全に除去するために最終的に使用されるのが、0・45μの孔径のフィルターだ。メンブレン・フィルターのなかには孔径が0.2μのものもあるが、これはワインではなく滅菌水の調整に用いられる。ここまで小さな孔径になると、ワインの構成要素として大切な成分まで除去してしまう恐れがある。

最後に使用するメンブレン・フィルターの孔径の大きさは、ワインの種類で選ばれることもある。たとえばフルボディの赤ワインならば、ボディ感に影響が出ないよう0.8μのフィルターを使い、アルコール度数が低くて残糖度の高い軽めの白ワインならば、微生物の汚染を防ぐために0・45μのフィルターを使用するといった具合だ。

ただ、最終的にどの孔径のメンブレン・フィルターを使用するにしても、やはり目詰まりには注意する必要があり、そのためにガード・フィルターと呼ばれる製品が利用されることもある。ガード・フィルターの見た目はメンブレン・フィルターのカートリッジと似ているが、深層濾過で用いるフィルター・シートと同じ繊維でできているので、メンブレ

ボトリングに使用される典型的な表面濾過装置。

ン・フィルターを目詰まりさせる粒子を除去してくれる。つまりガード・フィルターは絶対濾過精度を有する表面濾過ではなく、公称濾過精度で表される深層濾過であるため、必ず孔径値の前に「公称孔径」と表記されている。したがって形状は似ていても、この表記があるかないかでメンブレン・フィルターと簡単に見分けがつく。

⊙クロスフロー濾過（タンジェンシャル・フロー濾過）

ガード・フィルターに頼らずともメンブレン・フィルターの目詰まりを防ぎ、その寿命を延ばすことができるよう独創的な発想で開発された方式が、クロスフロー濾過（別名タンジェンシャル・フロー濾過）である。その原理はいたってシンプルだ。これまで解説してきた濾過方法はすべて、フィルター表面に対して垂直にワインを流していたため、固体粒子がフィルターの表面にたまり、少しずつ（メンブレン・フィルターの場合はすぐに）目詰まりを起こしていた。それならば、液体を流す向きを90度だけ変えて、フィルター表面に対して水平にワインを流せばいい——。その結果、フィルターの目を詰まらせることなく、ワインの濾過が進むというわけだ。

ワイン造りで用いられるクロスフロー濾過は、固体粒子などを捕捉す

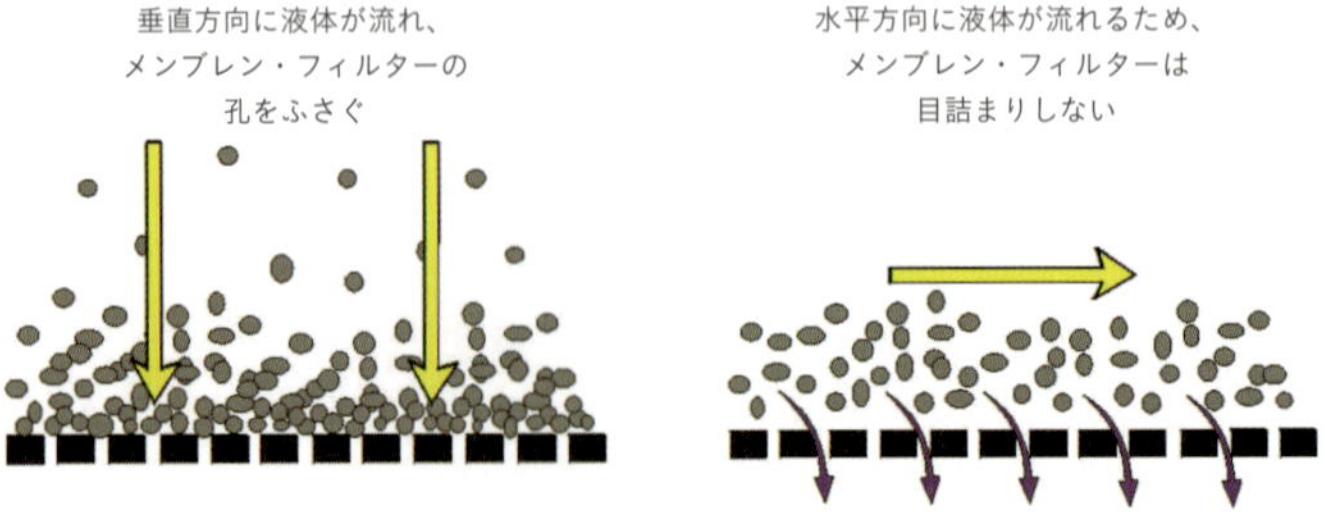
垂直方向に液体が流れ、
メンブレン・フィルターの
孔をふさぐ
水平方向に液体が流れるため、
メンブレン・フィルターは
目詰まりしない

クロスフロー濾過の原理

るメンブレン・フィルターの内側をワインが循環する構造になっており、ポンプで圧力をかけることによってフィルターの孔からワインだけを通過させる。つまり、固体粒子を内側に閉じ込めたまま懸濁状態にしてワインを循環させるため、メンブレン・フィルターは目詰まりを起こさない。そうして内側にたまる不純物に関しては、徐々に抜き取る仕組みも施されている。

クロスフロー濾過の最大の利点は、酵母の死骸などの不純物が大量に沈殿している発酵槽や貯蔵タンクのワインを直接濾過しても、この一工程だけでボトリングができる状態にまで仕上げられることだ。またクロスフロー濾過は、発酵前の果汁の濾過にも同じように有効だ。ただし、この方式にも欠点はある。装置が非常に高価で、メンブレン・フィルターをたくさん使用しなければならないのだ。とはいえ、さまざまな濾過を異なる方法で行うコストや、各種装置にワインを通すことによる品質への影響を考慮すれば、クロスフロー濾過は経費に見合った効果が期待できる最良の方式と言える。

一方で、クロスフロー濾過はワインのボディ感や個性も取り除いてしまうと指摘されることもある。だが、この意見は少々的が外れている。誤解のもとは、この装置がもともと静脈注射用の輸液を調製するために開

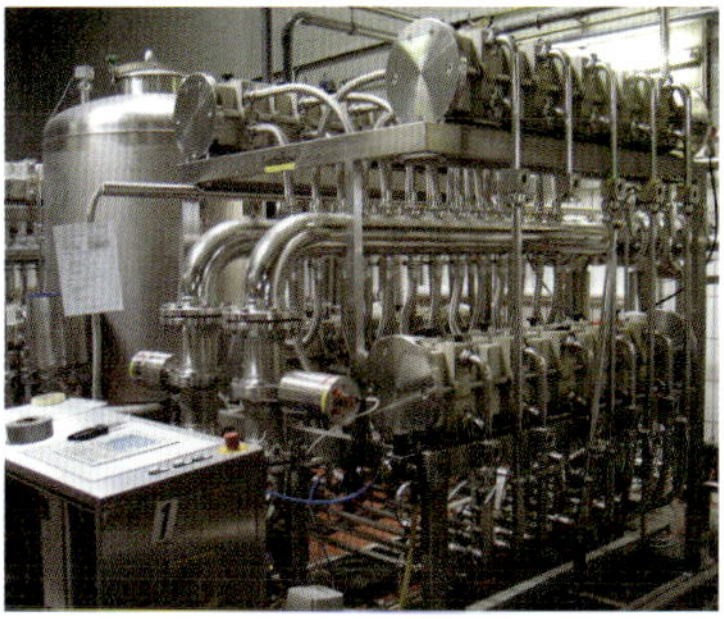

ドイツの最新ワイナリーで使用されているザルトリウス社製のクロスフロー濾過装置。

発された点にあり、その際には完全無菌状態にしなければならないので孔径0.2μのメンブレン・フィルターが使われる。確かに、ここまで小さな孔径になるとワインにとっては厳しすぎるが、適切な孔径値（0・45〜1.2μ）のメンブレン・フィルターを使用すれば、何ら問題がないばかりか素晴らしい効果が期待できる。

限外濾過

一般的に使用されている孔径よりも、はるかに小さな孔径（0・01〜0・001μ）のメンブレン・フィルターを使用すると、ワインの必須成分である糖や酸、タンニンまでも濾過することができる。これらの必須成分を分離したあと再利用すれば、大きなタンクで造ったひとつのワインから、色調や成分がさまざまに異なるワインを造り出すことも可能になる。このような技術はある意味、限界を超えていることから、「限外濾過(ultrafiltration)」という名前がつけられた。しかしながら、ヨーロッパ（おそらくヨーロッパ以外の国でも）では、この装置を使用したワイン造りは禁止されていて、研究目的の場合にのみ許されている。理論だけならば問題はないが、限界を超えたこの技術が実際に存在することがすでに脅威である。将来的にはどうなるのだろう？　ニーズに合わせ、スタイルの異なるワインをひとつのワインから造り分けることなど、どこの誰が望んでいるのだろうか……。

第17章

パッケージ素材

グラスのワインがなくなるならともかく、
ボトルが空になるなど、この世の終わりだ。
——マルカム・ラウリー（1909〜57年）『火山の下』（1947年）

容器

　ワインを詰める容器には、伝統的に天然コルクで栓をするガラスボトルが使用されてきたが、現在ではそれ以外の容器も少しずつ増えている。それぞれに求められる条件は違うため、容器についても専門的な知識が必要だ。

　容器に詰めたワインの寿命に影響を与える要因は、主に容器の大きさと、素材の酸素透過性である。ワインの変化は、液体と容器の壁面とが接触している部分で起こる。したがって、容量に対して接している液体面積の比率が大きくなる容器、つまり小さい容器ほど変化が速くなる。容器の素材についても同様に、小さい容器や酸素の透過性が高い容器ほど、ワインの寿命に与える影響が大きくなる。

　もっとも一般的な容器のサイズは75cℓ（750㎖）のもので、スパークリング・ワインから酒精強化ワインにいたるまで広く使用されている。それでは、ワインに使われている容器それぞれの特徴について見ていこう。

⊙ガラスボトル

　かつてヤギなどの動物の革をワインの容器に使っていた時代もあったが、現在ではガラス製のボトルがもっとも広く普及している。ガラスはワインを入れるのにおそらくもっともふさわしい素材であり、不活性で汚染の心配が少なく、ガスも透過しない。さらに、いろいろな形や大きさや色のボトルをつくることもできる。ただし、重くて割れやすく、また紫外線を通すという欠点もある。特にスーパーなどで陳列されているワインは、蛍光灯の影響を受けるので要注意である（紫外線による品質低下のメカニズムは酸化による破壊作用とは異なり、ワインの成分を化学分解してしまう）。

ガラス製造の技術は近年、大幅に改良された。これは、品質の重要性や、品質が保証されて初めて製品が売れるということに気づいたガラス製造業全体に起こった品質革命の影響が大きい。ガラスボトルを製造業者から直接購入すると、パレットに積まれて納品される。これらのボトルは製造直後、まだ熱いうちにパレットに載せ、収縮性のあるポリエチレン製のラップでぴっちり巻かれるので、実質的に無菌状態に近い。パレットにボトルを積み重ねる際にも、以前は緩衝材に段ボールを挟んでいたが、繊維の混入を防ぐために現在ではプラスチック製の緩衝材が用いられている。それでも食品技術者は、ボトリング前に汚染予防のためにボトルを水で洗浄するべきだと主張するが、衛生管理の行き届いた洗浄機を使用しない限り、逆に清潔なボトルをかえって汚染してしまうことになる。

⊙容量規制

ヨーロッパではＥＥＣ（欧州経済共同体。ＥＵの前身のひとつ）の時代、加盟国ごとに異なる容量規制があり、それが域内の自由移動において大きな障害となっていた。そこで

1975年、理事会指令75／106／EECが採択され、これによりワインを含む多くの製品の容量がEEC域内で統一されることとなった。しかし、国内市場向けの製品には国レベルの規制を継続する自由も残されたことで混乱を招いたり、消費者の嗜好の変化によって実状にそぐわなくなったりしたこともあり、2007年に容量規制の緩和に関する理事会指令2007／45／EC（P499参照）が発効した。この新指令によってほとんどの製品で容量規制は廃止されたが、ワインや蒸留酒では規定が改定されるにとどまり、引き続きEUレベルでの容量規制を守ることが義務付けられている。

EUの容量規制では、ボトルの最上部（口部分の内側）から測定した所定の位置がボトルの容量となるように製造することをボトル製造業者に義務付けている。この位置は、ボトルの側面か底にエンボス加工で記載されている。たとえば、下の写真のようにボトルに「75cℓ ∋ 63㎜」と記されていたら、ボトルの最上部から63㎜下に行ったところが75cℓ（750㎖）になることを意味する。

EUの容量規制に従ったボトルならば、ボトルに記載された容量を示す所定の位置にメニスカス（液面）が達するまで、ワインを注入するだけでよい。このシステムのありがたいところは、ワインの風味を損なう

EUの容量規制に基づき、イプシロン（ε）を反対にした文字の間に、ボトルの最上部から測定した所定の位置（63mm）とボトルの容量（75cℓ）が示されている。

ことなく簡単に測定できることだ。ボトル中のワインをメスシリンダーに移し替えて容量を確認する必要もない。ところが、いまだにそうしてワインを計量しているボトリング業者が多い。これは、第三者機関である認定企業の監査員が「ワインの量を測定するように」と間違った指導をしているせいでもあるが、ボトル製造業者は法に則ってボトルをつくっているのだから、まったく筋違いな話だ。国際法定計量機関も規定R138で以下のように定義している。「ボトルの充填基準（容量）は、独自の計量器で計測することなく、十分正確に一定の容量になるものとする」。この件で問題が生じれば、優先されるのはこちらの規定である。

⊙プラスチックボトル

プラスチックボトルの原料には、ポリ塩化ビニル（ＰＶＣ）とポリエチレンテレフタラート（ＰＥＴ）の2種類がある。ＰＶＣボトルはフランスなど主要なワイン生産国でデイリーワインの容器として使用されており、安価で軽量だが、ガスに対する保護効果がなく、空気中の酸素を透過してしまうので、ワインの寿命が短くなる。そのため店頭での回転率が高く、すぐに消費されるワインに向いている。

一方、ＰＥＴボトルはＰＶＣに比べて酸素の透過性が低く、内容物の寿命を保てることから、ビールや清涼飲料水などにも広く使用されている。航空機内で提供される通常の１／４サイズ（18・7cℓ［１８７mℓ］）のワインのボトルに使われているのもＰＥＴだ。軽量で危険な武器にもならないし、フードトレイから滑り落ちない工夫をボトルの底部に施すこともできることが、その理由である。ただし、このミニボトルの場合は容量が少ないがゆえの酸素透過性の問題もあるため、ワインの寿命は3〜6カ月ほどとなる。

⊙アルミ缶

市場からの要望により、ワイン用のアルミ缶はワイングラスの約2杯分にあたる25cℓ（250mℓ）の容量のものだけが生産されている。アルミ缶は強くて軽く、光やガスなども透過しない。さらに空気も微生物も遮断した状態で充塡作業を行えるうえに、通常より少ない量の二酸化硫黄でも品質が9カ月ほど保てる。

一方でアルミ缶には、以前は硫黄のような還元臭が発生するという難点があった。これは、ワインに含まれる酸がアルミニウムと反応することで、二酸化硫黄が硫化水素に還元されるために起きていた現象であるが、現在は塗装技術が進み、この問題は解決された。こうして安心してワインをアルミ缶で販売できるようになったのだが、実際のところはさほど普及していない。アルミ缶と言えばビールという印象があるからかもしれないし、設備投資がかさむことも一因かもしれない。それより何より、ガラスボトル以外の容器に対する人々の抵抗感も根強くあるようだ。

⊙バッグ・イン・ボックス

ワインを入れた袋（バッグ）を箱（ボックス）に格納して販売するという画期的なアイデアは、1965年にオーストラリアの醸造家トーマス・アンゴーヴ（1917〜2010年）によって考案された。このとき彼が使用した素材はプラスチック製の袋と段ボールの箱で、袋のなかには1ガロン（4.5ℓ）のワインが入れられていた。しかしその方式では箱の角をカットし、ワインを注いだ後は専用の詰め物で封をする必要があったため、広く普及したのはオーストラリアのワイナリー、ペンフォールズ社が1967年に金属製の袋にプラスチック製の逆流防止弁を取りつけた容器を開発してからだ。これにより気密性が保たれるようになったことで、ガラスボトルでは難しい開栓後の保存という問題が解決され、消費者に良質なワインを大容量（2〜20ℓ）かつ低価格で提供することが可能になった（当時、オーストラリアにはワイン税がなかった）。

オーストラリアでは、このような大容量のワインを入れておける大型冷蔵庫が多くの家庭にあったことも手伝って、バッグ・イン・ボックスのワイン（別名ボックス・ワイン、またはカスク・ワイン）は瞬く間に人気を博した。2004年にオーストラリアで行われた調査では、ボックス・ワインがライト・ワイン部門の53％を占めていたほどである。しかし近年は消費者の嗜好が高級ワインに移りつつあり、ボックス・ワインの人気も落ちてきている。その一方でスウェーデンでは現在もボックス・ワインの人気が依然として高く、ライト・ワイン部門で55％のシェアを有している。イギリスでも、1980年代のピーク時ほどではないものの、現在もなお一大市場を形成している。

ボックス・ワインは、毎日グラスに注いで楽しんでも風味が悪くならない点においては成功しているが、3ℓの容器のワインの賞味期限は充塡してから9カ月と短い。生産者は「開封から3カ月は鮮度をしっかりと保つ」と言うが、残念ながら正確には「開封」からではなく、ワインが「充塡」されてからである。したがって家庭でボックス・ワインを楽しむときは、必要なときに、回転率のよい店舗で（できれば在庫期間を確認したうえで）購入することが望ましい。

一方、パブなどでよく利用されるようなもっと大きなサイズのものは、ワインと容器との接触面積が小さくなるので賞味期限も長くなる。飲食店で大容量のボックス・ワインが重宝されているのは、それなりの理由があるのだ。

バッグ・イン・ボックスには、いくつもの複雑な技術が関わっている。外箱は運搬時に中身が揺れて生じる水圧に耐えられるようになっているし、内袋はワインを注ぐたびに収縮するように柔軟性を保ちつつ、空気を遮断する素材でできている。また注ぎ口（逆流防止弁）も空気の流入を阻止し、ワインの漏れを防ぐ工夫が凝らされている。

こうしたさまざまな技術が注ぎ込まれているバッグ・イン・ボックスだが、なかでも重要なのは、柔軟性と酸化防止効果の両方を備えていなければならない袋の素材だ。これまでは、不活性かつ無害で食品と簡単に密着するポリエチレンが広く使用されてきたが、この素材には酸素にも光にも透過性があるという難点があった。実のところ、ポリエチレンの袋で保存したワインは抜栓したボトルワインよりも酸化しやすい。

そこで近年、複雑な構造の素材が開発された。高密度ポリエチレン（ＨＤＰＥ）の2層の間に、アルミニウムでコーティングした、酸素を遮断するポリエステルを挟んだ袋である。またポリエステルの代わりに、アルミ箔やポリビニルアルコール（ＰＶＡ）を使用した袋もある。ただし、いずれにも長所と短所があり、アルミ箔の場合はポリエステルよりも酸素遮断効果が高く、新しいうちは特に素晴らしい効果を発揮するが、使っているうちに小さな亀裂（曲げ亀裂）が生じ、風味の減退につながる恐れもある。一方、ＰＶＡの場合は曲げ亀裂の心配はないが、アルミ箔ほど酸素を遮断せず、また蒸気にも弱い。つまるところ袋の素材は、曲げ亀裂の恐れはあるが酸素の遮断性に優れたものと、酸素の遮断性は低いがより頑丈なものをいかに組み合わせるかということが、今もなお大きな課題となっている。

バッグ・イン・ボックスでは充填作業もとても大切で、ボトル充填よりも繊細な技術が要求される。その大きな理由は袋の柔軟性にあり、たとえば3ℓ用のものであっても、めいっぱい詰めると5ℓ弱まで入れることができる。そのため充填作業を慎重に行わなければ大量の空気が混入し、消費期限が驚くほど短くなってしまうのだ。したがってこの作業を行う際には、気泡ができる限り微量になるように充填機を的確に操作しなければならない。また、酸素は注ぎ口からも侵入してくるが、現在では3つの基本条件——ワインがスムーズに出ることと漏れないこと、そして酸素が混入しないこと——を満たす巧妙かつシンプルな設計の逆流防止弁が開発されている。

　それでも現在のところ、最高の素材を使ってできる限りの注意を払ったとしても、酸素を完全に防ぐにはいたっていない。極めて少量ではあるが、どうしても袋に酸素が混入してしまうのだ。その結果、残っていた酵母が繁殖してしまうこともあるので、充塡に際しては酵母および細菌の混入を極力防がなければならない。ただし、この点に関しては、現在の殺菌技術や濾過技術をもってすれば決して難しくはない。

　また酸化防止に関しても、二酸化硫黄を少しだけ多く使えばよい。これをもってボックス・ワインの品質を疑問視する向きもあるが、店頭に並ぶまでには通常の二酸化硫黄の濃度にまで低下する。確かに過去には安く提供するために低品質のワインを使用していた時代もあるが、現在ではさまざまな種類の良質なボックス・ワインがあり、賞味期限もしっかりしているので安心して楽しんでいただきたい。

⊙紙パック

　フルーツジュースや牛乳は直方体の紙パック入りのものを世界中で見かけるが、ヨーロッパでは安めのワインもよく紙パックで販売されている。これは、低価格でありながら食品を酸化から守り、保存期間を長くする優れた素材であるからだ。

　紙パックの素材は構造が非常に重要だ。外側から順にポリエチレン、厚紙、アルミ箔（酸素を防ぐ）、そしてもう一度ポリエチレン（アルミ箔を保護する）を貼り合わせた層状構造になっている。こうして貼り合わせた紙は大きなロール紙の状態で充填機にセットしたのち、筒状に成型する。次に底部分を閉じたら上からワインを注入し、上部を密閉する。そしてそのまま力を加えて立方体に成型し、耳の部分を折りたたむとおなじみの紙パック型になる。

ロール紙は充填機に入るときに殺菌され、充填機の内部も滅菌された窒素が充満しているので、ワイン自体も滅菌濾過される。したがって本当の意味での無菌状態の包装は、紙パックだけと言っていい。

打栓用の材料

ワインの栓には2つの役目がある。ボトルにワインを閉じ込めることと、酸素を遮断することだ。栓を選ぶときには、まずこの2点をよく考え、ワインの価値に見合ったものを選ばなければならない。

⊙天然コルク

天然コルクは、ワイン用のガラスボトルの栓として極めて有用な特徴を備えている。安価で入手しやすく、再生可能な資源からできていて、生物分解性があり、酸素を遮断する。そして弾力性があり、圧縮できて、すぐにもとの形に戻る。また滑り止め効果も素晴らしく、コルクから特別な力が働いているわけではないのに、所定の位置にとどまることができる。これは、コルク内部に空気を含む無数の孔があることにより、コルク表面がボトルの口に対して吸盤のような働きをするからだ。そのため、しっかり密着しつつも、ちょっとした力で簡単に抜くことができる。

天然コルクはこのような特徴を持つことから、ワインボトルの理想的な栓として昔から使われてきた。天然素材のため品質には多少のばらつきがあったが、それもおおむね1960代までは許容されていた。雲行きが怪しくなったのは、世界的にワインの消費量が伸び始め、コルクの需要が大幅に高まったからだ。コルクの主要生産国であるポルトガルでは、コルクガシの樹皮を地面すれすれまで採取するようになり、さらに悪いことに、大規模なコルク生産業者が原価削減のために品質の劣るコルクや短いコルクを扱い始めた。その結果、カビによる汚染臭（いわゆるコルク臭）が生じ、大問題となったのだ（そのようなワインは皮肉を込めて「コークト・ワイン」［訳注：「corked」はコルクくさいという意味。フランス語では「ブショネ：bouchonné」と呼ばれた）。そしてこの出来事を機に、天然コルクの代わりとなるさまざまな栓が開発されることとなった。

こうした状況に危機感を覚えたヨーロッパ・コルク連盟（The European Cork Federation）は1992年、コルクガシを以前の状態に戻す「クエルクス（*Quercus*：コナラ属）」という名前の再生プロジェクトを立ち上げた。さらに同連盟は、コークトの原因がコルクガシの樹皮の割れ目に存在するペニシリウム属（*Penicillium*）のアオカビと、木材の防腐剤として使用されるフェノール類、そして殺菌する際に使用する塩素系化学物質との反応によるものだということを突き止めた。この反応により、真菌特有の強力なにおいの原因物質である「2，4，6－トリクロロアニソール（TCA）」が生成していたのだ。

そこでヨーロッパ・コルク連盟は1996年に「良質なコルク生産の実践方法」と題し、天然コルクの品質向上に関する取り組みの詳細をまとめた。そこにはコルク樹皮の収穫の仕方や、保管時に地面に置かないこと、塩素の代わりに過酢酸を使用してTCAの前駆体を除去することなど、コルクの品質向上につながるさまざまな方法が盛り込まれていた。おかげで汚染コルクの問題は確実に減少したが、コルク業界の対応が鈍かったために、残念ながらコルクのマイナスイメージを払拭するにはいたらなかった。

天然コルクの酸素透過性について興味深い話をひとつ。かつてワインの瓶内熟成は、酸素が重要な役割を担っている樽熟成の延長として考えられていた。ところが熟成過程に関する知見が増えてくると、瓶内熟成は嫌気条件下で含有成分がゆっくり化学変化している状態だと考えられるようになった。しかし現在の見解は、また逆転している。密封したボトルのなかで還元臭を発生させないためには、天然コルクを通して極少量の酸素の供給が必要だと考えられるようになったのだ。さらにコルクの特性に関する知見が増えれば、高級ワインの栓には高品質の天然コルクがふさわしいと再認識される日が訪れるだろう。

⊙テクニカルコルク

テクニカルコルクとは、天然のコルクに何らかの処置を施したものである。もっともシンプルなテクニカルコルクは、コルクの粒と樹脂で天然コルクをコーティングしたコルメート・コルクで、コーティングをすることにより溝や凹凸を埋め、外観のみならず品質も向上させた。しかも比較的安い価格で購入できる。

もっと安価なテクニカルコルクには、コルクの粒を樹脂系の接着剤で固めた圧搾コルクがあるが、ワインと触れると数カ月もしないうちに樹脂が分解するため、寿命の短いワインにのみ適している。もし寿命の長いワインに使用すれば、樹脂の分解によりワインに混入したコルクの粒をコークトと間違えて苦情が寄せられる可能性もある。

最新の技術を組み合わせて開発されたテクニカルコルクは、エネオ・グループのディアム（Diam）だ。その製造工程ではまず、天然コルクを小さな粒状に破砕して、硬い木の破片を取り除き、やわらかくて弾力性のある組織片（スベリン）だけを回収する。スベリンは超臨界二酸化炭素で洗い、TCAを完全に除去する（この処理方法はディアマント処理と呼ばれ、カフェインを含まないコーヒーの製造にも用いられる）。それからコルクの粒を合成高分子の微粒子と混ぜ、圧力と熱を加えて均一で質感に優れ

エネオ・グループが開発したディアム。

ワン・プラス・ワン・コルクはアモリン社によって開発された。

たコルクに仕上げる。この原理は現在では使われていないアルテック〔訳注：サバテ社が開発した商品〕の生産方法と同じだが、ディアムには安全性も加わっている。

そのほか、圧搾コルクをうまく改良したワン・プラス・ワン・コルクというテクニカルコルクもある。これは圧搾コルクの両端を円盤状の天然コルクで挟んだ造りになっており、アモリン社によって開発された（商品名はツイン・トップ〔Twin Top〕）。安価な圧搾コルクの欠点を天然コルクで補う、とても優れた製品である。

⊙合成コルク

TCAの汚染を防ぐために、天然コルクに代わる合成コルクの開発が進み、実用化されている。だが、合成コルクは発泡プラスチックの一種でできているため、さまざまな議論を呼んでいる。また、開発された当初の合成コルクは挿入しにくく、コルクの打栓機にダメージを与えることもあった。また抜栓もしづらく、一度抜くとなかなかもとに戻せなかった。そんな難点のあった初期の合成コルクは、射出成型コルクと呼ばれる、端がややドーム型をしていて、上部に丸いへこみがついたタイプで、その代表格はシュープリームコルク社の製品である。しかし最近の製品

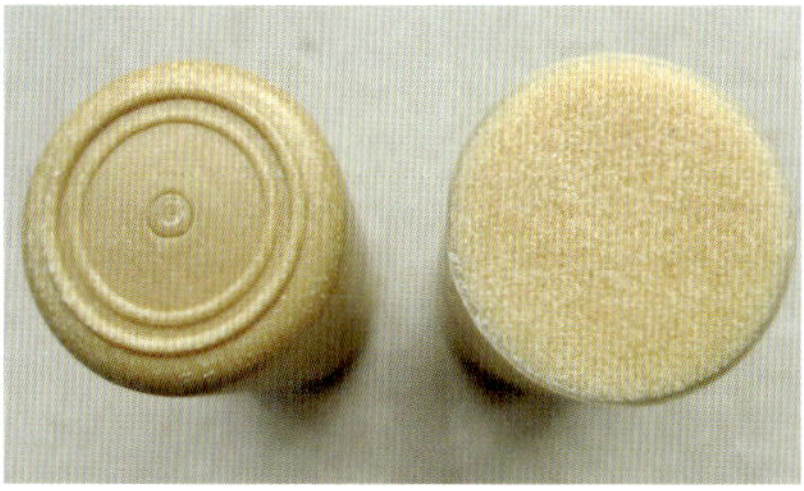

左：射出成型コルク
右：押し出し成型コルク

は改良されて、柔軟性がある。

合成コルクにはもうひとつ、押し出し成型コルクと呼ばれるタイプがある。これは円筒形をした、まさに発泡状のプラスチックなので簡単に見分けがつく。射出成型コルクよりも弾力があるので簡単に抜くことができ、すぐにもとに戻すこともできる。この押し出し成型コルクのなかでは、ネオコルク社とノマコルク社の製品がよく使われている。

これらの合成コルクは、手術に用いられるプラスチックと同じ素材でつくられている。したがって、議論にもなっているような怪しい化学物質がワインに溶け込むということはない。しかしプラスチック素材であるがゆえに、バッグ・イン・ボックスと同様、ワインを酸化から完全には守れないという欠点がある。これは、デイリーワインや賞味期限の短いワインにとっては大した問題ではないが、長期保存をする高級ワインの場合は大きな危険をはらむ。そのため高級ワインの生産者は合成コルクの使用には慎重だ。

合成コルクには、もうひとつ問題がある。ワインの香り成分（芳香族化合物）がプラスチックに移ることだ。芳香族化合物は水よりも油を好む疎水性であるため、プラスチック素材である合成コルクに吸着しやすいのだ。ボトルから合成コルクを抜いてにおいをかぐと、ワインの香り

さまざまな色やスタイルの合成コルクが生産されている。

をしっかり感じられることからもそれは確認できる。これが理由で、合成コルクがワインの風味成分を吸収してしまったというクレームが寄せられることもある。実際にはワインに及ぼす影響はわずかだが、まったくないわけではない。

また、合成コルクには意味がないという声もある。必ずしも完璧ではない天然コルクをなぜわざわざ模倣するのかわからないというのだ。答えは簡単。みんな、栓を抜くときの「ポン！」というあの儀式めいた音が好きで、ＴＣＡのにおいが嫌いだからだ。それに合成コルクにはさまざまな色やスタイルのものがあり、マーケティングの面でも役立っている。

⊙スクリューキャップ

かつて、アルミニウム素材のスクリューキャップは「安いワイン」の代名詞のように受け止められていた。そのため店頭ではあまり手に取ってもらえなかったが、現在はかなり普及しており、ときには「クール」とさえ言われるほどだ。スクリューキャップは、オーストラリアでＲＯＴＥ（Rolled On Tamper Evidence：開封明示）、イギリスではＲＯＰＰ（Rolled On Pilfer Proof：開栓防止）とも呼ばれ、世界的にはステルヴァン（Stelvin）というブランド名がよく知られている。

スクリューキャップの利点は、汚染の心配がないことと、品質にばらつきがないこと、そして抜栓時にオープナーを必要としないことだ。また、20年ほど前に行われた実験では、ガラスのボトルにもっとも適した栓は金属製のキャップであることが証明されている。さらに、オーストラリアのクレアヴァレーで収穫されたリースリングなどを用いた最近の実験によると、みごとな第3アロマ（ブーケ：熟成香）が現れたそうである。そうしたことからイギリスではスクリューキャップの使用を求める小売業者が多く、ニューワールドでもスクリューキャップを採用する生産者が増えている。

このスクリューキャップは、どの栓よりも酸素を遮断する。キャッピング・マシーン（蓋付け機）が正確に調整されていれば、密封性はほぼ完璧だ。キャップのねじ山はキャッピング・マシーンでアルミニウムをボトルに押しつけてつくられるが、このとき調整が不十分だと、うまく回せないキャップができてしまう。また、アルミニウムはやわらかいので、貯蔵や輸送の間に物理的なダメージを受けやすく、そこから酸素が侵入する恐れもある。だが最近ではキャップの上部に改良が施されて、こういった問題はほぼ解消されている。

一方で、ワインが完全に密封された状態になることに不安を抱く醸造家もいる。なぜなら、昔ながらのワイン造りでは、瓶内でワインが適正に熟成するためには少量の酸素が必要だと考えられていたからだ。そして現在では、密封した瓶内で還元臭の発生を防ぐには、極少量の酸素が必要であることがわかってきている。そこで現在は、キャップの内側にわざわざライナー（パッキン材）を入れることもある。このライナーには、片側をスズで加工したものと、酸素透過率が異なる2種類のサラネック（ポリエチレン製プラスチック）の計3種類がある。こうしてみると、伝統的なスタイルの醸造家は正しかったのである。

このように完璧とは言えないまでも、スクリューキャップは白、赤、ロゼワインのどれを日常的に飲むのにも、間違いなく優れた栓である。しかし樽熟成をしっかり行い、なおかつ長期の瓶内熟成を必要とするワインには天然コルクが幅をきかせている。ただし、こうしたコルクは長さが十分にあり、かつ品質も最上のものでなければならないので、必然的に価格も高くなる。

⊙ガラスキャップ

ガラスキャップは比較的新しく使われるようになった栓で、ヴィノ・ロック（Vinolok）の名前〔訳注：アルコア社の商品名〕でも知られている。ガラス製の本体は作業中にチップ（口部分の破損）などが出ないように、表面に熱を加える特殊な強度補強が施されており、瓶の口に触れる部分にはプラスチック・リング（ポリ塩化ビニル製）がついている。ヴィノ・ロックを栓に使う際は、ボトルとしっかり密着するように、一般的なボトルよりも口径の小さい専用のボトルが使用される。そして栓をしたら、ボトルの上部をアルミニウム製のキャップで覆って固定する。

ハンガリーのロイヤル・ショムロー・ヴィンヤーズで白ブドウ品種ユファルクから造るワインに使用されているヴィノ・ロック。

ガラスキャップにはＴＣＡ汚染がなく、酸素の透過性が極めて低いという利点がある。その一方で、良質な天然コルクと同じくらいの価格になるという欠点もある。

⊙そのほかの栓

これまで紹介したもの以外にも、現在では数種類の栓が開発されている。そのなかでも、プラスチックキャップのゾーク（Zork）［訳注：ゾーク社の商品］は簡単に取り外しができ、オープナーも必要としない、とても使いやすい栓だ。

キャップシール

キャップシールはコルクの乾燥を防ぐために発明されたもので、昔は主に封蝋や蜜蝋が使われていた。現在でも、これらの蝋で封をしたワインをたまに見かけるが、強いて言えばマーケティングを意識したものと思われる。そのほかに、以下のようなものがこれまでにキャップシールの素材として使われてきた。

⊙鉛箔

初めてキャップシールに使われたのが鉛箔で、それには2つの目的があった。コルクの乾燥を防ぐことと、鉛の持つ殺菌作用を利用してコルクへのゾウムシの侵入を防ぐことである。しかし、ワインが鉛でひどく汚染された場合、消費者にも有害な影響を与えることがわかったため、今では使用が禁じられている。

⊙スズ

スズはもっとも見栄えのよい素材だが、もっとも高価な素材でもある。スズには可鍛性があるため、スピナー（小さな車輪状の部品が回転する機械）を使えばボトルの首に沿って簡単にキャップシールに成型できる。上質な趣があり、楽に切り取れるうえに毒性もないのだが、決して安くはない。

⊙スズ鉛

鉛をスズで挟んだスズ鉛は、鉛に有害性があることから開発され、コストダウンも図れたことから長年にわたって使われ続けてきた。現在使用されていないのは、外側のスズの層が不完全なため、鉛の層にまでワインが浸みて鉛塩が生じることがわかったからだ。イギリス農水省（MAFF）の研究により、その鉛塩が首にこびりついたボトルから注いだワインには、十分に毒性を示すだけの鉛が含まれていることが明らかになったのだ。この結果を受けて、鉛を含む金属製のキャップシールの使用は1993年からヨーロッパ全域で禁止されることとなった。

⊙アルミニウム

スズ以外にキャップシールとして使用できる金属がアルミニウムで、スズよりもずっと安価である。だが、スズほどは柔軟性がないため亀裂ができやすく、取り扱いに注意しなければならない。

⊙ポリ塩化ビニル

ポリ塩化ビニル（PVC）は、日常的に飲まれるワインのキャップシールに幅広く使用されている。さまざまな色や仕上がりを選ぶことができ、見栄えもよいので、開封するまで高価なスズ製のキャップシールと区別がつかないほどだ。PVCには一方向に伸びる性質がある。この性質を利用してキャップシールはつくられ、伸ばしぎみにボトルの口部分にあてがったのち、製造ラインで加熱するとやわらかくなって成型され、冷えるときに縮んで密着する。

⊙ポリラミネート

低密度ポリエチレンでアルミニウムを挟んだポリラミネートもキャップシールによく使われている。装着方法はスズと同じで、スピナーがボトルの口部分をラミネートしていくことで、きれいに仕上がる。

第18章

貯蔵とボトリング

CHAPTER 18

STORAGE & BOTTLING

新しいブドウ酒を古い革袋に入れる者はいない。そんなことをすれば、革袋は破れ、ブドウ酒は流れ出て、革袋もだめになる。だから、新しいブドウ酒は新しい革袋に入れるものだ。そうすれば、両方とも長もちする。

——『マタイによる福音書』第9章17節

ブドウがワインへと変わる長い道のりもいよいよ終わりが近い。最終的なブレンドをして、分析も済ませ、安定した状態に保ったら、残るは消費者のもとへ届けるためのボトリングだけだ。だがワインを充塡するだけとはいえ、ワイン造りの工程において、その技術はとても重要である。上質なワインは無造作に扱うとすぐダメになる。また酸素が溶け込んだり、細菌に汚染されたり、鉄や銅あるいは洗浄剤が混入したりしても台無しだ。ただし、ワインにはアルコールと酸が含まれるので、病原性微生物は存在しない。本章では、この最後の大事な工程であるボトリングとその技術について解説していく。

変化させずに貯蔵する

搾汁から始まり、さまざまな工程を経てワインが完成したら、できる限り変化を抑えられる場所で貯蔵しなければならない。特に大規模なワイナリーでは、販売開始から終売にいたるまで各年のワインの品質を維持しなければいけないし、醸造年ごとに違いが生じてもいけない。そのため貯蔵に際しては、次の4つの要素が重要になる。

- 空気中の酸素がワインに入り込まないように、貯蔵槽は酸素を通さない素材でできたものを用いる。

- 貯蔵槽の表面の作用で風味が変化しないように、その表面には化学反応を起こさない素材を用いる。
- できるだけ大きな貯蔵槽を使用する。
- 貯蔵槽の縁までワインを満たす。または不活性ガスを充塡する。

要するにワインの貯蔵には、酸素を通さず、化学反応を起こさない素材でつくられた大きな容器を用い、めいっぱいワインで満たすか、それができなかった場合は不活性ガスを充塡するということだ。これらの条件を満たしていれば、貯蔵槽の構造はさほど重要ではない。現代のワイナリーでは、ステンレス製のタンクがまず一番に選ばれるだろう。コンクリートタンクも、表面をエポキシ樹脂やタイルで覆っていれば貯蔵に適している。またマイルドスチール（軟鋼）製のタンクでも、表面をエポキシ樹脂やエナメルで覆っていれば十分に役割を果たす。

一般的な貯蔵槽の大きさは25hl（2500ℓ）～500hl（5万ℓ）だが、もっと大きなものもある。どの大きさの貯蔵槽を使用するかは当然のことながら完成したワインの量によって変わってくるが、ワインを最適な状態に保つためには、先に述べたようにできるだけ大きな容器で貯蔵し、かつ容器の縁までワインを満たすことが望ましい。大きな容器の

ドイツのモーゼル地方にあるワイナリー、ライヒスグラーフ・フォン・ケッセルシュタットが所有する上質なステンレス製の貯蔵槽。

ほうが貯蔵に適しているのは、ワインに含まれる成分が変化しにくいからだ。大きな容器ほど液体に対する表面積の割合が小さくなるので、ワインと容器表面との間で化学変化が起こりにくいのだ。

もし貯蔵槽を縁いっぱいまでワインで満たせないのであれば、窒素や二酸化炭素などの不活性ガスを充填して、上部の空間を無酸素状態にする必要がある。ただし、二酸化炭素は空気よりも重いので、空《から》の貯蔵槽から空気を押し出しはするものの、徐々にワインに溶け込む（ワインが冷たければ溶解速度が速くなる）という性質がある。そのため、貯蔵槽の外部から再び空気が入り込んでしまうことになる。一方の窒素は、ワインに溶け込みにくい反面、ワインと長期間にわたり接触させておくと、ワインに含まれる二酸化炭素を取り除いてしまう。その結果、ワインのフレッシュ感が失われて素っ気ない味わいとなる（不活性ガスについての詳細はP86を参照）。したがって、貯蔵槽には窒素と二酸化炭素の混合ガスを用いるとよい。その割合は、ワインに求める二酸化炭素含量によって決まる。

またワインを貯蔵している間に、酸化防止作用を果たす二酸化硫黄も少しずつ失われていく。したがって、週に一度は必ず遊離型の二酸化硫黄濃度を測定し、必要に応じて二酸化硫黄を調整しなければならない。ワインを移動するなどした際も同様だ。

糖の最終調整

市販されているブレンドワインのなかには、ボトリングの直前に糖を加えて甘味を調整したものもある。「ミディアム・ドライ・ホワイト」、または「スウィート・ホワイト」という名前で売られている中辛口、または甘口の白ワインがその代表例だ。赤のブレンドワインのなかにも、ほんの少し糖を加えて、赤ワインをあまり好まない人でも口当たりよく飲めるようにしたものがある。

こういった目的で使用される糖は、基本的にはブドウから造られる精製濃縮果汁（RCGM）であり、ドイツではズースレゼルヴと呼ばれる未発酵のブドウ果汁を利用して特定地域上級ワイン（QbA）が生産されている（ただしドイツでも、QbAの上位に格付けされる肩書き付き上級ワイン［プレディカーツヴァイン］では、ズースレゼルヴの使用は一切禁止されている。詳しくはP217を参照）。このような甘味添加をボトリングの直前に行うのは、糖の増えたワインは微生物の影響を受けやすく、特に酵母の影響により再発酵を起こす恐れがあるからだ。

なお、EUでは甘味調整のためのショ糖（テンサイやサトウキビ由来の糖）の添加は禁じられている。ショ糖を添加できるのは、アルコール度数が低い発酵前のブドウ果汁、もしくはシャンパンの甘さを決めるドサージュの工程に限られる（アルコール度数を高めるための補糖についてはP137を、ドサージュを含むシャンパンの製法についてはP224を参照）。

バルク輸送

ひと昔前までは、ボトリングはワインの品質を保証するためにワイナリーか、少なくとも生産国で行うことが望ましいとされていた。だがカーボン・フットプリント（Carbon Footprint）〔訳注：商品やサービスの原料調達から廃棄やリサイクルにいたるまでの事業活動を通じて排出される温室効果ガスの排出量を、二酸化炭素に換算して表す仕組み〕という概念が提唱されてからは、ワイン消費国でボトリングをするほうが好ましいという流れに変わり、ワインを販売する側も、消費国でボトリングをしたほうが自分たちの意向を反映しやすいと考えるようになってきた。

こうした変化を受けてワインのバルク輸送も非常に専門化してきており、そのプロセス全体を通じて高度な品質管理がなされている。たとえば大陸間でのワイン輸送に際しては、ＩＳＯ（International Organization for Standardization：国際標準化機構）〔訳注：製品やサービスに関して世界で同じ品質、同じレベルのものを提供するための国際規格〕の基準を満たしたステンレス製の貯蔵槽が使用され、近年では遠洋輸送に使い切りのフレキシタンク〔訳注：食品や飲料などを充填できるポリエチレン製などのバッグをコンテナに内蔵したもの〕も広く使用されるようになっている。こういった輸送方法をとる際、品質を維持するうえで必ず確認すべき点は次の6つである。

1 生産者を訪問して品質を調査する。
2 輸送体制やその詳細などを確認する。
3 安全性の高い輸送業者と契約する。
4 出荷前にサンプルを送ってもらうよう要求する。
5 必要があれば、積み荷後のサンプル提供も要求する。
6 厳密な荷受け体制を整えておく。

ボトリング工程

貿易という観点からすると、ワインは幸いにも取り扱いが簡単な商品である。醸造方法に関係なく、ちょうどよい濃度のアルコールと酸が含まれ、pH値も低いため、病原性微生物が生きていけないからだ。ワインのボトリングの際に唯一注意しなければならないことは、品質の維持と異物の混入である。HACCP（Hazard Analysis and Critical Control Points：危害分析重要管理点。詳しくはP472を参照）の重要管理点の原則のひとつにも、虫や割れたガラスのかけらがボトルの口から入らないよう対策を講じることが示されている。

伝統的なボトリング

無菌技術が発明されるまでは、ずいぶん長い間、何の処置もせずにワインがボトリングされていた。それでも熟練した醸造家がたっぷり時間をかけて造ったワインならば何ら問題はなく、完全に発酵を終えて酵母が死滅しているので、再発酵を起こすこともなかった。また、酵母の死骸などの不純物も自然の清澄作用によって沈殿させていたので、澱引きさえすれば、清澄や濾過を行わずにボトリングしても輝きを保つことができた。さらに、そうした醸造家は酸化対策も万全だったので、酢酸菌が繁殖して悪さをすることもなかった。適度なアルコールと酸が含まれるワインという環境のなかでは病原性微生物も生きていけないため、健全な天然コルクで栓をしさえすれば、ワインが傷む理由などどこにもなかったのだ。

とはいえまれに、何らかの原因で微生物に汚染されることもあっただろうし、コルクは多孔質なので揮発酸に悩まされることもあったはずだ。しかし本来は、前述したような方法で造られたワインはボトルのなかで熟成し、風味を増していく。それが理由なのかどうかはわからないが、こうしてボトリングされたワインが昨今、あえて無濾過を強調した「キュヴェ・ノンフィルター（Cuvée Non-filtre）」という名がつけられて販売され、注目を集めるようになっている。

このような最小限の醸造技術で造るワインは、ワインに透明感と輝きを与えるために澱引をする以外は、何の処置も施されずにボトリングされる。そのため数週間から数カ月もすると沈殿物が現れるが、こうしたスタイルのワインを好む消費者にとっては何ら支障はない。彼らはヴィンテージ・ポートや上質なボルドーと同じように、デキャンティングをして楽しめばいいことを心得ている。

無菌ボトリング

現在行われているボトリングは無菌ボトリングとも呼ばれるが、この呼称は正確ではない。無菌とは微生物が一切存在しないことを意味するのに対し、ワインの場合、ボトリングの前に微生物を完全に除去する処置は行われていないからだ。非常に繊細なワインであっても、そこまでは行われていない。ここで使われている「無菌」が意味するところは「防腐処理済」ということであり、再発酵する酵母や揮発酸を生成する細菌を取り除いてからボトリングしたことを示す。

またボトリング業者のなかには、無菌ボトルではなく、衛生ボトリングと呼ぶ者もいるが、基本的にはどのボトリングであれ衛生的に行われているのだから、この呼称にも少し疑問が残る。実のところ、科学的にも技術的にも十分に意味をなすボトリングの呼称はない。強いて言えば、「現代的ボトリング」が一番適切ではないだろうか。

現代的ボトリングの理論

医療で使用される点滴用の輸液は、微生物がまったく存在しない状態にしなければならない。一方、ワインのボトリングではそこまで厳密に行う必要はない。重要なのは、ワインに含まれる微生物の密度（微生物負荷）である。この密度が一定数値以下であれば、微生物はいずれ死滅するので問題はない。だが一定数値以上であれば、いずれ微生物が繁殖してワインが傷んでしまう可能性がある。

ワイン用の容器のなかで文字どおり無菌状態で充填されるのは、紙パックだけである。紙パックは紫外線で滅菌処理され、ワインの充填作業も滅菌処理された窒素が充満する空間で行われるからだ。もちろん、一般的なワインのボトリング工場でも衛生状態は保たれているが、作業空間やワインに触れる空気を無菌状態にまではしていない。それでも充填機の内部や貯蔵槽、パイプやフィルターなどは毎回使う前にしっかり殺菌洗浄がなされている。こうすることで、すでに繁殖している微生物を取り除き、生存可能な微生物もできる限り少なくすることができる。

もっとも有効な滅菌方法は、90℃以上のお湯に20分以上浸けることだ。これにより無菌状態にかなり近くなるうえに、残留物を除去することもできる。この作業に水蒸気が利用されることもあるが、高温のお湯と比べると洗浄力が不十分で、あらかじめ残留物を水で流しておかないと、かえって残留物を付着させてしまう結果となる。

そのほかに化学薬品を使って殺菌するという選択肢もあり、最近では過酢酸がよく用いられている。過酢酸の分解生成物は毒性のない過酸化水素と酢酸で、装置の内部に過酢酸が残ったとしても、そのまま殺菌効果を維持してくれる。一方、次亜塩素酸塩のような塩素系の薬剤は、塩素がコルク臭の原因となるトリクロロアニソール（ＴＣＡ。Ｐ４４３参照）を生成するため、今日では使用されなくなっている。

二炭酸ジメチル

二炭酸ジメチル（ＤＭＤＣ）は無色の液体で、ドイツではしばらく前から使用されていたが、ＥＵ圏全体で使用が認められたのは最近のことであるである。二炭酸ジメチルにはソルビン酸のように、残糖の多いワインで微生物の繁殖を抑える働きがある。ただし、その作用機序はソルビン酸とは異なり、微生物の酵素を阻害することで本来の働きを失わせる。

二炭酸ジメチルを使用する際は、ボトリングの直前にワインに添加し、これを20℃で4時間保つ。すると微生物の繁殖を抑制しつつ、二炭酸ジメチルは水によってメタノールと二酸化炭素に加水分解される。メタノールと二酸化炭素はともにワインに含まれる成分である。したがって二炭酸ジメチルは添加物ではなく加工助剤であり、成分表に記載する必要はない。

現代的ボトリングの技術

さまざまな技術の発達により、発酵が自然に終了する前に、発酵を止めることが可能になった。だが、発酵を強制的に止めて造られたワインは不安定であり、何かの拍子に酵母が入ろうものならすぐに再発酵を起こす。さらに、消費者のニーズに応じて造られるようになった「ミディアム・ドライ・ホワイト」など、ボトリングの前に濃縮したブドウ果汁が添加されたワインは、より酵母の繁殖に適した環境となる。

このような不安定なワインをボトリングできる唯一の方法が前述した「無菌」ボトリングであり、これにより酵母や細菌を取り除いてからボトリングすることができる。現代のワイナリーでは、必要がなくてもすべてのワインでこの処置がとられている。だが、場合によってはワインの品質に悪影響を及ぼす可能性があるので、あくまでも原則は、人的介入を最小限に抑えるロー・インターベンション・ワインメイキングである。

酵母や細菌は、ワインに熱を加えれば死滅させられる。あるいは、ワインを濾過することで物理的に取り除くこともできる。ただし、加熱処理はワインにダメージを与える可能性があるため、十分な知識と経験を持つワイン醸造管理技術士の監督のもと、慎重に行う必要がある。また、

ボルドーの醸造所で使われている全自動充塡機。

それなりに電気料金がかさむ点にも注意が必要だ。

ワインの加熱処理には3つの方法があり、それぞれ温度と時間が決まっている。ボトリングする前のワインを75℃で瞬時に加熱処理するフラッシュ・パスツーリゼーション（P396参照）と、ボトルに密封したワインをボトルごと82℃でやや短めの時間をかけて加熱処理するトンネル・パスツーリゼーション（P394参照）、そしてワインを54℃で加熱処理して長時間高温にさらすホット・ボトリング（P393参照）である。

どのような方法であれ熱を加えるとワインにダメージを与えるという考え方もあるため、ワインの加熱処理についてはさまざまな議論がなされている。科学の見地からすれば、熱を加えると反応が速く進むので、ワインの熟成に影響を与えることは明らかだ。熟成とはワインに含まれる成分どうしの化学反応にほかならない。にもかかわらず、科学以外の見地からの意見も根強いため、論争の的となっているのだ。

たとえば、ワイン業界でも一目を置かれているブルゴーニュの生産者は、すべての赤ワインをフラッシュ・パスツーリゼーションだけで殺菌している。自分の造るワインにはこの方法がもっともよい結果をもたらすし、濾過よりも好ましいと考えているからだ。このワイナリーができたときの技術顧問が、パスツーリゼーションを考案したフランスの化学者ルイ・パスツールだったと聞けば、いまだにこの方法を採用しているのも納得できるだろう。

⊙ボトル洗浄

昨今では、新品のボトルを製造業者から直接購入して、ワインを充塡することが常識となっている。使用済みのボトルを洗浄・殺菌して再利用しないのは、生産性や経済性の観点からではない。使用済みのボトルが灯油やガソリン、もしくはほかの液体で汚染されている可能性があり、洗浄作業が難しいからである。

ボトル製造業者から購入するボトルは、前述したように製造直後にまだ熱を持った状態で収縮性のあるポリエチレン製のラップで覆われるため、ほぼ無菌状態である。理論的には、ボトリングをすぐに始められる状態で納品される。それでも食品技術者や小売業者からは、ボトル洗浄を求める声が多い。だが実のところ、衛生管理の行き届いた洗浄機を使用しない限り、かえってボトルを汚してしまうことになる。

ボトル洗浄機を使用する際、洗浄水には新鮮な水を使用しなければならない（決して再利用水を使ってはいけない）。さらにその洗浄水は、0.2μのメンブラン・フィルターで濾過するか、二酸化硫黄やオゾンで処理して微生物をすべて除去する必要がある。より入念に洗浄したい場合は、化学処理と濾過処理を併用するという手もある。巧妙な設計の洗浄機ならば、洗浄した後にボトルを傾けて水切りまでできる。またワイナリーの

ボルドーのセナックにあるシシェル社のボトル洗浄機。

なかには、濾過したワインを使ってボトル内に残る水分を洗い流しているところもある。

⊙ホット・ボトリング

ホット・ボトリングはもっとも低い温度で加熱し、もっとも長い時間をかけて冷ます方法である。具体的には、ワインを熱交換器に通して54℃に加熱したらボトリングし、栓をする。それからケースに入れて倉庫で保管し、ゆっくり常温になるのを待つというものだ。この加熱温度は、殺菌効果のある温度よりもかなり低い（そのため、病院などでは一般的に82℃以上で20分間加熱して滅菌する）。したがってホット・ボトリングは、熱そのもので殺菌するというよりは、酵母と細菌が好む温度よりも高い温度に長時間さらすことで生育できなくする方法である。

ホット・ボトリングの技術が開発された当初は、熱を加えることでワインがダメージを受けると考えられていた。それもあながち間違いではなく、実際にスクリューキャップを使用した大容量の安いワインでは茹でたキャベツのような風味がした。しかし技術が進歩し、±0.2℃の範囲で温度をコントロールできるようになったおかげで、濾過よりも品質のよいワインに仕上がるようになった。特に若くてあっさりした味わいのワインは、低めの温度で加熱することで、ややソフトでまるみを帯びた熟成感につながることもわかってきた。

前述のようにホット・ボトリングには、ワインをボトルに密封した後、ワインのみならずボトルやコルクに存在する酵母や細菌を生育できなくさせるという利点がある。また、ボトリングの際に殺菌専門の技術者をボトリングラインに配置する必要もない。だからといって、衛生管理に特段の注意を払わなくてもよいというわけではない。なぜなら、ホット・ボトリングは高熱によって大量の微生物を処理する方法ではないからだ。したがってボトリング後も、微生物負荷が大きくならないよう留意しなければならない。

そのほかに、ワインの充填量をコントロールするという具体的な問題もある。この処理を行ってからラベルに記載された容量どおりにワインを充填すると、室温に戻ったときに容量以下になってしまうのだ。そのため、充填後に容量が減ることを見越して、少し余裕を持たせて充填する必要がある。

⊙トンネル・パスツーリゼーション

フランスの偉大なる化学学者ルイ・パスツールは、牛乳やワインに熱を加えると劣化を抑えられることに気づき、パスツーリゼーション（pasteurisation：低温殺菌法）を考案した。ワインのボトリングではトンネル・パスツーリゼーションとフラッシュ・パスツーリゼーションの2つが用いられているが、先に使われるようになったのはトンネル・パスツーリゼーションである。これは、コルクで栓をした状態でボトルに入ったワインに熱を加える方法であり、ボトル内で殺菌をするので無菌操作の必要もなく、良好な衛生環境だけを心掛ければよいという利点がある。

その具体的な方法は、冷たいワインをボトリングして栓をしたら、ボトルごと82℃の熱湯が降り注ぐトンネルに送り込み、15分間かけて加熱処理を行うというものだ。ホット・ボトリングよりも高い温度だが、この全工程にかかる時間は約45分と短い。そして加熱処理が終わったボトルには、トンネルの出口で冷却水が噴射されるのでワインはすぐに室温に下がる。したがってワインがダメージを受けることはない。ただし、ワインの品質を維持するには緻密な温度管理が重要だ。管理体制が不十分だと、ホット・ボトリングが開発当初に言われていたのと同じような批判を免れない。

また、トンネル・パスツーリゼーションの装置は、大型のトンネル型ベルトコンベヤー、噴射機、ポンプ、熱交換器を備え、とても高価である。さらに、熱交換器を用いた加熱や冷却のためのコストもかさむ。それでも今日では、加熱によりガラス製のボトルが破裂してしまう恐れのあるスパークリング・ワインなどに広く使用されている。アスティの生産者に、濾過だけでなくトンネル・パスツーリゼーションも使用している理由を尋ねたら、「夜、安心して眠れるからだよ！」と答えたという話は、あまりにも有名だ。

熱湯を噴射するトンネル・パスツーリゼーション装置。

⊙フラッシュ・パスツーリゼーション

フラッシュ・パスツーリゼーションは熱交換器を利用して液体を一瞬で高温にしたのち、一瞬で冷却する殺菌方法である。牛乳には有害な微生物が多く含まれるため、この方法が昔から用いられ、パスチャライズド牛乳の場合は63～65℃で30分間加熱（低温保持殺菌）、または72℃以上で15秒以上加熱（高温短時間殺菌）し、一般に市販されている牛乳の場合は120～130℃で数秒間加熱（超高温瞬間殺菌）して造られる。一方、ワインは牛乳ほど有害な微生物を含まず、牛乳のようにタンパク質の変質を防ぐ必要もないので、それほど厳密に行う必要はなく、75℃で30秒間の加熱が一般的である。

ワインに使われるフラッシュ・パスツーリゼーションの装置は、貯蔵槽と充塡機の間に熱交換用の金属板を設置しただけのシンプルな造りとなっている。それでも一瞬で高温にし、一瞬で冷却するため、ボトリング前のワインに含まれる酵母や細菌を効果的に死滅させる。とはいえ簡単で便利な反面、ボトリング前に殺菌処理がなされるので、充塡機やボトルなどに雑菌が付着していればすぐに汚染されてしまう恐れもある。

したがってフラッシュ・パスツーリゼーションを使用する際には、充塡機やパイプなどを十分に洗浄しておかなければならない。そしてボト

ホット・ボトリングやフラッシュ・パスツリゼーションに使用される装置。

ルは、収縮性のあるラップできちんと包装され、品質が担保された新品をボトル製造業者から直接購入すること。コルクに関しても、二酸化硫黄あるいはガンマ線で殺菌処理された、密閉プラスチック入りの新品を購入することが求められる。ただし、こういった条件は従業員教育をしっかりと行えば比較的簡単に管理できる。そのためフラッシュ・パスツーリゼーションと、次に紹介する低温無菌化濾過は現在、ワイン業界で広く使用されている。

⊙低温無菌化濾過

加熱処理を好まないのであれば、残る無菌ボトリングのための選択肢は、フィルターによる微生物の除去、すなわち低温無菌化濾過（Cold Sterile Filtration）だけだ。この場合の「低温」は「冷やす」という意味ではなく、「ワインに熱を加えない」という意味である。低温無菌化濾過は操作が簡単でコストもあまりかからず、かつ信頼性も高いことから、もっとも広く利用されている無菌ボトリング技術である。濾過はワインの本質的な成分も除去してしまうという意見もあるが、その仕組みをきちんと理解し、注意深く作業をすればワインに与える影響は微々たるものだ。

ボトリングの段階まできたワインは、珪藻土による深層濾過（P344参照）はすでに済んでいるので、透明感も輝きもある。しかし、まだわずかに酵母や細菌を含んでいるため、精密な構造をしたフィルターでさらに濾過を行って除去しなければならない。その最終手段として、かつてはプレート&フレーム・フィルター（深層濾過の一種。P347参照）がよく用いられていた。しかしこのフィルター・シート（無菌シート）は構造上、繊維の隙間が比較的大きく、取り扱いを間違えれば、その隙間から酵母が通り抜けて深層濾過したワインに混入してしまう恐れもあった。そのため多種多様なメンブレン・フィルター（表面濾過の一種。P351参照）が登場して以降は、こちらのほうが広く利用されるようになり、このフィルターのおかげで消費者のもとに届くまでワインの品質が保たれるようになった。

ただし、メンブレン・フィルターを使って低温無菌化濾過を行う際にも気をつけなければならない点がある。それは、フィルターの孔径の選択だ。孔径が小さく密度の高いフィルターを使用するとワインに大きな影響を与え、ボディ感や風味をはぎ取ってしまう可能性もあるのだ。したがって、それぞれのワインのスタイルに合わせて適切な孔径のものを選ぶことが大切だ。たとえばフルボディの赤ワインならば、ボディ感を失わないように通常は0.8μのフィルターを使用するが、問題を起こしそうな微生物がいなければフィルターを使用しないこともある。一方、アルコール度数が低くて残糖度の高い軽めの白ワインならば、微生物の汚染を防ぐために0・45μのフィルターを使用するといった具合だ。

メンブレン・フィルターは丈夫で、孔径以上の大きさの物質をしっかり取り除くという利点がある一方で、目詰まりを起こしやすいという欠点もある。フィルター交換は高くつくので、この点からも孔径の選択には注意が必要だ。さらに濾過装置は、空気中に浮遊している酵母や細菌の混入を防ぐために、できる限り充填機の近くに設置することも重要になる。資金力のある大規模なワイナリーであれば、もっとも優れた濾過機能を発揮するクロスフロー濾過（P354参照）も選択肢に挙げられるだろう。

いずれにしても、低温無菌化濾過を実施する際に注意すべき点は次の5つである。

1 すべてのボトル、すべての栓は、殺菌処理された新品を購入する。

2 いたるところに微生物が存在していることをしっかりと認識し、ボトリングされたワインが汚染されないよう正しい技術を作業員に習得させる。

3 充填機をきちんと殺菌洗浄し、酵母や細菌が存在していないことを分析によって確認する。

4 メンブレン・フィルターによる最終濾過は、珪藻土フィルターを利用した濾過を行ったあとに（場合によっては、そのあとにプレート&フレーム・フィルターによる濾過も行ってから）実施する。

5 ボトリングおよび打栓はすばやく行う。

加えて、ボトリングしたワインのうち何本かをサンプルとして分析し、酵母や細菌が存在していないことを確認することも大切だ。どんなに優れた設備が整っていたとしても間違いが生じることはある。その際は、当然のことながら問題の原因を突き止めなければならない。出荷前のワインを再度ボトリングするコストなどたかが知れている。だが、分析せずに出荷して、リコールに発展してしまったときの代償は計り知れない。

瓶内熟成

ボトリングをしたあと、ボトルのなかで最後の熟成が進む。瓶内熟成は嫌気条件下で行われるため、これまでの熟成過程とはまったく異なる。つまり、酸素は重要な役割を果たさない。だが、果たして本当にそうだろうか。昔からボトルのなかでは天然コルクを通して微量の酸素が供給され、熟成が進むと考えられてきた。この考えは間違いとは言い切れず、実際にコルクが熟成過程で重要な役割を果たしている可能性も否定できない。また、スクリューキャップが使われるようになった結果、極めて微量の酸素が還元臭の防止に必要だということも明らかになってきている。この点に関しては、さらなる研究が望まれるところだ。

ボトルのなかでは主にワインに含まれる成分どうし、すなわちアルコールと酸と水の間で化学反応が起こっていることはわかっている。アルコールと酸がエステルをつくり、エステルは水によって分解されて再びアルコールと酸になる。そして、アルコールと酸はまた反応してエステルになるという具合に反応は続いていく。

熟成した赤ワインの風味成分には500種類を超える化合物が確認されている。そのなかにはアルコールや揮発酸、エステル、アルデヒド、ケトンなどが含まれるが、これらはすべてワインのなかで起きた反応（合成反応、分解反応、加水分解）により生成したものである。

ワインの瓶内熟成では、ワインと容器との接触面積も熟成速度に大きな役割を果たしている。つまり、ワインとの接触面積が大きいハーフボトルでは熟成がかなり速く進むのに対して、接触面積が小さいマグナムボトルではゆっくり進む。高品質のマグナムボトルのワインは、間違いなく成分がゆっくり反応したことに負うところが大きい。時間をかけるほうが反応の起こる機会が多くなるので、さまざまな種類の化合物が生成し、一層複雑さが増すことになるのだ。

ただし、嫌気的熟成をしている間、ワインは一定の条件下に置かなければならない。というのも、温度が急に変化するとゆっくり進んでいた化学反応が乱れてしまうし、紫外線などの光が当たると繊細な成分が分解されてしまうからだ。また、揺すったり移動させたりすると澱が沈まなくなる。したがってワインを貯蔵する際には、伝統的なワイナリーを見てもわかるように、低い温度に保ち、暗く乾燥したセラーでの熟成が理想的である。

トカイ・アスーを熟成しているシャトー・パジョスのセラー。

家庭でワインを貯蔵する場合に、こうした特徴を備えるワインセラーを用意できなくても諦めることはない。冷暗所で貯蔵すればワインへの影響も少なく、特段の問題はない。実際には低温の場所であればもちろん好ましいが、暗ければ温度はそこまで気にする必要はなく、階段下の収納庫や車庫の棚でもよい。逆に絶対に貯蔵してはいけないのは、日中は気温が高く、夜は冷え込む、ロフトのような温度変化の激しい場所である。

第19章

分析と品質管理

CHAPTER 19

QUALITY CONTROL & ANALYSIS

ワインには2つの欠点がある。水を加えればワインがダメになる。水を飲まなければ、あなたがダメになる。

――スペインのことわざ

分析はワインの品質を管理するうえで欠かすことのできない作業のひとつである。一方、品質管理は分析と比べると対象が広範囲に及び、その責任も製品や商品に携わるすべての人が負わなければならない。ブドウを栽培・収穫する農家から、運搬業者や圧搾作業者、醸造家、ボトリング業者、梱包業者、そして貯蔵管理者にいたるまで、すべての人がワインの品質管理に大きく関わっているのである。

ワインに含まれる重要な成分はすべて分析することができ、分析をすることによってその後の処置の進め方を判断できる。その方法はワイナリーの片隅でできる簡易分析から、ガスクロマトグラフィーや原子吸光分析計などを使った研究室レベルでの分析まで、さまざまなものがある。品質にこだわるワイナリーであれば、品質管理計画を定めるとともに分析体制を整えているはずだ。最近の全自動仕様の分析装置ならば結果をコンピュータに直接伝え、工程に反映させることまでできる。

品質管理計画

品質管理のための分析は実施しやすさだけでなく、有効かつ意義のあ

近年では全自動の成分分析器が主流になりつつある。

る結果を出せるように事前にスキームを構築しておかなければならない。考え抜かれた分析スキームは、保存期間の保証された健全なワインの生産に重要な役割を果たす。手書きによる記録にしろコンピュータ上での記録にしろ、目的もなくただ膨大なデータを集めるだけでは何の意味もなさない。

ワインの品質を管理するためには、ブドウの成熟度に始まり、搾汁、発酵、貯蔵、ボトリングにいたるまでの各工程で、必要に応じて分析を行えるようにしておかなければならない。より優れた品質管理計画はこれにとどまらず、ボトリング後のワインの寿命や返品されたワインの分析までをもその対象に含む。

記録と追跡

分析記録は醸造家にとって極めて重要である。各工程の成否の根拠を示すことができるのは、事実を反映した記録だけだからだ。分析に基づいて事実を追っていけば、改善を続けることもできる。分析記録体制をきちんと整えているワイナリーでは、ワインのロット番号から履歴をたどり、ブレンド前の個々のワインの成分や、使用したブドウや畑に関する情報まで追跡が可能だ。こうした詳細な履歴は品質向上につながる情報としてだけでなく、クレームや調査が入った際に有効な資料として利用することもできる。このような追跡記録体制は一般的、と言いたいところだが、その意味をまだ理解していないワイナリーも少なからずある。

しかしヨーロッパでは、委員会規則178／2002号に「製造から販売にいたるまでのすべての工程において食品を追跡できるような体制を構築しなければならない」と明記されたことで、ワイン醸造の工程においてもブレンドやロットの履歴からブドウを収穫した畑まで追跡できる体制をつくっておくことが必須となった。その追跡記録はノートに記載してもいいし、コンピュータでデータ保存してもかまわないが、大量のテーブルワインを製造しているワイナリーの場合、最終ブレンドには国内各地から集まってきたさまざまなワインを使用しているので厄介だ。こうした問題に対処するために、ワインが仕上がるまでの詳細な過程を記録できるような独自のコンピュータソフトを導入しているワイナリーもある。

また、販売元が指定する一定の品質基準のブランドワインを大量に製造する場合には、製造元は販売元とすべての重要な要素について誤差も含め、技術的明細事項に同意しておく必要がある。その明細事項の基礎となるのが408ページに掲載したような成分分析表であり、ワインを出荷する際には各成分が条件を満たしていることを確認しなければならない。

成分分析

販売元や各種認証機関からの成分分析に対する要求は日に日に細かくなってきている。そのため、それぞれの要求に合わせて最新機器を購入するとコストがかさむ一方だ。けれども、各ワイナリーが最新の分析機器や分析室を整備する必要はなく、認定分析機関を利用すればよい。実際、外部の分析機関を利用して品質管理をするワイナリーが増えている。

次のページには、そうした関係各所からの要求に対し、一般的にワイナリーが使用している成分分析表を掲載した（研究機関などで必要とされるような専門的なものではない）。このなかで挙げられている成分は、天然由来のものと添加物、そして汚染物質である。

⊙密度

ワイン造りにおいて密度そのものに特に意味はないが、ほかの測定値と組み合わせることで有用な情報を得られる。たとえば糖が増えると密度は高くなり、アルコールが増えると逆に低くなる。密度は、比重計を使うことで簡単に測定できる。比重計はガラス製で、釣りで使う細長い浮きのような形状をしていて、頸部に目盛りがついている。密度が低いほど液体に沈む性質があるため、測定するときはメニスカス（液体表面）と目線を同じ高さにして、目盛りの数値を正確に読み込む必要がある。

ワインの成分分析表

ワイン：ミディアム・ホワイト・VdT（ヴァン・ド・タヴォラ）				*Ref No* 05/219
分析	単位	最小値	実数値	最大値
アルコール	% vol	11.0	11.5	12.0
乾燥抽出物	g/ ℓ	24	28	32
無糖抽出物	g/ ℓ	16	18	20
残糖	g/ ℓ	8	10	12
総酸（酒石酸）	g/ ℓ	7.0	7.5	8.0
揮発酸（酢酸）	g/ ℓ	-	-	0.6
遊離型二酸化硫黄	gm/ ℓ	35	40	45
総二酸化硫黄	gm/ ℓ	-	-	260
アスコルビン酸	gm/ ℓ			150
ソルビン酸	gm/ ℓ		無	200
カリウム	gm/ ℓ	-	-	1000
カルシウム	gm/ ℓ	-	-	100
ナトリウム	gm/ ℓ	-	-	30
鉄	gm/ ℓ	2	-	10
銅	gm/ ℓ	-	-	0.5
二酸化炭素	gm/ ℓ	600	800	1000
溶存酸素	gm/ ℓ	無	無	0.3
濾過性指数	min/100	-	-	30
微生物値	cols/mℓ	-	無	100

なお、比重と密度は同じ数値を示しはするものの、まったく違うものを測定しているので、混同しないように注意していただきたい。比重とは、同じ容積の水と液体との質量比であり、「比」であるため単位は存在しない。一方、密度とは、ある一定温度における単位体積当たりの液体の質量であり、ヨーロッパでは20℃における1ℓ当たりのグラム数（g／ℓ）［訳注：国際単位系ではkg／㎥］で表される。また、液体の比重の計量単位は国によって以下のような違いがあり、現在でもそれぞれの伝統を受け継いでいる。

- ボーメ度（°Be）＝比重×1000（フランス）
- エクスレ度（°Oe）＝°Be－1000（ドイツ）
- クロスターノイブルガー・モストヴァーゲ（KMW：Klosterneuburger Mostwaage）＝1・53×°Be（オーストリア。イタリアでは「Babo」として知られる）
たとえば、ワインの比重が1・085であれば、1・085＝1085°Be＝85°Oe＝130KMWとなる。
- ブリック（Brix）値は、ボーメ度やエクスレ度、KMWとは関係なく、ショ糖溶液の質量百分率に関係する値であり、簡易屈折計の較正に利用される。

より正確な密度を求めたい場合には比重瓶（ピクノメーター）が使用される。これは精巧にデザインされた小さな瓶で、再現性に非常に優れている。そのほか、液体を注入した小さなガラス棒を振動させて（密度が高ければゆっくり振動する）、自動で密度を測定する少々高価な振動式密度計もある。

⊙アルコール度数

アルコール度数を分析する理由は大きく2つある。ひとつは、テーブルワインのアルコール度数と価格が深く関係しているからである。要するに、アルコール度数11%のテーブルワインは10%のワインよりも価格が高くなるため、正確なアルコール度数を測定する必要があるのだ。もうひとつは、EUではすべてのワインラベルにアルコール度数を±0.5度の許容誤差内で明記することが義務付けられているからだ。正確なアルコール度数のラベル表記は法で定められた義務なのである。

この2つの理由に加えて、もうひとつ理由を挙げるとすれば、アルコール度数に対する消費者のイメージがある。実際のところ、消費者のなかにはアルコール度数の高さもワインの品質の一部としてとらえ、アルコール度数を確かめてから購入する者が多い。だが残念ながら、ワインのアルコール度数と品質には何の関係もない。たとえばＡＯＣボルドー・シュペリウールの最低アルコール度数は、ほかのボルドーワインよりも高く設定されているが、それが品質の高さを意味するわけではない。ワインの品質に重要な役割を果たすのは果汁に含まれるさまざまな成分の濃度であり、アルコール度数の高さは付随的なものにすぎないのだ。

なおアメリカやイギリスでは、古くからスピリッツのアルコール度数を表す際に「プルーフ（proof）」という単位が用いられている。プルーフの伝統的な測定方法はとても斬新だ——液体と火薬を混ぜ、マッチで点火する。理論的には、火薬が点火すればスピリッツの強さが「proved（証明された）」ことになるのでオーバー・プルーフと呼ばれ、逆に火が着かなかった場合にはアンダー・プルーフとなる。実験で確かめたところ、「プルーフ・スピリッツ」や「100プルーフ」と示されたイギリスのスピリッツの実際のアルコール度数は57％だった。このアルコール度数ならばゆうに火が着く。もっとも多くイギリスで売られていたスピリッツは70プルーフで、アルコール度数に換算すると40％となる。つまり、100％のエタノールならば175プルーフになる。一方、アメリカではアルコール度数の2倍の値をプルーフとして使用する。つまり、アルコール度数が40％のものを80プルーフと表記するので、非常に紛らわしい事態を招いている。

しかし幸いなことに、アルコール度数に関してはワインに含まれるエタノールの体積の割合、すなわち体積《ボリューム》パーセント（％ vol）で表記するようEU本部が定めたおかげで、このようなややこしい事態は免れた［訳注：日本では「％」のみ、もしくは「度」を使用している］。アルコール度数を体積百分率で表すと、数値はかなり低くなる。これは、アルコールの密度が水よりもかなり低いからだ。気温20℃で水の密度は0・998g／mℓ、エタノールの密度は0・789g／mℓである。

ただし、エタノールは反応性がとても低いので、化学的な手法を用いた分析が極めて難しい。そこで伝統的にアルコール分析には、水とアルコールの密度の違いを利用した蒸留法が用いられてきた。蒸留法ではまず、試料のワインを加熱し、蒸気を冷却器に通して凝縮した液体を集める。これは、アルコールとワインに含まれるほかの成分（密度に影響を及ぼしている可能性がある）とを分離するためだ。そうして回収した蒸留液の密度を測定し、正確なアルコール度数を割り出していた（その際に対照表を用いると、密度の変化に対応してアルコール度数を求めることができる）。この蒸留法は数百年にわたり公式な標準測定方法として採用されてきたが、正確な数値を求めるには熟練した技術者が操作する必要があった。それでも蒸留法は高く評価されていたため、吸光度などの物理特性を利用した現代的な機器による測定は、１９９７年までは公式な標準測定法として認められていなかった。

　吸光度を利用した分析とは、近赤外領域（ＮＩＲ）におけるアルコール（特にエタノール）の吸光度に基づいてワイン中のアルコール含量を測定するというものだ。これは、試料のワインを吸光度計にセットしてボタンを押すだけで分析結果が出てくるという非常に簡便な方法であるので、現在では毎日数百にも及ぶサンプルが送られてくるワイン生産国の分析機関で広く利用されている。

伝統的なアルコールの標準測定法（蒸留法）

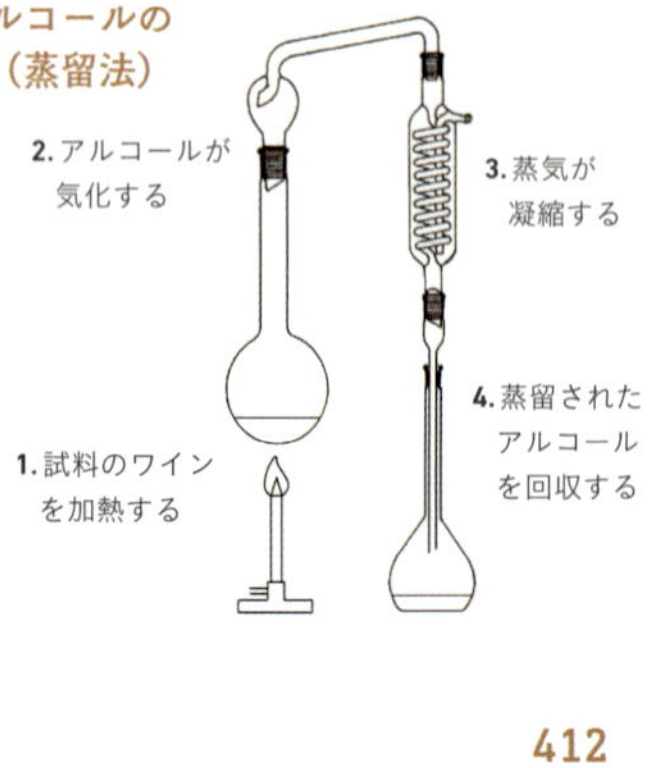
2. アルコールが気化する
3. 蒸気が凝縮する
4. 蒸留されたアルコールを回収する
1. 試料のワインを加熱する

また現在では、アルコール分析にガスクロマトグラフィーもよく用いられている。ガスクロマトグラフィーは、熱により簡単に蒸発する揮発性物質の分析に最も利用されている手法であり、ワインに含まれるメタノールや炭素数の多いアルコール（フーゼル油。P270参照）も簡単に測定できる。その方法は、吸収性物質（固定相）が充填されている長細い管（カラム）に少量の試料を注入し、不活性ガスとともにカラム内を流して最後に検出するというものだ。もう少し補足すると、カラムには熱がかけられていて、アルコールはその内部で気化する。このとき、揮発性アルコールの気化する温度はそれぞれ異なるので、カラムを流れる間に分離されていく。そして、カラムの排出口に設置された検出器で分離されたアルコールの定量を順に記録していくという仕組みだ。

これらの測定方法による結果は、いずれもワインに実際に含まれるアルコールの量であるため、「純アルコール度数（Actual Alcohol）」と表記される。しかしワインに糖分が残っている場合、何らかの要因で発酵が起これば、さらにアルコール度数が増すことになる。この変数値は「潜在アルコール度数（Potential Alcohol）」と呼ばれ、これと純アルコール度数を合わせたものが「総アルコール度数（Total Alcohol）」となる。

近赤外領域におけるアルコールの吸光度を利用した標準測定法

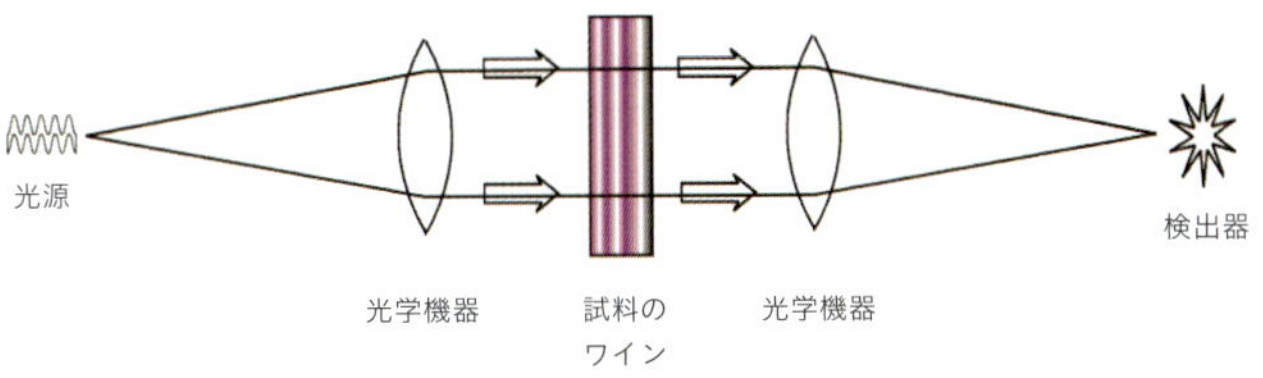

⊙総乾燥抽出物

総乾燥抽出物と聞いてもピンとこない方も多いだろう。一般に総乾燥抽出物とは、ワインを1気圧、100℃で乾燥させたのちに残留する不揮発性物質と定義されている。こうした条件下では水とアルコールは蒸発し、糖やグリセロール、不揮発性酸、ミネラル、ポリフェノール、そのほかの微量成分が残る。しかしこの方法は時間がかかりすぎるため、実際の総乾燥抽出物の測定には別の方法が用いられている。タバリーの式に密度とアルコール濃度の数値を代入する方法で、これにより大幅に時間を短縮しつつ、総乾燥抽出物の量を正確に算出することができる。

総乾燥抽出物の量がわかると、たとえば辛口の白ワインの場合、水で希釈していないかどうかを判断できる。辛口の白ワインの総乾燥抽出物はおおむね16～20g／ℓに収まる。つまり、水で希釈していなければ、通常はこれだけの不揮発性物質が含まれることになる。また、ボリューム感のあるワインならば、より高い数値の総乾燥抽出物が検出される。

総乾燥抽出物の量は、糖が残っている場合には残糖の量からも概算できる。たとえば12g／ℓの残糖を含む中辛口のワインの場合は、総乾燥抽出物の量が28～32g／ℓになる。また、総残糖度を正確に分析していれば、総残糖の量を総乾燥抽出物から引いて無糖抽出物の値を得ることもできる。さらにこの値を中辛口ワインの総乾燥抽出物として想定される値と比較することで、希釈などの偽造行為を検証することも可能になる。

⊙総酸度

総酸度（Total Acidity）とは揮発酸を含むすべての酸の総量を意味し、ワインの分析において重要な指標となる。総酸度は滴定で分析するため滴定酸度（Titratable Acidity）とも呼ばれるが、どちらの名前であろうと結果は同じで、ともにTAと略される。

総酸度は、学校で化学を習った人にはおなじみの滴定法によって簡単に測定できる。ピペットでワインをフラスコに測り入れ、そこに標準アルカリ溶液を中性になるまでビュレットで滴下するだけでいい。その中和点（終点）は、中性になると色が変わる指示薬をフラスコにあらかじめ加えておくことで判断できる。アルカリ溶液の滴下量とワインの総酸度は比例するが、赤ワインの場合は色の変化を識別しにくいため、現在では精度の高いpHメーター（P418参照）が広く使用されている。

ワインの酸度を1種類の酸ではなく、すべての酸を総酸度として示す理由は、伝統的に国によって測定方法が異なり、混乱が生じていたからだ。現在EUでは、総酸度を酒石酸で換算している。酒石酸がワインにもっとも豊富に含まれる酸であることを考えると、これは妥当な判断と言えるだろう。だがフランスでは、いまだに硫酸換算に固執している。そ

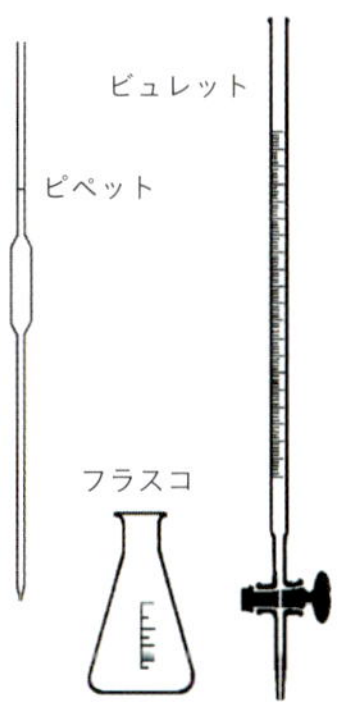

総酸度測定用の実験器具

のためEU基準の酒石酸に換算するときは、硫酸による換算値に1・531を掛けなければならない(ワインに含まれる硫酸は酒石酸のおおよそ半分である)。

多くの醸造家は果汁の総酸度を常に気にしていて、発酵前に最初の調整を行ったりもしている。発酵後のワインでも酸度の調整は許可されてはいるが、発酵前の調整と比べると、その効果はあまり期待できない(補酸についての詳細はP133を参照)。したがって発酵前と発酵後、両方の総酸度を滴定し、確認することが望ましい。

なおEUでは、テーブルワインに含まれる酸の基準を酒石酸換算で4.5g/ℓ以上と定めている。しかし、その基準の下限に近い数値のワインは薄っぺらい味わいになるので、実際のところこの規定はまったく意味をなさない。ワインにとって大事なのは味であり、味に間違いがなければ、そのワインは正しいワインなのだ。

総酸度は分析方法が簡単なので、ブドウ果汁の段階からボトリング直前まで滴定される。たとえばボトリング直前に総酸度を測っておけば、ボトリング時にワインが水で希釈されなかったかどうかを調べることができる。ボトリング工場に送ったワインの総酸度と、ボトリングラインから出てきた1本目のワインの総酸度とを比較すればいいのだ。ボトリング前よりもボトリング後のほうが数値が小さければ、ボトルを洗浄する際の水で希釈されたことを意味する。万が一、そうした事態が起こったら、その差がなくなるまで調整を行ってから、ボトリングを再開する必要がある。

⊙水素イオン指数（pH）

pHの概念は少々ややこしい。総酸度と同じようにpHも酸の濃度を示す指標だが、数値の表現方法が逆になる。つまり、酸が多ければ総酸度の数値も大きくなるのに対し、pHは逆に数値が小さくなるのだ。

pHはフランス語のプヴォワー・ハイドロジェン（Pouvoir Hydrogène：英語ではハイドロジェン・パワー［Hydrogen Power］）が語源で、「水素の力」という意味である。pH自体は、水素イオン濃度の常用対数（10を底にした対数）に負号（マイナス）をつけた値と定義される。難しいかもしれないが、ワイン造りでは以下の基本的な点を理解しておけば十分だ――pHは0～14のスケールで表され、7が中性（真水）で、0に近づくほど酸性が強く（硫酸）なり、14に近づくほどアルカリ性が強く（水酸化ナトリウム）なる。このスケールのうち、ほとんどのワインはpH2.8～4.0の範囲に入る。たとえば、酸の多いミュスカデはpH2.9、温暖な気候の赤ワインやオーストラリア産メルローなどは3.5程度だ。このようにワインのpH値の範囲はそれほど広くないが、0.2の差が大きな違いを生む。

pHと総酸度の間に直接的な関係はない。ワインには、総酸度を変えることなくpHに影響を与える天然の塩が含まれているからだ。そのため同じ総酸度であるにもかかわらず、pH値の異なるワインが存在する。逆も

酸とアルカリのpH値

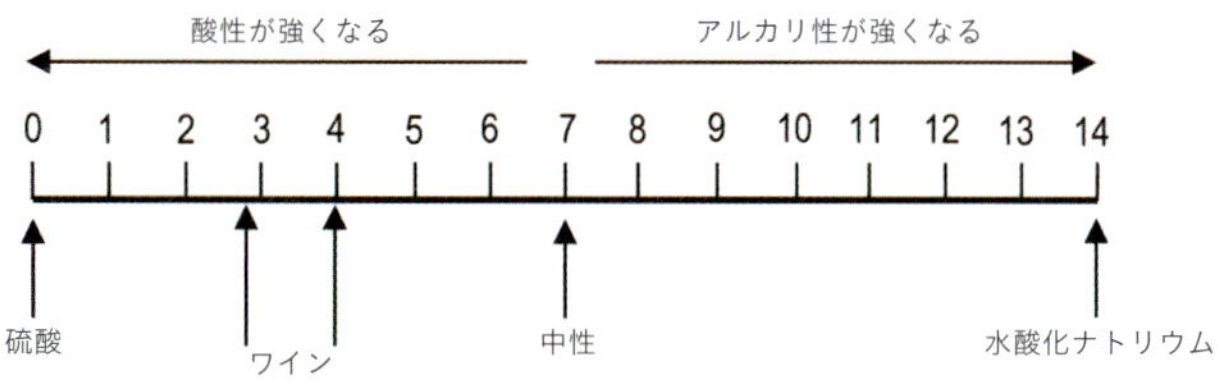

しかりである。pHは色調や味わい、そして品質維持に影響を与える（特に分子状二酸化硫黄と関係する）ので、ワイン造りにおいては総酸度よりも重要とされている（分子状二酸化硫黄とpHの関係についてはP329を参照）。したがって、pHがワインの本当の酸を示す指標と考えて問題ない。

pH値は、安価で簡単に手に入るpHメーターを使って手軽に測定できる。容器に試料のワインを入れ、ガラスの薄膜で覆われた電極を浸すだけでいい。すると計器が自動で数値を読み取ってくれる。ただし、電極が徐々に変化するので、毎回使う前に較正する必要がある。とはいえ較正の操作も面倒なものではなく、pH測定用の錠剤を購入して水に溶かせば正確なpHの標準液が得られる。

⊙揮発酸

揮発酸とは、ワインを沸騰させると蒸発する酸の総称であり、そのなかでも一番多く含まれるのが、アルコールが酸化して生成する酢酸（ヴィネガーの主成分）だ。ただし、ワインに含まれる大部分の酸は酒石酸など不揮発性の酸である。

揮発酸の古典な測定方法は、ガラス容器にワインを入れて沸騰させ、蒸留して集めた揮発酸にアルカリ性溶液を滴定し、総量を割り出すというものだ。その際に蒸留装置も含め、常に同じ条件で測定する必要がある。なぜなら、揮発酸には沸点の異なる酸が含まれているからだ。もし測定のたびに条件が異なれば、結果の意味も変わってきてしまう。もうひとつ、エステルの生成も問題になる。エステルは中性の物質で、酸ではないので滴定には含まれない。さらに酢酸菌が活発だと、揮発酸量が絶えず変わってくるので、分析機関との諸条件の擦り合わせが難しい場合もある。

揮発酸も総酸度と同様に、1種類の酸、すなわちもっとも多く含まれる酢酸換算で表される。ところがフランスでは、ここでも硫酸換算に固執している。したがって酢酸に換算する際には、硫酸による換算値に1・225を掛けなければならない。

⊙残糖

残糖度の測定には、昔からフェーリング液（銅を含む塩との反応を利用して還元糖を検出する試薬）がよく使用されている。フェーリング液は、1839年から82年までドイツのシュトゥットガルト技術専門学校で化学教授を務めていたヘルマン・フォン・フェーリングによって発明され、滴定が簡単でワインに含まれる残糖度を正確に測定してくれるため、現在も食品分析機関で広く使用されている。

その一方で、最近は高速液体クロマトグラフィーを使用する分析機関も増えている。これはアルコールを分析するガスクロマトグラフィー（P413参照）と似た分離分析法であり、吸着剤を充填した長細い管（カラム）にワインを通し、カラムから順番に溶出する分離された糖を検出する。カラムにワインを注入してから検出するまですべて自動化されていて、結果はコンピュータに送られ、必要とあらば即座に検索することもできる。高速液体クロマトグラフィーはワインに含まれる残糖を完全に検出できる高性能の分析装置で、特に試作段階で有用だ。

なお、発酵前の果汁の糖度は密度を測定して得られるが、発酵後のワインの場合は水よりも密度の低いアルコールが密度値に影響を及ぼすので、密度から糖度を得ることはできない。屈折計も同様に、アルコールと水の屈折率が異なるため利用できない。

⊙酒石酸安定性検査

酒石酸を安定させるためにワインを冷却する工程を経たとしても、ボトリングの前にワインが安定していることを必ず確認しなければならない。酒石酸の安定性を確認するには、少量の試料をマイナス4℃で3日間冷却し、結晶の析出を調べる方法が一般的だ。結晶が析出すればワインは不安定なので、さらなる処置が必要になる。また結晶がなかったとしても、安定していることを保証するわけではない。結晶の析出を妨害するコロイドが存在している可能性があるからだ。

そこで近年では、もう少し精度の高い検査方法が開発されている。そのひとつに、カリウムやカルシウム、酒石酸、アルコール、pHなど、酒石の結晶化に影響を与える物質の濃度を計る方法がある。これらの測定結果を公式に代入し、ワインが安定か不安定かを判断するのだ。

さらに効率的で実践的な方法もある。電気伝導率を利用して、ワインに溶解している塩の濃度を測定する方法だ。具体的には、細かく砕いた酒石酸水素カリウムの結晶をワインに加えて0℃で撹拌し、伝導率を測定する。伝導率は塩の濃度が高いほど大きくなるので、測定した伝導率が大きければ結晶が溶解したことを示している。つまり酒石酸は飽和しておらず、ワインが安定していることがわかる。逆に伝導率が小さければ、酒石酸が結晶化し始めている。つまり酒石酸は過飽和状態にあるため、ワインが不安定だとわかる。

この方法は簡単でありながら有用な結果も得られるが、もっとも確実で信頼できる結果は、分析者が熟知しているワインから得られる。なぜなら、ワインの種類ごとに特徴が異なるからだ。言い換えると、さまざまな種類のワインを大量に扱い、しかもそれぞれの特徴を完全には把握していないボトリング業者よりも、自分のワインを熟知している生産者向きの方法だということだ。とはいうものの、この方法を含め、これまで紹介した酒石安定性検査はいずれも常にうまくいくとは限らない。ワインは結晶化を妨害するコロイド物質を多く含むため、複雑な構造をしているからだ。結局のところ、酒石結晶には何ら害がないことを消費者に伝えていくほうが簡単ではないだろうか。

⊙タンパク質安定性検査

ワインに濁りや沈殿物といった問題を引き起こす不安定なタンパク質は、少量のサンプルを80℃に熱したあと、室温まで下げることで簡単に調べられる。そのサンプルに透明感や輝きが残っていれば安定していることになるが、濁りや沈殿物が生じた場合は清澄しなければならない。分析機関ではこのような条件を設定し、その結果により処置の必要性を判断している。分析が品質管理にうまく生かされている一例である。

このほか、リンモリブデン酸の溶液を加えて不安定なタンパク質を検査する方法もある。その溶液として広く使用されているのが、即時にタンパク質を凝固させ、濁りを可視化できる特殊な試薬、ベントテスト（bentotest）である。これを利用した検査は非常に有効ではあるが、処置が不要なワインにも敏感に反応してしまうという欠点もある。そのため酒石安定性検査と同じように、ワインの個性や傾向を把握している生産者が検査を行うともっとも信頼性の高い結果が得られる。

認可されている添加物

使用が認められている添加物を加えたら、正確な量を確かめるために、その後も必ず分析しなければならない。最新技術を備えたワイナリーで、最高の品質管理が行われているにもかかわらず、知らず知らずのうちに添加物を二度加えたり、同じ作業に従事している2人の作業員が、互いにもう1人が添加したと思い込んで放置したままだったりといった事例がままあるのだ。したがって、日頃から必ず記録を取るようにすることが大切だ。

⊙二酸化硫黄

添加物に関する品質管理項目のなかでもっとも頻繁に確認が行われているのが、遊離型二酸化硫黄の濃度である。ワインを守ってくれる二酸化硫黄は、酸素があると自ら壊れてしまうからだ。これは、ワインに溶け込んだ酸素がさまざまな成分を酸化する前に、溶解した酸素を二酸化硫黄が取り除くことで起こる現象である。二酸化硫黄は酸素と反応して硫酸となり、消滅してしまうのだ。したがって醸造工程ごとに二酸化硫黄の濃度を確認して、適量を維持するよう努めなければならない。

二酸化硫黄の検査自体はテーブルの上で簡単にできる。市販の小さなガラス製キットと、ヨウ素酸カリウムやヨウ素の溶液を購入して、遊離型二酸化硫黄を酸化滴定するだけだ。これにより、ワインに含まれる二酸化硫黄の量が得られる。ただし、この検査には、ヨウ素がワインに含まれる二酸化硫黄以外の物質も酸化させてしまうという欠点がある。特にアスコルビン酸が含まれている場合、ヨウ素が二酸化硫黄と同じようにアスコルビン酸とも反応してしまうので問題となる。

そこでより正確な結果を求めるのであれば、ブランクテスト（空試験）を行う必要がある。その際には2つのサンプルを用意し、2つ目にアセトアルデヒドを添加して、ヨウ素滴定を行う前にすべての遊離型二酸化硫黄と結合させる。こうすることで、本来は二酸化硫黄と反応するはずだったほかのすべての物質の総量がわかる。あとは、最初の滴定で得られた数値からブランク値（空試験値）を引いて、最終的な数値を導き出せばいい。

しかし真に正確な方法は、過酸化物法や吸引法など、さまざまな名称で呼ばれるＥＵ公認の標準法だけだ。この方法では、下の図のような装置を用い、次のような手順を踏む。まずワインのサンプルが入ったフラスコから、特殊な吸引器を使って空気をゆっくり引き抜く。すると、泡と一緒に遊離型二酸化硫黄が運び出され、不揮発性物質が残る。それから、二酸化硫黄を含む気流を過酸化水素溶液に通過させる。その結果、二酸化硫黄は酸化して硫酸となり、最後にその硫酸を水酸化ナトリウムの標準溶液で滴定することで、遊離型二酸化硫黄の量を導き出す。

また、同じ実験装置一式を使って、総二酸化硫黄も測定することができる。その場合はまず、ワインのサンプルをアルカリ性溶液で処理して二酸化硫黄とほかの物質の結合を解き、遊離型二酸化硫黄にする。それから同様の手順を経て滴定すれば、最終的に総二酸化硫黄の量が得られる。ワインに含まれる総二酸化硫黄の量はＥＵでは委員会規則で定められているため、どの醸造工程においても二酸化硫黄を添加した際は分析を行い、基準値以下に収めるようにすることが大切である。

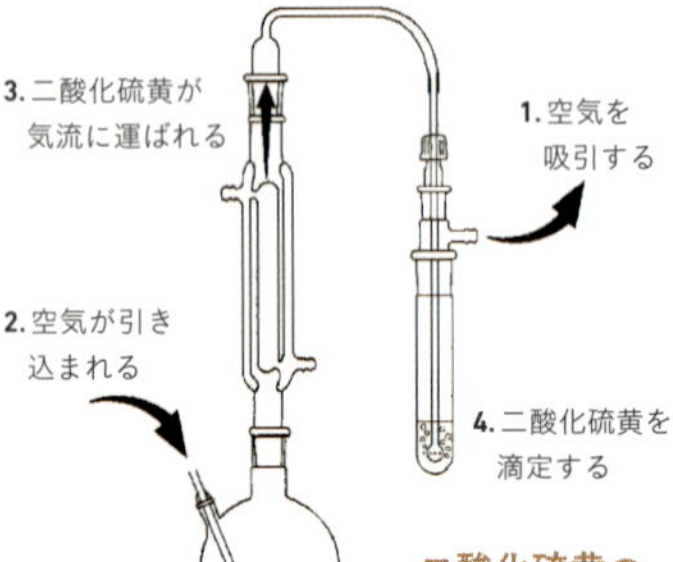

二酸化硫黄の
標準測定法

⊙そのほかの添加物

アスコルビン酸やソルビン酸は簡単な分析法で測定できる。どちらも法律で基準値が定められているので、添加した際には必ず分析して、含量が基準値以下に収まっていることを確認する必要がある。一方、メタ酒石酸とクエン酸の分析方法は複雑なため、法律上、検証が必要な特殊な場合にのみ測定が行われる（ただしEUでは、どちらの添加物にも基準値が定められている）。

汚染

⊙酸素溶解

酸素はワインが空気と触れると溶け込み、溶け込んだ瞬間からワインに含まれるさまざまな成分を破壊し始める。ワインが二酸化硫黄を含んでいても、すぐには酸素と反応せず、その効果を発揮するまでにはある程度の時間がかかる。そのためワインの安全を保つには、ワインが酸素と触れないように管理し、ワインの溶存酸素量を定期的に確認し続けるほかない。

一般的な室温（20℃）では、約8㎎／ℓの酸素がワインに溶け込む。だが、貯蔵槽の上部の縁ぎりぎりまでワインを充填して密閉すれば、二酸化硫黄の作用により、10日もすると1㎎／ℓほどにまで酸素が減少する。ただし、ワインを動かすたびに必ず酸素が溶け込むので、溶存酸素の量を測定し続け、最小に抑えるようにする必要がある。また、溶存酸素は温度が低くなるほど安定するのと同時に、溶解量も増える。たとえばマイナス5℃のワインは、20℃のワインの約2倍の酸素を溶かし込む。したがって、冷やしたワインは室温に置いているワインよりも慎重に取り扱わなければならない。

溶存酸素の量も、専用の計測器を使えば簡単に測定できる。とはいえ間違った結果が出やすく、較正をしてもすぐに電極に狂いが生じるため、慎重に操作することが求められる。空気中には約21％の酸素が含まれていることを考慮し、分析結果に影響が出ないように計測器を扱うことも大切だ。結局のところ、真に正確な数値を測定するには、密閉された試料容器から計測器に直接サンプルを送り込む方法しかない。そうすれば空気中の酸素に汚染されることがなく、間違った結果の出る可能性も排除できる。ただし、頻繁に較正をする必要はある。

⊙鉄と銅

鉄と銅はブドウ果汁に含まれる天然成分だが、ワインのなかに過剰に存在していれば、何らかの原因で混入したものと考えられる。ワインに含まれる天然由来の鉄の濃度は約10㎎／ℓであるが、これ以上の濃度になると、古い亜鉛めっき製のバケツや旧式の圧搾機のコーティングが剥がれ、鉄がむき出しになっている可能性が高い。一方、ワインに含まれる天然由来の銅の濃度はとても低く、0.2mg／ℓ以下である。この濃度よりも高い場合はやはり混入していると思われ、その理由として、青銅製の継手やポンプを使用しているか、ブドウ畑で成長期後半にボルドー液（硫酸銅と生石灰の溶液を混合した殺虫剤）を散布した可能性が考えられる。鉄も銅も酸化や沈殿物の原因となるため、過剰に含まれる状態は望ましくない。

ただし、銅には微量の硫化水素を除去する洗浄作用があるので、極少量ならば有効に働く。硫化水素は二酸化硫黄が還元されて生成する、腐った卵のようなにおいの原因物質である。こうした硫化水素の問題は、ワイナリーから銅や青銅製の装置が消え、代わりに化学反応の起こらないステンレス製の装置が使用されるようになったことで頻繁に発生するようになった。そのため現在では、硫酸銅を少量加えて、硫化物を不溶性の硫酸銅として沈殿させる操作が行われることもある（P335参照）。興味深いことに、昔ながらのワイナリーではパイプも銅でつくられているが、ワインが銅でひどく汚染されることはめったにない。これは、パイプの内側が黒色の硫化銅で覆われ、反応性の低い状態を保っているからだ。

かつての鉄や銅の分析方法は難しいうえに時間を要するものであったが、現在では原子吸光光度計（Atomic Absorption Spectrometer）のような分析機器で簡単に測定することができる。原子吸光光度計は、特定の元素でできた電極の光源ランプから放出された光線が高温の炎のなかを透過する仕組みで、その炎にワインを噴射して原子化させることで吸収スペクトルの変化を測定し、含まれる元素を検出する。これにより、ワインに含まれる種々の金属の濃度を正確に測定できる。準備が必要なのは、各元素に合わせた特殊なランプだけだ。

⊙ナトリウム

ワインにはカリウムが豊富に含まれているが、ナトリウムはそれほど多くない。通常であれば、カリウムが1000mg／ℓ、ナトリウムが20mg／ℓほどになる。だがイオン交換をすると濃度を大幅に変えることができ、特にナトリウムは10倍まで濃縮可能である。したがってワインに含まれるナトリウムの含量はイオン交換を利用して測定する。ナトリウムが放出する、街灯でおなじみの黄色い波長の光は炎光光度計（Flame Photometer）で簡単に検出できる。

高度な分析方法

ここまでは、ワインの分析機関で長年にわたり利用されてきた分析方法を紹介してきたが、現在はＤＮＡ分析という新しい方法も導入されている。これにより、ここ10年ほどで情報が揃い始めたデータベースを参

原子吸光分光計による鉄と銅の分析

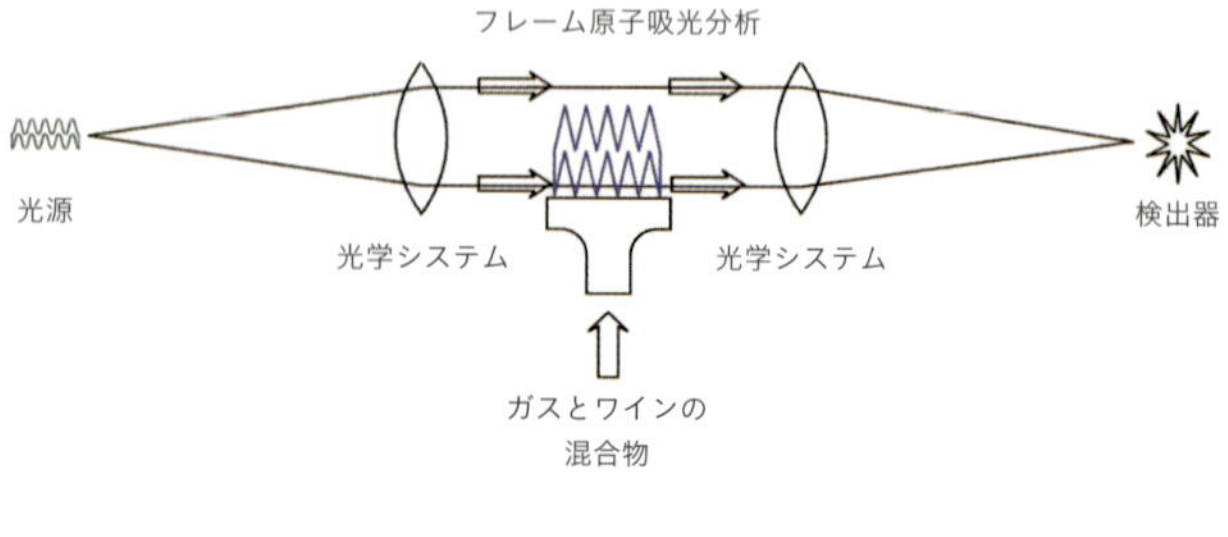

照して、原産地やヴィンテージまで確認できるようになった。

また、本章ですでに紹介したガスクロマトグラフィー（GC）と高速液体クロマトグラフィー（HPLC）も、ワイン分析では新しい技術ではないものの、質量分析法を併用することで重要性が増している。GCは昔から有効な分析技術ではあったが、質量分析器（MS：Mass Spectrometry）が登場するまでは、分離した物質の同定は簡単ではなかった。しかし現在では、GCの出口に質量分析器を装着することで、それぞれの物質をイオンレベルまで分解して同定することが可能になった。さらに、ひとつ目の質量分析器の後ろにもうひとつ質量分析器を装着すると、より正確な結果が得られる。この方法はそれぞれの頭文字から「GC／MS／MS」と呼ばれている。

最近では分析内容が全般的に複雑になっていることから、高額な投資が必要であるにもかかわらず、GC／MS／MS用の装置を備えている分析機関が多い。この装置を使えば、分析ごとに計測器を変える手間が省け、時間も節約できる。

微生物分析

酵母や細菌はワイン造りにおいて重要な役割を果たしているが、ボトリングの際には好ましくない存在となる。だが、伝統的な製法で造られた辛口のワインでは、酵母や細菌がいても問題はない。細菌はアルコールと酸が含まれるワインという環境のなかでは生きていけないし、酵母も栄養がないのですぐに死んでしまうからだ。ところが残糖を含むワインの場合は状況が一変する。酵母が存在したままワインをボトリングすると、瓶内で再発酵し、悲惨な結果を招くことになるのだ。そのため、無菌ボトリングの技術はもちろんのこと、微生物の存在を確認する信頼性の高い分析も必要となる。

下のサッカロミセス・セレビシエの顕微鏡写真から、ひとつの細胞がわずか3日でここまで成長することがわかる。したがって、すべてのワイナリーに高い基準の衛生管理が求められる。とはいえ、顕微鏡や無菌室のような高価な設備が必要なわけではない。検査に必要なのは、専用にデザインされた小さなメンブレン・フィルターを取りつけられる漏斗と、それに装着するフラスコと真空ポンプだけだ。

これらの器具を使って検査を行う前に、必ず漏斗は蒸気かアルコールで殺菌しなければならない。メンブレン・フィルターは無菌状態で販売されているので、そのまま殺菌した漏斗の底に装填すればよい。漏斗をフラスコに取りつけたら、試料のワインをフィルターを通して漏斗の下部に注ぐ。そのワインを今度はフィルター越しに真空ポンプで吸い出したら、フィルターを漏斗から外して無菌処理をしたペトリ皿の培地の上に置く。すると、培養に必要な栄養分がフィルターの孔から浸透してい

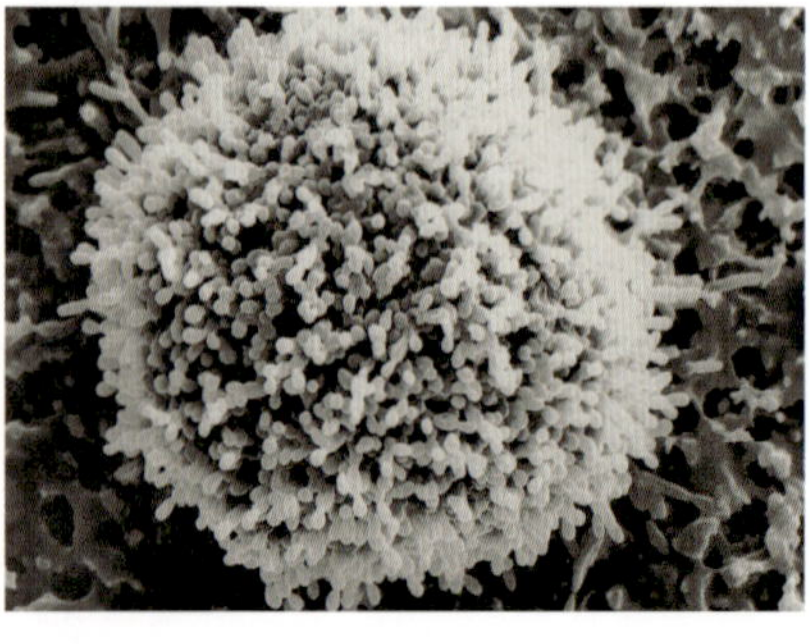

ひとつの細胞から3日かけて成長したサッカロミセス・セレビシエの顕微鏡写真。

く。もし残留物のなかに微生物がいれば、すぐに活動を開始し、3日後には肉眼でも確認できるくらい大きなコロニーに成長する。ボトリングがうまくいっていれば、フィルターはきれいなままだ。

下の写真は、殺菌処理をする前の充填機でボトリングしたワインと、殺菌処理をした後に同じ充填機でボトリングしたワインの培養結果を比較したものである。左側の写真のクリーム色の小さな点々が酵母のコロニーであり、1個の酵母細胞が数千倍にまで増殖して、肉眼でも確認できるコロニーをつくった。左下に見える平べったい円状の部分は細菌のコロニーで、いくつか点在する綿毛状の部分はカビのコロニーである。つまりこの検査により、充填機が無数の微生物で汚染されていることが確認された。すぐに殺菌処理を行わなければならない状態だ。だが、きちんと殺菌処理をすれば、右の写真のような状態になる。

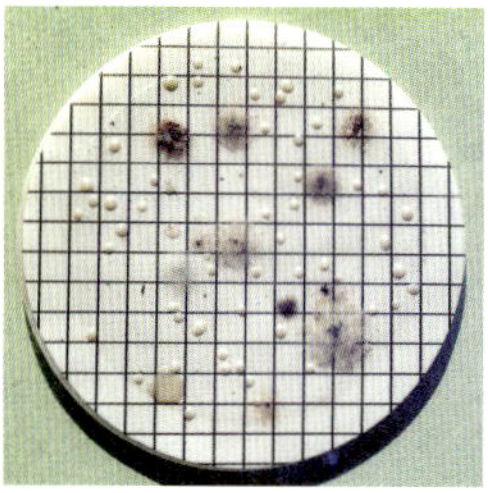
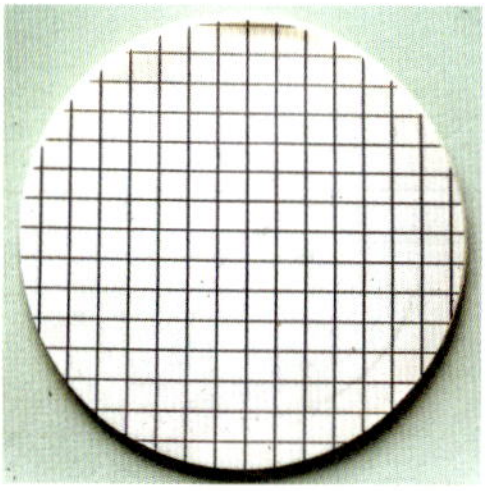

左：不衛生な充塡機を使ってボトリングしたワインの培養結果。
右：殺菌した後に同じ充塡機でボトリングしたワインの培養結果。

第20章

ワインの欠陥

CHAPTER 20

WINE FAULTS

2、3年も放置されればワインは猛毒となる。

——14世紀の中国の言葉から

ワイン醸造の技術に関する古い本を開くと、現在ではほぼ直面することのないさまざまな問題点が紹介されている。その多くは微生物によるものだが、そうした問題は濾過や殺菌技術の進歩とともに姿を消した。また、酸化防止剤の適切な使用によって、酸化したワインも店頭から減った。さらに、梱包材料の品質が向上したため異物混入の苦情もほぼなくなった。

しかし問題が完全になくなったわけではなく、解決が難しい問題が今もなおいくつか残っている。本章ではこうした問題を紹介していくので、もしワインに同じような問題が見受けられたら、臆することなくそのワインを販売元に返却してほしい。どんな販売業者も交換や返金の手続きに快く応じてくれるはずだ。だが、彼らの多くは返却されたワインの欠陥を詳しく正確に記録することにはほとんど関心がなく、単に「品質への苦情あり」として処理してしまう。ワイン生産者にとって、これほど残念なことはない。なぜなら、クレームの具体的な内容を教えてもらえなければ、欠陥の実態を調べられないだけでなく、解決策を講じることもできないからだ。

また、コルクには何ら問題がないにもかかわらず、間違った認識によってさまざまな問題がコルクのせいになっている。これは、ワイン貿易に関する有資格者を含む多くの人たちが、ワインの欠陥原因について正しく把握していないことに起因する。そこで本章では、ワインのさまざまな欠陥について詳しく解説していく。

酸化

酸化はどんなワインにもあらゆる段階で起こりうる問題であり、もっとも多く寄せられるクレームの原因のひとつだ。これは、拙い打栓技術はもちろんのこと、単に容器の素材を酸素が透過することによっても起こる。本来、ワインには抗酸化作用があるうえ、醸造工程でも二酸化硫黄などの酸化防止剤が添加されるが、時間の経過とともにその作用が失われるため、混入した酸素によって酸化が起こるのだ。その結果、ワインの果実成分が破壊され、本来の味わいが失われてしまう。ワインが酸化していく兆候は、その魅力的な色調が褪《あ》せることである。具体例を紹介しよう。

- 白ワインの場合は、レモンイエロー主体でほのかにグリーンがかった本来の色調が、麦わらのような茶色い色調を帯びてくる。
- ロゼワインの場合は、最初の鮮やかなピンクの色調が、淡いオレンジ色を帯びてくる。さらに酸化した場合は、茶色みを帯びたピンクへと変色する（なお、ロゼワインのなかには醸造されたときからオレンジがかったピンク色のタイプもある）。
- 赤ワインの場合は、深みのある赤紫や鮮やかなルビーの色調が薄れ、エッジ（液面の縁部分）がオレンジ色や茶色になる。

また、酸化が始まると香りからフレッシュな果実感や生き生きとしたニュアンスが消え、キャラメルのような香りも立ってくる。さらに酸化が進めば、プラムのような酸っぱいにおいが鼻をつくようになり、ときには牛肉エキスのようなにおいさえ漂うこともある。こうした変化は舌でも感じられ、最終的には意図的に酸化熟成させて造るマデイラワインのような特徴的な風味［訳注：腐りかけの果実やカビくさいブルーチーズ、湿った革といったニュアンスで表現される「ランシオ香」。一般的には貴熟香とされる］が表れる。そのため、酸化したワインのことを「マデライズド（maderised）」と表現することもある。

このような事態を避けるためにも、ボトリングの前には必ずワインの分析を行い、必要に応じて清澄や濾過などの処理や、添加物による処置を施すことが大切になる。特に、酸化防止効果のある遊離型二酸化硫黄の調整は必須だ。しかし、ボトリング後にワインを雑に扱ったり、劣悪な環境で貯蔵したりすれば、空気中の酸素がワインに侵入して、二酸化硫黄はすぐに消滅してしまう。その結果、酸化防止効果がなくなり、ワインの品質は早々に劣化することとなる。

ワインの容器や栓に関しては、ガラスボトルとスクリューキャップが酸化防止にもっとも優れた素材であり、ワインの寿命を最大限延ばすことができる。一方、プラスチックボトルやバッグ・イン・ボックスなどの容器や天然コルクは、どんなに技術的な工夫を凝らしても完全に酸素の混入を防ぐことはできず、ワインの寿命はどうしても短くなる。したがって、これらの素材を使用した場合には、ワインの品質を維持するために適切な在庫管理が何よりも重要となる。

還元汚染

還元汚染は比較的新しい現象で、天然コルクの代わりに開発されたスクリューキャップなどの新たな栓を使うことでしばしば見られるようになった。これらの新たな栓は酸素の侵入を極度に遮断してしまうため、酸素のない密閉空間でワインに含まれる二酸化硫黄が硫化水素に還元され、排水溝や腐った卵のようなにおい（いわゆる還元臭）を放つようになるのだ。この現象がごく軽い場合は、やや魅力に欠ける香りや金属的なにおいが感じられる程度だ。

異臭の原因は前述したように、ワインを注いだグラスに銅製の硬貨を入れ、スワリングして数分待つだけで確かめることができる（P335参照）。その結果、ワインから異臭が消えて新鮮な果実の香りが戻っていたら、原因は還元汚染だ。これは、硬貨に含まれる銅が硫化水素と反応し、硫化銅として沈殿したことに起因する。逆にワインに何の変化も見られない場合は、別の問題が存在するということになる。還元汚染にはこのような銅の作用を利用して、硫酸銅の形でワインに添加することで、硫化水素を不溶性の硫化銅として沈殿させる対処方法がとられている。

貯蔵寿命

残念ながらワインには寿命というものがあり、すべてのワインが貯蔵によって熟成するわけではない。特に、昨今人気の早飲みタイプのワインは長期熟成に適した骨格を持たず、時間の経過とともに品質が落ちてしまう。多くの消費者のニーズを反映してか、こうしたワインのなかには、裏ラベルに「購入後6カ月以内にお飲みください」などと記載しているものも見られるようになってきた。一方、長期熟成型のワインは凝縮感とボディ感がともに豊かで、特に赤ワインの場合は天然の酸化防止剤であるポリフェノールを豊富に含んでいる。

ワインの貯蔵寿命は酸化と密接に関係しているが、酸化による変化と自然に起こる変質はしっかりと区別しなければならない。なぜなら、ワインがその寿命を終えるのは酸化に限ったことではなく、酸素とは無関係に果実成分が壊れ、ブドウ品種の特性や風味が失われていくこともあるからだ。この現象のよい例が、フィノ・タイプのシェリー（P241参照）である。フィノ・シェリーはソレラ・システムから抜き出したのち6カ月以内に消費することが推奨されているが、これは酸化が理由ではなく、本質的に不安定なワインであるからだ。そのためフロール（産膜酵母）で保護し、次々と若いワインをソレラ・システムに注ぎ足す必要があるのだ。

また貯蔵寿命には、繰り返し述べているように容器とワインの接触面積も深く関係している。つまり、容器とワインの接触面積が小さいほどワインの寿命が長くなるので、貯蔵にはマグナムボトル（150cℓ[1.5ℓ]）、さらに言えばもっと大型のネブカドネザル（nebuchadnezzar）と呼ばれるガラスボトル［訳注：容量は1500cℓ（15ℓ）。旧約聖書に登場するバビロニアの王ネブカドネザル2世の名前に由来する］が最適ということになる。逆にもっとも貯蔵寿命が短い容器は、飛行機内で提供されているような18・7cℓ（187mℓ）のポリエチレンテレフタラート（PET。P361参照）製のボトルだ。小さなPETボトルは飛行機内などで使用するには理想的だが、ワインの寿命は3〜6カ月ほどになってしまうので、入念な在庫管理計画を立てる必要がある。

しかし一般的にワインには、賞味期限の規定がない。EUでも、賞味期限が72カ月以下の食品はすべて、その期限を記載することが義務付けられているのに対し、ワインは例外となっている。これは、ワインという飲み物の寿命が72カ月以上あると昔から考えられてきたからだろう。小さいPETボトルやバッグ・イン・ボックスに入ったワインはこれに当てはまらないが、依然として例外扱いのままであり、賞味期限を記載する必要はない。けれども理想を言えば、購入後の一定期間内に消費するよう推奨期限を明記してはどうかと思う。そしてもちろん、こうしたワインを扱う卸売業者や小売店の方々には適切な在庫管理をお願いしたい。

酒石

消費者のなかには酒石結晶が生じたワインを欠陥だとみなしている人が多く、ワイン業界でもっとも頭を悩ませる苦情原因のひとつとなっている。確かにその見た目から、ガラスの破片や砂糖の結晶が混じっていると思うのも理解できなくはない。しかし前にも述べたとおり、酒石結晶は天然由来の無害な物質であり、もともとブドウに含まれる酒石酸と、カリウムやカルシウムなどのミネラル成分が結合してできた物質だ（それぞれ酒石酸水素カリウムや酒石酸カルシウムという酒石になる）。酒石結晶の沈殿は、主に酒石の安定処理を雑に行った結果か、コロイドが変性してその保護作用が失われたことが原因で生じる（P306参照）。

こうした事態を防ぐには、まずはワインをしっかりと清澄し、コロイドをできるだけ取り除くことが重要である。そのうえで、第14章で説明した冷却安定法やコンタクト法、電気透析法、イオン交換法などを用いて酒石の安定処理を確実に行うか、酒石の結晶化を防ぐメタ酒石酸やカルボキシメチルセルロース（セルロースガム）、マンノプロテインを添加したのちに、最新技術のひとつである酒石酸安定性検査（P420参照）を行う必要がある。それでも残念なことに、ときとして貯蔵中のワイン

酒石酸水素カリウムや酒石酸カルシウムの結晶。

ボトルに酒石結晶が生じることがある。

その際には、抜栓してワインをタンクなどの容器に戻し、冷却してから再びボトリングし直さなければならない。このときに大事なのは、発生した酒石結晶をボトルに完全に沈殿させてから、きれいなワインだけをタンクに移すことである。したがって、前述のような酒石の安定処理をする必要はない。しかし生産者のなかには、念には念を入れて再び安定処理を施す者もいる。ビジネスとして同じ作業を二度もするなど、まったくばかげた話だ。

このように酒石結晶の析出に生産者は神経を尖らせ、その予防と対策に膨大な費用と労力を注いでいる。だが、これらの処置を行っても期待していたほどの効果が望めないこともあるし、ワインの品質を損なう場合さえある。適切な方法で酒石を処理すればワインの品質を著しく低下させることはないが、それでもやはり人的介入は少なくするに越したことはない。そのため、あえて酒石を除去せずにワインを出荷する生産者も増えている。

そもそもワインに酒石結晶が混じっていたとしても、ボトルの底に残るようにゆっくりとワインをグラスに注げばいいだけの話である。仮にグラスに酒石が入ったとしても、ほどなく底に沈んでいくし、口に入ったとしても、ちょっとほろ苦いだけで健康に害はない。酒石とは何か、なぜ酒石が存在するのかを消費者に理解してもらえれば、ワイン業に関わっている人たちはどれほど楽になることだろう。この際、裏ラベルに酒石が無害であることを堂々と明記してはどうかとも思う。昔、あるドイツワインのラベルに「このワインには天然由来の沈殿物であるワイン・ダイヤモンドが含まれています」と表記されていたように――。ちなみに酒石酸水素カリウムは、クリーム・オブ・ターターとして製菓業界で広く利用されている。

異物混入

酒石結晶だと思っていたものが、実際にはガラスの破片だったというケースもある。その原因として、ガラスボトルの口部分が変形していたり、充填機のメンテナンスが不十分でノズルが曲がっていたりして、ボトルの縁が欠けて瓶内に落ちた可能性が考えられる。また、何らかの理由によりベルトコンベヤー上でボトルが破損し、そのガラス片が入り込んだ可能性もある。

そのほかにワインに混入する異物としては、虫や髪の毛、緩くなった充填機の部品、さらには充填機のノズルがそっくりそのまま入っていたという事例まである。優秀な作業者であれば、これらの危険性を熟知しているだろうし、ＨＡＣＣＰ（危害分析重要管理点。詳しくはＰ４７２を参照）の手順に従った作業マニュアルを作成し、そのなかで重要事項として強調しているはずである。

カビによる汚染

天然コルクがカビに汚染されたことが原因で、ワインが異臭を放つようになることがある。これは「コルク臭」（英語ではコークト［corked］、フランス語ではブショネ［bouchonné］）と呼ばれる欠陥で、まさにカビとしか思えない不快なにおいだ。このにおいがするワインは無害ではあるが、飲めた代物ではないので、卸売業者や小売店にただちに返品するべきである。

ただし、その前ににおいの原因が本当にコルク汚染によるものなのかどうかを確かめなければならない。なぜなら、コルク臭にいくらか似た土の香りを持つブドウ品種もあるからだ。さらに、酸化などほかの要因がにおいに関係している場合もある。とはいえ、香りをかぎ分ける訓練などしていない一般消費者がにおいの正確な原因を突き止めるのは容易なことではない。そのため、カビくさいと言えばすぐにコルクが原因だとして、無実のコルクでさえもむやみやたらと非難されてきた。

コルク臭の原因物質は前にも説明したとおり「2，4，6－トリクロロアニソール（TCA）」であり、これはコルクガシの樹皮の割れ目に存在するアオカビと、木材の防腐剤として使用されるフェノール類、そして殺菌する際に使用する塩素系化学物質との反応によって生成する（P368参照）。このため、塩素で殺菌されたコルクの使用をやめ、過酢酸やオゾンで殺菌されたコルクを使用するワイナリーが増えている。

コルクに起因する問題としては、そのほかにコルク片の混入も挙げられる。これは単にもろいコルクが欠けただけなので、決してコルクによる汚染ではない。したがって、指でつまむかスプーンですくうかして取り除けば問題なく飲むことができる。ちなみに、TCAによって汚染されたワインでも、料理酒としてならば使用できる。TCAの成分は調理している間に蒸気とともに揮発するので、何ら心配はいらない。

揮発酸による汚染

揮発酸の大部分を占める酢酸は、酢酸菌がエタノールを酸化することで生成し、さらに酢酸はエタノールと反応して酢酸エチルとして知られるエステルを生成する。酢酸はどのワインにも天然成分としてある程度存在しているが、過剰に生じるとワインをヴィネガーのような味にしてしまい（酢酸はヴィネガーの主成分でもある）、酢酸エチルからは除光液や塗料のようなにおいが放たれる。これは、取り扱いの不注意、酢酸菌の増殖、遊離型二酸化硫黄の不足、過剰な酸素溶解などによって起こるが、適切な管理を心がければいずれも回避できるものばかりである。しかしひとたびワインが酢酸に汚染されてしまったら、その使い道は空気に触れ続けさせてワイン・ヴィネガーにすることくらいだ（酢酸および酢酸エチルについての詳細はＰ２７４を参照）。

再発酵

糖を使い切って完全に発酵を終えたワインは安定し、当然再発酵のリスクもない。しかし現在一般に市販されているワインの多くには、極少量ではあるが糖が含まれているので、もし何らかの理由で酵母が混入すれば、再び発酵する恐れがある。そのためにも、無菌ボトリングの技術が大切になる。

混入した酵母が瓶内で活動を開始すれば、その影響は目に見える形で表れる。ワインが濁ってきたり、発酵にともなって発生する二酸化炭素によってコルクが浮き上がってきたりするのだ。もしもバッグ・イン・ボックスで再発酵が起これば、さらに衝撃的な事態を招く。再発酵で生じる二酸化炭素によってバッグがサッカーボールのように膨らみ、最後には破裂してしまうのだ。倉庫に貯蔵してあったとしたら荷台が崩れ落ち、倉庫はワインの香りが充満する修羅場と化すだろう。

こうした悲惨な事態を防ぐ唯一の方法は、ただちに栓を抜き、濾過してワインから酵母を取り除くことである。それから成分分析を行い、ワインのスタイルが変化していなければ再度充塡できるが、その際に二酸化硫黄をどの程度調整するかが非常に重要になる。このような場合、酵母の活動によって、すべての二酸化硫黄が破壊されているからだ。また、問題の原因を究明し、改善を行うことも忘れてはならない。

とはいえ近年では、設備や機器の進歩、ならびに技術や知識の向上により、充塡後に再発酵が起こることはほとんどなくなった。したがって、この問題が起こった場合はボトリングラインの衛生環境によるものか、適切な手順や作業を怠ったことが原因と考えられる。

鉄混濁（アイロン・カッセ）

ワインに鉄が過剰に含まれていると鉄とリン酸が反応を起こし、瓶内に白い沈殿物が現れる。これは鉄混濁（アイロン・カッセ［Iron Casse］：「casse」はフランス語で「沈殿物」や「放出される」という意味）と呼ばれる現象で、その発生を防ぐには2つの方法がある。ひとつは、ブルー・ファイニング（P299参照）により鉄の含量を減らすこと、もうひとつは、クエン酸を添加して沈殿物の生成を防ぐことだ。ただし、沈殿した鉄は無害であり、デキャンティングをすれば普通に飲むことができる。

銅混濁（カッパー・カッセ）

銅混濁（カッパー・カッセ：Copper Casse）は、第一銅イオンとタンパク質の複雑な反応によって瓶内でワインが茶色く濁る現象である。だが抜栓すると、その濁りはすぐに消えてしまう。これは、タンパク質が未開封のワインボトルのような嫌気条件下でのみ銅と結合できるという特性を持つことによる。そのため抜栓され、好気条件になると、第一銅イオンが第二銅イオンに変質して結合が解かれ、濁りも消えるのだ。

この問題は、ボトリングの前に銅の含量を分析すれば簡単に予防できる。もし銅が高い数値であれば、ブルー・ファイニング（P299参照）を行って銅を取り除けばよい。その後、銅の含量を改めて分析し、1mg／ℓに収まっていればボトリングしても問題はない。基本的に銅は、動植物の成長や生命維持に微量で作用する栄養素であり、食品中に含まれる微量元素でもあるが、高濃度となると有害なので、鉄の残留よりも注意して取り扱う必要がある。

ネズミ臭

これはボトリング技術の向上により近年ではまれな現象となったが、ネズミの糞のようなにおいが発生する欠陥で、衛生管理を怠ったことが原因で起こる。その特徴はにおいよりも後味に表れるので、すぐに認識できる。この現象が発生したらほとんど打つ手はないが、乳酸菌由来のものなので、二酸化硫黄の添加により簡単に防止できる。また、ボトリングの前にメンブレン・フィルターを使って表面濾過を行えば、乳酸菌を取り除くこともできる。

ブレット

ブレット（brett）は、「動物っぽい」「農場っぽい」「馬小屋」などと表現されるにおいが発生する現象で、ブレタノマイセス属（*Brettanomyces*）の酵母――特にブレタノマイセス・ブルクセレンシス（*Brettanomyces bruxellensis*）――が関与していることからこう呼ばれるようになった。このにおいは飲み手の好き嫌いが大きく分かれ、ときに有益とみなされることもあれば、ときには問題視されることもある。たとえば、ブレットの香りが豊かなワインの造り手として知られるのが、フランス南東部シャトーヌフ・デュ・パプを代表するシャトー・ド・ボーカステルで、そのワインは世界的にも高い評価を受けている。

そんなブレットは、微量であればワインに複雑味を与えるが、過剰になると欠陥品にしてしまう。したがって、醸造中にいかにブレットをコントロールするかがワインの良し悪しを決めると言っても過言ではない。ブレタノマイセス属の酵母は自然界に広く分布し、二酸化硫黄への耐性もむらがあるため、ブレットの香りが突出してしまった場合には、多めの二酸化硫黄を何回かに分けて添加するとよい。ブレタノマイセス属の酵母が持つ香りの要素は、次の3つの化合物によるものだ。

- 4－エチルフェノール：農場、消毒液（好ましくない香り）

- 4－エチルグアヤコール：ベーコン、スパイシーさ、クローブ、スモーキーさ（魅力的な香り）
- イソ吉草酸《きっそうさん》：チーズ、酸敗、汗くさいサドル（好ましくない香り）

ゼラニウムによる汚染

バクテリア汚染が、ゼラニウム（正確にはペラルゴニウム）のような強烈なにおいを生み出すこともある。これは、ワインに添加されたソルビン酸が乳酸菌株の1種に代謝され、「2－エトキシヘキサ－3，5－ジエン」として知られる化学物質を生成するために発生する現象だ。ネズミ臭と同様に、ゼラニウム臭が発生してしまったらワインは終わりである。この汚染もワイナリーの衛生環境に起因するので、まずはしっかりと洗浄を行い、ソルビン酸の使用をやめれば簡単に防ぐことができる。そもそも濾過技術や殺菌処理が飛躍的に進化した今日、廃れた添加物であるソルビン酸を使う理由など存在しない（ソルビン酸についての詳細はP332を参照）。

第21章
テイスティング

CHAPTER 21
THE TASTE TEST

ワインと女と歌を愛さぬ者は、その一生を愚かに過ごす。
——マルティン・ルター（1483～1546年）

テイスティングに関してはすでに数多くの本で触れられているので、ここで改めてテイスティング用語の使い方に関して細かい解説をするつもりはない。本書ではこれまで科学的な側面からワイン造りの技術を掘り下げてきたのだから、テイスティングについてもその技法について紹介していきたい。

テイスティングの準備

⊙温度

ワインの個性や品種特性をしっかりと味わいたいのであれば、温度が非常に重要になる。一般的には白ワインは冷やして、赤ワインは常温で飲むものとされているが、実は一概にそうとも言えない。たとえば白とロゼワインの場合、冷やしすぎると香り成分が液体に閉じ込められ、香りが立たなくなるため、アロマを失ったような感じになる。口にふくんでみても、味覚が麻痺するほど冷やされた状態では、当然ながらその味わいが広がらず、揮発性物質も鼻の奥の嗅覚器官にほとんど届かない。逆に常温で飲むと、何も隠されない状態になるので、欠点がある場合はそればかりが際立つことになる。したがって白もロゼも、ワインの持つ個性的な香りや味わいが広がるように、8〜10℃くらいを目安にたしなむのがよい。

一方、赤ワインの場合は、高い温度の場所に置かれたままだと過剰にアルコール分が揮発し、ノーズに溶け込んでしまうため、せっかくのアロマやブーケが台無しになる。さらに味わいも平板になり、全体のバランスも欠けてしまう。現代では暖房が効きすぎていることが多いので、こうした問題がよく起こる。そこでレストランで赤ワインを頼む際には、ソムリエが困惑した顔をしたとしても、恐れずにワインクーラーをリクエストしてほしい。赤ワインは口にふくむときにやや冷たいと感じるくらいがちょうどよいので、軽めの赤ならば15℃、重めの赤ならば18℃を超えない程度の温度で飲むとよい。

⊙デキャンティング

ワインをほかの瓶に移し替えるデキャンティング（フランス語ではデキャンタージュ）は、2つの目的で行われる。ひとつは、若いワインを空気に触れさせるため、もうひとつは、熟成の進んだワインのボトルに生じた澱を取り除くためである。

一般にワインは酸化防止剤として二酸化硫黄などが添加されてからボトリングされ、その後、酸素が遮断された状態で何カ月もしくは何年も寝かされることになる。この間、還元状態となっているワインは酸素を渇望している。そんな状態のワインを空気に触れさせると、果実感が広がり、みごとに花開く。ただし、こうした効果は単にコルクを抜き、ボトルを立てておくだけではなかなか得られない。ボトルの形状からもわかるように、ワインが空気に触れる表面積はわずか4㎠ほどだ。そのため、抜栓したまま置いておくだけではワインが開くまでに非常に時間がかかってしまう。このようなことが理由で、ワインに積極的に酸素を供給するデキャンティングが行われる。

その際には、注ぎ口が広く、底が浅めのカラフェ（carafe）が使用されるので、フランスではワインを空気に触れさせることを目的とするデキャンティングを「カラファージュ（carafage）」と呼ぶ（したがって厳密には、デキャンタージュはワインから澱を取り除くことを目的とするデキャンティングのことを指す）。ワインを空気に触れさせるエアレーションを行うときには、ワインが空気とよく混ざるように勢いよくカラフェに注ぐ。それから軽くスワリングをしたのち、1～2時間ほど静置してワインが酸素と馴染むようにする。これにより、ときとして驚くほどワインの風味が向上することがある。特に若いワインであれば赤、白、ロゼのいずれでも効果が期待できる。かなり熟成したワインでも風味を増すことがあるが、かえって逆効果になることもあるので注意が必要だ。

デキャンティングのもうひとつの目的である澱を分ける作業を行う際には、細身で縦長のデキャンタにワインをゆっくり注ぎ、澱がボトルに残るようにするのがコツである。

テイスティンググラス

テイスティングを行うにあたりまず覚えておいてほしいのは、グラスのサイズと形状がワインの香りや味わいに大きな影響を与えるが、特に香りへの影響が大きいということとである。さまざまなグラスのなかでも、一般的なテイスティングに用いるのにもっとも適したデザインのものが、ISO（国際基準化機構）によって規定されたテイスティンググラス（ISO3591：1977）だ。このグラスの総容量は210㎖で、テイスティングをするときの最適なワインの量は50㎖とされている。これは、グラスの口径がもっとも広い位置までワインを注いだときの容量であり、残りの160㎖の空間は、スワリングをして香りを広げられるよう確保されている。

ワインを学ぶ者であれば当然、ISO規格のこのテイスティンググラスを入手すべきである。最大の理由は、このグラスが国際規格であり、各国のソムリエ認定機関でテイスティング試験の際に使用されているからだ。そのため、ほかのサイズや形状のグラスを使っていると、実際の試験で正確な判断ができず、はなはだ不利になってしまう。

一方、ワインが最高の状態を表現するにはISO規格のグラスは小さすぎる、と多くのテイスティングのプロたちが感じているのもまた事実である。今日では、さまざまなグラス製造会社によって形からサイズ、用途にいたるまで、多種多様なスタイルのワイングラスがつくられているが、そのなかでも高い知名度を誇るのがオーストリアの老舗リーデル社（Riedel）のグラスだ。特に同社の「キャンティ・クラシコ（Chianti

ISO規格のテイスティンググラス

Classico)」という名前のグラスは、マスター・オブ・ワイン協会（IMW）にも認められ、生徒の教育セミナーで使用されている。

グラスの形状がワインの香りや味わいに大きな影響を与えることは間違いないが、なにもあらゆるタイプのものを準備する必要はない。ワイングラスを選ぶうえで何よりも考慮すべきは、グラスの口に向かってカーブを描きながらすぼまっていき、無色で薄く上質なクリスタルガラスでつくられていることだ。そしてボディ感のあるワインをたしなむ場合は、少し大きめのグラスを用意するとよいだろう。その理由は、ワインを多く注ぐためではなく、力強いワインが持つ芳醇なアロマとブーケを表現する空間が必要になるからだ。しかし前世紀には、カット加工の装飾などが施され、鉛を含む円錐形の分厚いクリスタルグラスが盛んに使われていた。このようなグラスは確かに美しいが、ワイン本来の風味を感じ取るにはまったく不向きだ。その使い道は、装飾品として飾り棚などに並べておくのがもっともふさわしい。

テイスティングのスタイル

⊙ワインラベルを見ながら

世界各地で造られる無数のワインの特徴をテイスティングして学ぶ際、ワインラベルを参考にしない手はない。そこにはたくさんの情報が記載されている。もちろん、テイスティングの経験が豊富な人の助言を受けられればなおいい。いずれにしても、さまざまなニュアンスを感じ、違いがわかるように味覚を鍛えるには継続的な訓練が必要である。熟達するにはそれなりに時間がかかり、進歩がないような感覚に襲われたりもするが、「継続は力なり」と言うことわざのとおり、必ず報われるから地道に続けてほしい。

⊙比較テイスティング

比較テイスティングは、その名のとおり複数のワインを飲み比べて、共通点や違いを分析的にとらえるものである。分析する要素は、品種や収穫年、生産地（地区や畑の区画にいたることもある）といった基本事項に始まり、香りや味わいの特徴、果実感、ボリューム、タンニン、熟成具合といった要素まで含まれる。

こうしてワインを分析しながら味わうことにより、個々のワインが持つ個性や特徴を系統立てて把握できるようになり、ワインを識別する力が身につく。ただし、ブラインドで行われるテイスティング試験では、ワインを特定する能力だけが問われるわけではない。つまり、ワインの本質をとらえ、個々の特徴をしっかりと表現することが求められているということを、受験される方々には覚えておいてもらいたい。

⊙ブラインド・テイスティング

ブラインド・テイスティングは事前に何の情報も持たずに、グラスに注がれたワインがどのようなものであるか、品種から収穫年、産地、生産者までを言い当てるもので、究極のテイスティングと言っていいだろう。パーティーなどで行うと非常に盛り上がるだろうが、ワイン業界が意図しているのはそこではない。

ブラインド・テイスティングは、比較テイスティングとは比べ物にならないレベルの技術が要求される。ここで重要なのは、無心になって感覚を研ぎ澄まし、先入観を持たずにテイスティングに臨むことだ（これが極めて難しい）。具体的にはまず、色調や清澄度などの外観から始まり、香りや味わい、フィニッシュにいたるまでの一連の流れからワインの第一印象を分析し、情報を整理する。そして再度すべての要素を漏れなく考察し、先に得た情報とすり合せながら、どのようなワインであるかを判断する。このときに絶対にしてはならないのは、ワインの第一印象から結論を急いでしまい、先入観に当てはめながら推測を進めてしまうことだ。これは極めて危険な行為である。したがって一連の分析が終わったら、きちんと情報を整理し、再び心を無にして考察に臨むよう心がけていただきたい。

もうひとつ覚えておいてほしいのは、ブラインド・テイスティングではワインの出自を言い当てることが必ずしも最終結論ではないということだ。それよりはるかに重要なのは、ワインそのものを評価する、つまり醸造後の年数や熟成具合、適正な価格帯といったワインの特徴と本質を把握することである。こうした要素を正しく判断する能力こそが、実際のテイスティング試験を通過する決め手となる。試験の際には多くの受験生が不安になるものだが、ここに述べたことを十分に理解して臨んでもらえれば何ら心配はいらない。繰り返しになるが、テイスティング試験に合格するカギは個々のワインを特定することではなく、ワインの特徴と本質を正しく判断することにある。これは、真にワインを愛する者であればいつも行っていることなのだから、そう難しくないはずだ。

もちろん、継続的な訓練は必要であり、とりわけ試験が近づけば数多くのワインを試飲して訓練を積む必要がある。そのためにまずは、自制心を持ってワインと向き合い、秩序だったテイスティングノートを書く訓練と努力をしてほしい。

テイスティングノート

テイスティングノートを書く目的は主に2つある。ひとつは自分の後学のため、もうひとつはほかの人に特徴を伝えるときの参考にするためである。ここで大切なのは、できるだけ簡潔ながらも個々のワインの特徴を想起しやすい言葉で外観や香りや味わいを表現することだ。それにより情報が整理でき、あとで参照するにしても、誰かと語り合うにしても、はるかに有意義なものになる。

ただし、ワインの香りと味わいは非常に複雑だ。そこでテイスティングノートにまとめる際は、系統立てて記録することが重要になる。そのために役立つのが、次ページに掲載した系統的テイスティング・メソッド（Systematic Tasting Method）という評価シートだ。これは筆者が1987年にマスター・オブ・ワインのマギー・マクニーとともに作成したもので、シートの左側にはテイスティングの際に確認すべき項目が網羅してある。これらの項目はすべて頭に叩き込んだうえでテイスティングに臨んでほしい。

一方、各項目の右側に記載されている表現用語はあくまで例なので、自由に表現していただいてかまわない。テイスティングの能力が向上すると、自分の言葉で表現したくもなるだろう。その際には自分だけでなく、他人が読んでもわかるような言葉を使うよう常に心掛けてほしい。そうすることでテイスティングの能力は格段に上がる。筆者の経験から言うと、最良のテイスティングノートは得てして短くシンプルな言葉でまとめられているものだ。

またワイン&スピリッツ教育協会（WSET）でも、この系統的テイスティング・メソッドを発展させた系統的テイスティング・アプローチ（SAT：Systematic Approach to Tasting）という評価シートを開発し、これに基づきワインの特徴と品質を適切に表現する能力を習得するよう求めている。つまり、これらの評価シートを使って個々のワインの本質を適切な言葉で評価できるようになれば、マスター・オブ・ワインへの道も遠からず見えてくるということだ。

1987年に筆者が作成した系統的テイスティング・メソッド

ワイン・テイスティング		
評価シート		
外　観		
清澄度	輝きがある — 透んでいる — 冴えない — 曇っている — 濁っている	
色	**白**	グリーン — レモン — ストロー（麦わら色） — 黄金色 — 琥珀色
	ロゼ	ピンク — サーモン — オレンジ — オニオンスキン（玉ねぎの皮色）
	赤	パープル — ルビー — ガーネット — マホガニー — トウニー（黄褐色）
濃さ	**白**	透明 — 淡い — 中程度 — 深い
	ロゼ	淡い — 中程度 — 深い
	赤	淡い — 中程度 — 深い — 不透明
他の観察事項	ワインの涙（脚）、発泡、エッジと中心部の差、沈殿物	
香　り		
状態	クリーン — クリーンではない	
強さ	弱い — 中程度 — 強い	
発達具合	若々しい — ブドウ由来のアロマ — ブーケ — 新鮮さを失った — 酸化した	
成熟度	グリーン — 熟した — 過熟した — 貴腐	
特徴	フルーティー、フローラル、野菜、スパイシー、オーク、スモーキー、エステル類、動物、発酵由来、欠陥臭、（複雑さ）	
味わい		
甘味	辛口 — オフドライ — 中辛口 — 中甘口 — 甘口 — 極甘口	
酸味	酸味が弱い — バランスがよい — キレがよい — 酸味が強い	
タンニン	やさしい — バランスがよい — 強い — 非常に強い	
ボディ	薄い — ライト — ミディアム — フル — ヘビー	
果実味	弱い — 中程度 — 強い	
特徴	フルーティー、フローラル、野菜、スパイシー、オーク、スモーキー、エステル類、動物、発酵由来、好ましくない味、（複雑さ）	
アルコール	低い — 中程度 — 高い	
余韻	短い — 中程度 — 長い	
総合評価		
品質	欠陥品 — 悪い — 妥当 — よい — 素晴らしい	
熟成度	若すぎる — 若い — 熟成している — ピークを過ぎ下降気味 — 過剰熟成	
収穫年	予想して記入	
原産（地）	ブドウ品種、地域を予想して記入	
市場価格	予想して記入	

ワインをテイスティングする

毎回同じ要領で前述した2つの評価シート（筆者およびWSETによるもの）に基づいて系統的テイスティングを続けることで、ワインのひとつひとつの要素を簡単に考察できるようになる。それは、評価シートの左側の項目を頭に入れて毎回ワインを味わうことにより、その行動がルーティン化し、系統立ててテイスティングを行えるようになるからだ。前述したように右側に挙げた表現用語はテイスティング技術の向上に役立つが、それぞれの用語はあくまで一例であるため、これ以外の言葉を使って表現してもらってもかまわない。ただし、バラエティ番組などでときおり見られるような、「まるで11月の夕方に濡れたブーツをストーブの横で乾かしているような香りだ」などというコメントは決して真似しないでほしい。

⊙外観

清澄度 — 色 — 濃さ — 他の観察事項

テイスティングをする際にまず気をつけなければいけないのは、グラスが汚れないように必ず脚を持つことだ。そして白ワインの色調を確かめるときは、グラスに注がれたワインの中心部の色で判断することが重要である。なぜなら白ワインのエッジ（液面の縁部分）は、すべて無色透明であるからだ。要するに、エッジを「水のように透明だ」と表現するのはまったく無意味なのだ。一方、赤ワインの場合は、エッジの色調が熟成度を考察するうえで大きなヒントとなる。そのため、ワインの中心部とエッジの色を比較することが極めて重要だ。実際のところ大半の赤ワインの中心部は「黒」や「不透明」としか表現のしようがない深い色合いである。つまりエッジこそが赤ワインの本当の色を知ることができる唯一のサインであり、熟成度を示す主要な判断基準となるのだ。

また、ワインの涙（別名「ワインの脚」：スワリングの後にグラスの内側の液面近くに残る跡）がどうのこうのと声高に言う人もいるが、これは取りたてて重要な要素ではない。なぜなら、すべてのワインに含まれるアルコールとグリセロールによって多かれ少なかれ起こる現象だからである。

⊙香り

状態 ― 強さ ― 発達具合 ― 成熟度 ― 特徴

ワインの香りは、軽くスワリングして空気を送り込むことで立ち上ってくる。香りを嗅ぎ取る際は、大きく吸い込むのではなく、ワインのアロマやブーケが嗅覚器官まで上がっていくようにそっと吸い込むことが大切である。その際、ワイングラスを鼻に近づける瞬間に全神経を注いでほしい。なぜなら、ワインの全貌が明らかになるか否かがこの一瞬で決まるからだ。ワインの外観はあまり多くの情報を与えてくれないが、最初に嗅ぐ香りは非常に多くの情報を与えてくれる。そのため、この一瞬にワインの香りをしっかりと感じ取ることが極めて重要なのだ。

それには、視覚や聴覚などのほかの感覚を無にして、体をリラックスさせ、嗅覚だけに集中しなければならない。この瞬間に興奮や喜びに包まれるか、それとも絶望感に襲われるかは、嗅覚から脳へと伝わる信号しだいである。もし後者であるならば、テイスティングの練習をもっと重ねて、ワインが持ちうるさまざまな香りに関する情報を脳内に蓄積していくしかない。

⊙味わい

甘味—酸味—タンニン—ボディ—果実味—特徴—アルコール—余韻

ワインの味わいを感じ取る際にはまず、ほどよい量のワインを口にふくみ、口内で転がす。それから少し頭を前方に傾け、口をすぼめて空気を吸い込むことで、より微細な香りを鼻腔にある嗅覚器官に送り届ける。この一連の手順は、ワインに含まれるさまざまな成分を味覚のみならず嗅覚の受容体に届けるためにも必ず踏まなければならないものである。

味覚のなかで最初に感じられるのは甘味だ。これは、甘味を感じる受容体が舌先付近に集中しているためである。次に、舌の両側面にある受容体で感知された酸味が届けられる。特に酸味の強いワインの場合は、ひりつくような感覚が訪れる。苦味は口内のいたるところで感知できるが、ワインの苦味は、唾液中のタンパク質とポリフェノール類が反応することで生じるドライな感覚とは異なるものだ。このドライな感覚は、唾液中のタンパク質がワインの清澄剤と同じように凝結し、口内の潤滑性が失われることでもたらされる。

これらの味覚よりもテイスティングにおいて高い技術が要求されるのが、タンニンについてである。まずは、温暖な気候のワインに見られるような熟したタンニンか、冷涼な気候のワインに感じられるような未熟なタンニンかを判断しなければならない。だが、両者を一概に区別できないワインも多々あり、熟したタンニンが強いが、未熟なタンニンもかすかに感じられるというものもあれば、その逆のものもある。そこで判断材料のひとつとして、熟したタンニンがまるみを帯びてまろやかであるのに対して、未熟なタンニンは青さや尖った収斂性があるということを覚えておいてほしい。

上質なワインは口から出したのち、あるいは飲み込んだのちに、何とも言えない素晴らしい余韻が長く残り、味わいと香りがゆっくりと調和を保ちながら消えていく。逆に、低品質のワインは味わいと香りのバランスが崩れ、どちらか一方の個性のみが残ってしまいがちだ。こうした余韻の長さもワインの品質を判断するうえで重要な要素となる。

⊙総合評価

品質―熟成度―収穫年―原産（地）―市場価格

ワインの特徴と本質を正当に評価する能力は、優れたテイスターになるためにもっとも必要とされるものである。これは、スーパーマーケットに大量に陳列されているワインを買った場合でも求められる能力だ。いい買い物だったか、楽しめたか、もう一度同じものを買いたいか――そのようなことも考慮したうえで、総合的にワインを評価する能力を身につけてほしい。

ワインのたしなみ方――個人的助言

- 常に節度あるたしなみを心掛けること。1日にボトル半分のワインは健康によい。赤ワインであればなおさらである。
- 暴飲は避けること。暴飲をしていると健康を害する恐れがあるため、要注意である。
- さまざまなワインを飲むこと。日常的に飲むには手頃な価格ながら良心的に造られたワインを。高価なワインは特別な日に。または週末でもいいだろう。そうすれば高価なワインならではの品質がわかるようになる。
- 最後に、ぜひ訪れる国の「乾杯」を覚えてほしい。

古英語　ワッセル（Wassail）
英語　チアーズ（Cheers）
アイルランド語　スロンチェ（Slainte）
スコットランド語　スラーンジ・バール（Slainte Mhor）
ウェールズ語　イャヘッダー（Iechyd da）
フランス語　ア・ヴォートル・サンテ／チンチン（A votre santé/Tchin-tchin）
ドイツ語　プロースト（Prost）
イタリア語　サルーテ／チンチン（Salut/Cin-cin）
スペイン語　サルー（Salud）
ポルトガル語　サウーヂ（Saude）
オランダ語　プロースト／フゾンテ（proost/Gezondheid）
ハンガリー語　エゲッシェーゲッドレ（Egészségedre）
デンマーク語、ノルウェー語、スウェーデン語　スコール（Skål）
フィンランド語　キッピス（Kippis）
ブルガリア語　ナ・ズドラヴェ（Na zdrave）
ラテン語　サーニタス・ボナ（Sanitas bona）
ズールー語　オォジィ・ワワ（Oogy wawa）

第22章

品質保証

CHAPTER 22

QUALITY ASSURANCE

そもそも行う必要のないことを効率よく行うほど無駄なことはない。

――ピーター・ドラッガー（1909～2005年）

あらゆる製造業において最終的に成功のカギを握るのは、品質保証（QA：Quality Assurance）である。ワイン醸造においても、品質を保証する何らかのシステムがなければ、どんなに優れた技術と科学的知識を駆使してワインを造ったとしても、その努力は結局無駄に終わってしまうだろう。ここで重要なのは、品質保証と品質管理（QC：Quality Control）をしっかりと区別しておくことだ。

具体的に品質管理とは、すべての工程において品質に問題がないかを細部まで管理・監督することを言う。そこには技術者による実験の類だけでなく、各製造工程に関わる個々の担当者の取り組みも含まれる。つまりワイン造りにおける品質管理では、畑にブドウ樹を植えるところからボトリングしたワインの貯蔵にいたるまでのすべての工程に携わる人が、それぞれの現場で品質の責任を担い、管理していくことが求められる。

一方、品質保証とは、製品を市場に送り出した後も品質に問題がないことを保証する取り組みであり、そこには高い品質基準を満たすためのあらゆる管理活動と手順が含まれる。要するに品質保証とは、品質管理と連携して事業運営のあり方を支えるコンセプトであり、これによってすべての製造工程において品質が保証される。このコンセプトをワイン造りに当てはめてみると、優れた品質保証とは、ワイン本来の特性を損なうことなくボトリングまでの工程を進めることはもちろん、貯蔵中および販売後もその品質が維持されることを指す。

品質保証計画を立てるうえで基準となるモデルはいくつかあるが、食品業界においてはHACCP《ハサップ》（Hazard Analysis and Critical Control Points：危害分析重要管理点）（次ページ参照）と呼ばれる食品衛生管理手法を実践することがもっとも重要である。国際的に推奨されているからというわけではなく、HACCPを基準に品質保証体制を構築することが最良の選択であるからだ。その次に行うべきことは、ISO9001認証（P484参照）の取得だろう。これは品質マネジメントシステムに関する国際規格で、現在までに規模の大小を問わず数々の優良企業がこの認証を取得している。さらに、食品安全マネジメントシステムに関する国際規格であるISO22000（P488参照）を取得すればなおいいだろう。

品質を向上させるための取り組みは、品質管理や品質保証のほかにもさまざまなものが存在する。そのひとつが総合的品質管理（TQM：Total Quality Management）と呼ばれる手法であり、大まかに言うと、個人と事業レベルの仕事、そしてそれらを束ねる仕組み（組織）という3つの対象を連動させ、それぞれに「組織的」「プロセス重視」「科学的」なアプローチを行うことで品質の向上につなげるというものだ。TQMでは企業外の純然たる消費者だけでなく、事業に関わるすべての働き手の人間性を尊重することも重視されている。また、生産・製造工程において小さな改善を継続していく姿勢が求められる「カイゼン（Kaizen）」という日本発祥のコンセプトや、欧州品質管理財団（EFQM：European Foundation for Quality Management）が推進するビジネス・エクセレンス・モデル（P488参照）というヨーロッパ最高峰の経営品質管理システムもある。

どんなビジネスにおいても、利益と事業を拡大させるためには品質を保証する取り組みが不可欠である。そこでまずは、食品業界でもっとも重要なＨＡＣＣＰから解説していこう。

ＨＡＣＣＰ（危害分析重要管理点）

ＨＡＣＣＰは、アメリカで宇宙食の安全性を管理するために、製粉会社のピルズベリー社とアメリカ陸軍研究所およびアメリカ航空宇宙局（ＮＡＳＡ）が１９６０年代に共同で開発した食品衛生管理システムである。この管理システムはもともと微生物汚染の防止を目的としてつくられたものであるが、あらゆる製造工程において活用でき、微生物学的な危害対策のみならず、物理的、化学的な危害対策に応用することもできる。また、対象範囲を広げて、あるいは絞って適応させることが可能であるため、品質に影響するすべての危害要因（ハザード）に対処することもできる。だが、時間のかかる作業工程に対してあまりに厳格で細かい管理を要求すると、いささか煩雑になるという難点がある。こうした場合には的確なガイドラインを設けることが何よりも重要だが、これにはある程度の経験を要する。

ＨＡＣＣＰは、１９９３年に国連食糧農業機関（ＦＡＯ）と世界保健機構（ＷＨＯ）の合同食品規格委員会（通称コーデックス委員会。正式名称は「Codex Alimentarius Commission」）

が採択し、その適用に関するガイドラインを発表したことで世界中に認知され、広く活用されるようになった。EUでも、食品衛生に関する委員会規則852／2004号が2004年に採択され、加盟国の食品事業者が守らなければならない一般的衛生基準が定められるとともに、HACCPの適用が義務付けられることとなった〔訳注：一次生産者は免除されている〕。

コーデックス委員会が運営する国際的な食品規格（通称コーデックス規格。正式名称は「Codex Alimentarius」）においてHACCPは、「食品の安全性にとって重要な危害要因を特定し、評価し、管理するシステム」と定義されている。重要管理点（CCP：Critical Control Point）については、「食品の安全性に対する危害要因を防止または排除するか、許容可能なレベルまで低減するために管理可能かつ不可欠な範囲まで減らすか、防ぐもしくは取り除く措置である」としている。

HACCPのシステムは食品の安全性のみならず、他の製品の品質面や法律面に悪影響を及ぼす要素を管理するのにも非常に有効であることから、現在ではさまざまな分野・領域で使用されている。その際には重要管理点、すなわちCCPに「Safety（安全）」の「S」を追加することでSCCP（安全性重要管理点）としたり、「Quality（品質）」の「Q」を追加してQCCP（品質上重要管理点）としたり、「Legality（合法性）」の「L」を追加してLCCP（法的重要管理点）とすることで、重要管理点のポイントを明確にすることも可能である。それではここで、コーデックス委員会が策定したHACCPの7つの原則と12の手順を紹介しよう（1〜7原則は手順6〜12に該当する）。

⊙HACCPの7つの原則

1 危害要因（ハザード）分析の実施
2 重要管理点（CCP）の決定
3 管理基準（許容限界）の設定
4 重要管理点をモニタリングするためのシステムの設定
5 是正措置の設定
6 HACCPプランが機能しているかを確認するための検証方法の設定
7 文書化および記録の保管方法の設定

⊙HACCP導入のための12の手順

1

HACCPチームを編成する。その際、製品をつくるために必要な情報を集められるようにすべての部門から人材を集めること。HACCPの専門的な知識を持った者がいなければ、外部から専門家を招聘することも大切である。ワイナリーであればブドウ栽培家や醸造家、エノロジスト、ワイナリーのマネジャー、経験のある品質管理技術者、ボトリング・スーパーバイザーのほか、購買部と技術部からの人選も必要だろう。

2 製品の特徴を示す説明書を作成する。具体的には製品名や種類、原材料や添加物、製品規格や特性、容器の材質や包装形態、消費（賞味）期限などを書き出す。こうすることで製品の情報と危害要因を整理できる。ワイナリーであれば、ブドウ栽培、ワイン醸造、ボトリングといった工程ごとに説明書を作成すれば、管理・監督責任の所在も明確になるだろう。

3 製品の使用方法および対象となる消費者を確認する。ワイナリーであれば、タンクなどの大型容器でワインを売るのか、輸出用にボトリングするのか、それとも国内市場向けに販売するのかなど、用途ならびに対象とする消費者別に仕様を確認する。

4 製造工程表を作成する。具体的には、原材料の受け入れから出荷までの各工程がどうのように行われるかを書き出す。ワイナリーであれば、ブドウ栽培から出荷にいたるまでの各工程をまとめる。これによりすべての工程が網羅でき、各工程でなすべきことに集中できるようになる。

5 製造工程表を現場で確認する。各工程を現場で確認してもらった結果、漏れや間違いがあれば表に修正を加える。

6 危害要因分析を実施する（原則1）。ここで工程ごとに発生しうる危害要因をリスト化し、それぞれの管理手段を明確にする。この際に、たとえば法的な危害要因なども具体的にリストに挙げるか、あるいはこの取り組みの本来の目的である、食品安全上の危害要因の特定に抑えておくかといったことも判断しなければならない。

7

重要管理点（CCP）を決定する（原則2）。具体的には、手順6で挙げた危害要因のなかで、特に除去もしくは低減すべき重要な要因が潜む工程を見つけ出す。これは極めて大事な手順であるが、その判断を下す際に、起こりうる危害の発生頻度とその危険度を下のような表にまとめるという手もある。

この表のほかに、コーデックス委員会が推奨するディシジョン・ツリー（Decision Tree）という重要管理点設定のための樹形図も役立つ。これは基本的に次の5つの質問に答えることで、重要管理点とするか否かを判断するというものだ。

Q1 危険要因を管理できる方法は存在するか？

Q2 安全性のためにこの段階での管理が必要か？

Q3 この管理方法により危険要因を除去、または許容範囲まで低減できるか？

Q4 その危険要因が許容範囲を超える危険性はあるか？

Q5 以降の工程で危険要因を除去、または許容範囲まで低減できるか？

具体的にディシジョン・ツリーの樹形図を使って重要管理点を決定するまでの流れを示すと、次ページのようになる。

危険度 / 頻度	小	中	大
多い	はい	はい	はい
ときどき	いいえ	はい	はい
少ない	いいえ	いいえ	はい

コーデックス委員会が推奨する重要管理点設定のためのディシジョン・ツリー

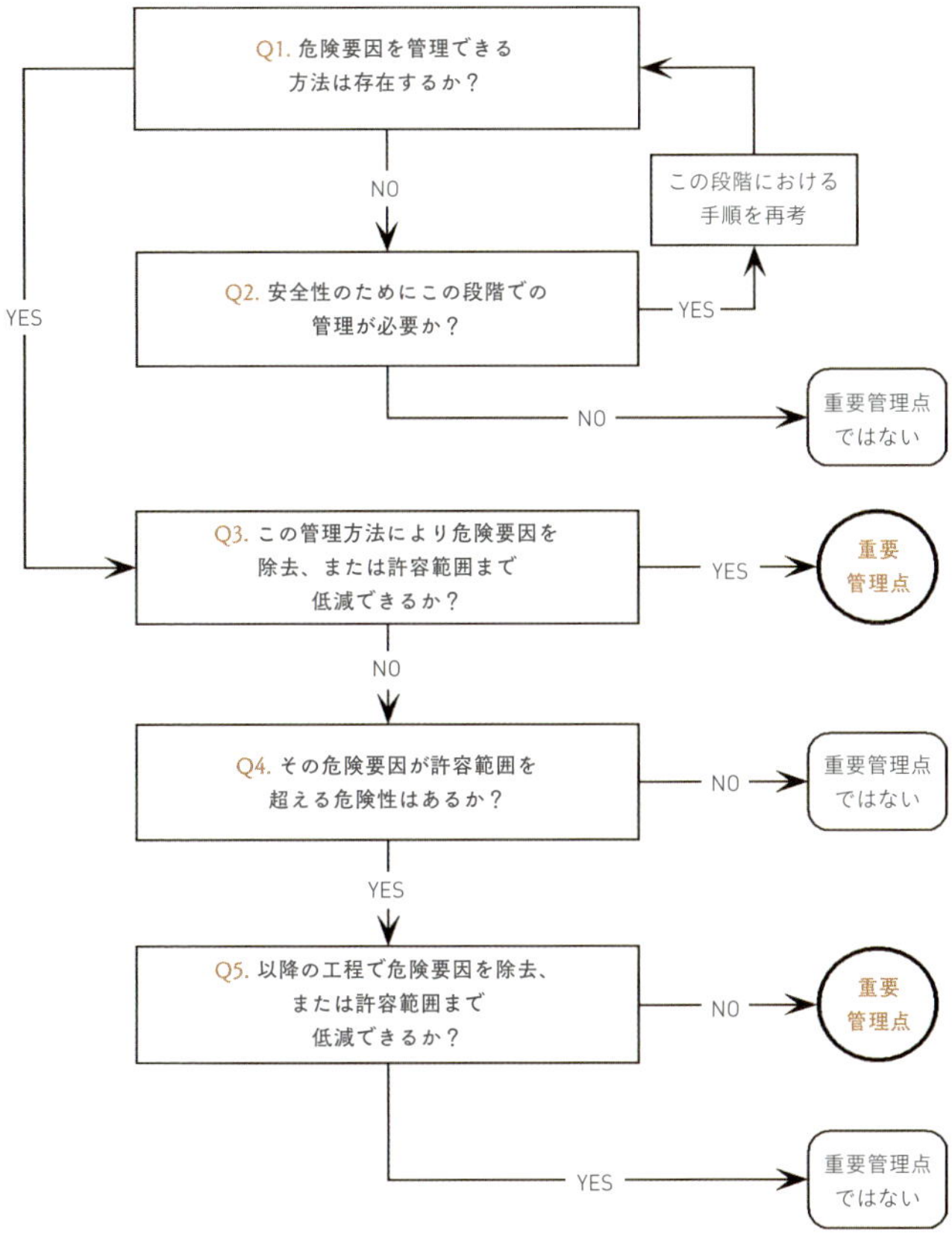

このような方法を使って重要管理点を決定したら、次の手順に進む。

8

管理基準（許容限界）を設定する（原則3）。特定した重要管理点を適切に管理するための基準には温度や時間、pH、そして許容限界値などが含まれる。

9

重要管理点をモニタリングするためのシステムを設定する（原則4）。具体的には、管理基準を常に満たすための確認方法を設定する。

10

是正措置を設定する（原則5）。万が一、管理基準が逸脱したときのための対策を前もって準備しておく。

11

HACCPプランが機能しているかを確認するための検証方法を設定する（原則6）。この段階で問題があれば、HACCPチームの全員で議論し、修正を施すことが求められる。

12

文書化および記録の保管方法を設定する（原則7）。記録はHACCPを実施した証拠であると同時に、問題が生じた際には原因究明の助けとなる。

ここで紹介したHACCPの手順は、長年にわたり実務に携わってきた良識ある作業員の知恵と知識の結晶を論理的に構築したものにほかならない。

⊙ワイナリーへの適用

ワイナリーにＨＡＣＣＰを導入する場合、工程ごとの条件に簡単に適応させられる手順を設定できるはずだ。その工程はどこでもほぼ同じで、ブドウの収穫に始まり、運搬、搾汁、発酵、清澄、ボトリング、そして出荷といった流れになる。ワインはアルコールと酸を含み、pH値も低いので、取り扱いが比較的簡単であるほか、人体に有害な微生物も生育できない。したがってワイン醸造における安全上の主な問題は、ブドウ畑での違法薬物の散布、ワイナリーでの金属汚染、過剰な二酸化硫黄の使用、ボトリング時の異物混入などに限定されるため、ワイナリーの場合はＨＡＣＣＰの重要管理点の数が比較的少なくなる。その数は少なければ3個、多くても20個までくらいだが、おおむね10個前後だろう。

興味深いことに、ニュージーランド食品安全庁のＨＡＣＣＰ申請書類には、「ブドウを原料としたワイン生産において重要管理点は特定されなかった」と記されている。その理由は、ニュージーランドワイン生産者協会が定めるワイン管理基準計画に厳密な行動規範が記されており、それを生産者たちが順守しているからだ。

とはいえ、ほかの国々においてはそこまで厳密な行動規範は示されていないため、やはりワイナリーにもＨＡＣＣＰの導入が求められる。そこで、ＨＡＣＣＰの手順を進めるにあたって必要になる2つの工程表を紹介しておく。ひとつは、ワイン醸造の工程表（Ｐ４８１参照）、もうひとつは、ボトリング後の工程表（Ｐ４８２参照）である。これらの表のなかで例として、危害要因のなかでも特に問題のある重要管理点を10個挙げてある。それぞれの重要管理点の検証結果や是正措置等の詳細は、一覧表にして483ページに掲載した（この一覧表もあくまで一例である）。

⊙HACCPの解釈

HACCPの基本方針の解釈は、各ワイナリーによって異なる。そのためワイナリーごとに運用方法に違いが生じるが、いずれにしても最終製品であるワインは品質が保証されたものでなければならない。なぜならワインとは食品であり、消費者にとって安全な飲み物であることが大前提であるからだ。

ワイナリーで行われている重要管理点に関する取り組みを第三者が監視することは不可能であり、また賢明な行為でもない。たとえば、違法な殺虫剤の使用をどのように監視できるだろうか。使用されたすべての殺虫剤を分析することも、膨大なコストと時間がかかるので不可能に近い。同様に、ボトルに微粒子が混入していないかどうかも確認できない。確かにランダムにボトルを抜栓し、ワインをフィルターにかけて微粒子を検査することはできるが、それを行うことにどのような意味があるだろうか。

HACCPの本来の目的は、潜在的な危険性に着目し、予防措置を講じることにある。つまり、良識に基づいた運用のもと、さまざまな作業工程を見直し、改善するものであり、決して企業を廃業に追いやるものではないのだ。

ワイン醸造の工程表

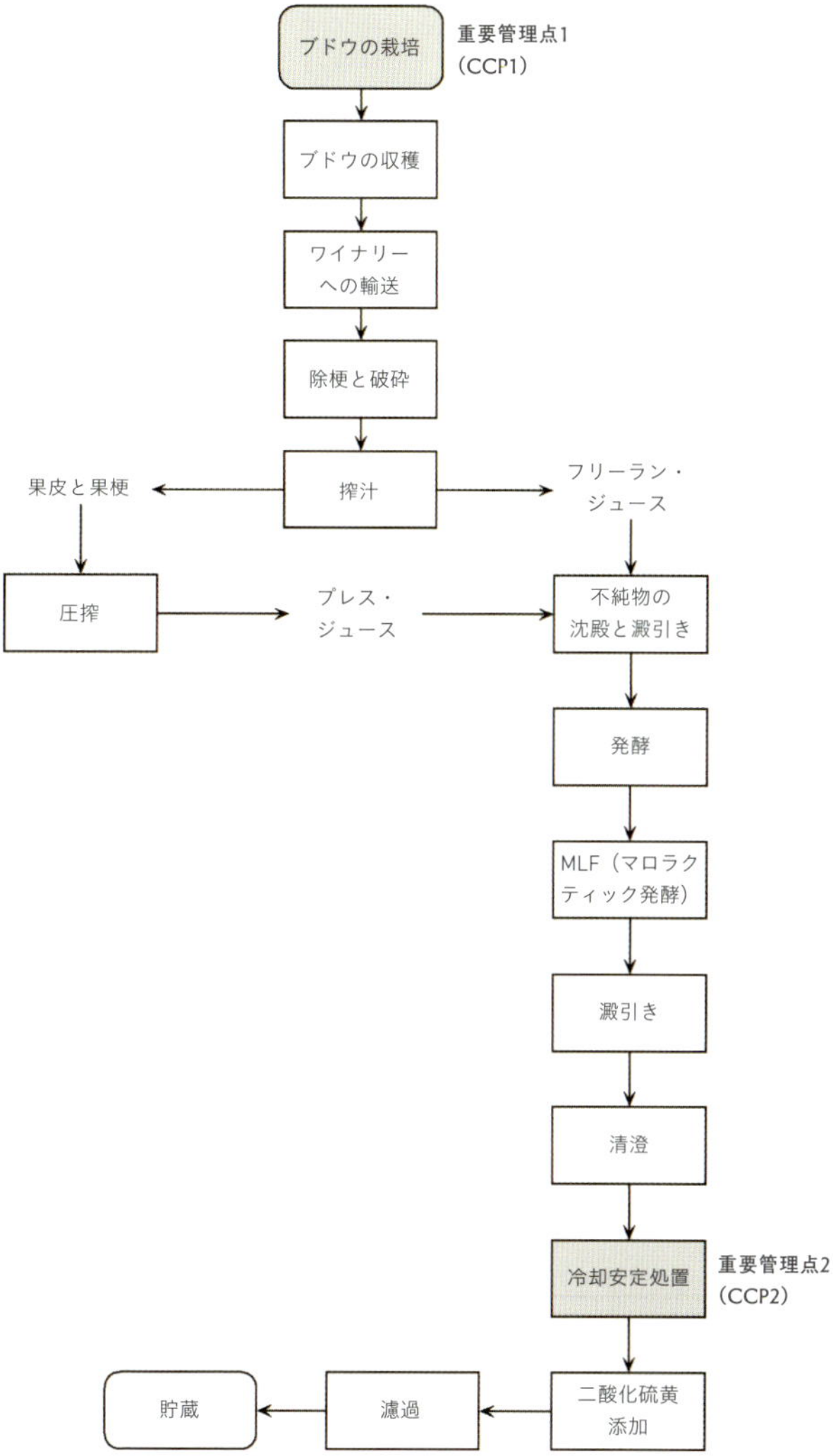
ブドウの栽培
重要管理点1
(CCP1)
ブドウの収穫
ワイナリーへの輸送
除梗と破砕
搾汁
果皮と果梗
フリーラン・ジュース
圧搾
プレス・ジュース
不純物の沈殿と澱引き
発酵
MLF（マロラクティック発酵）
澱引き
清澄
冷却安定処置
重要管理点2
(CCP2)
二酸化硫黄添加
濾過
貯蔵

ボトリング後の工程表

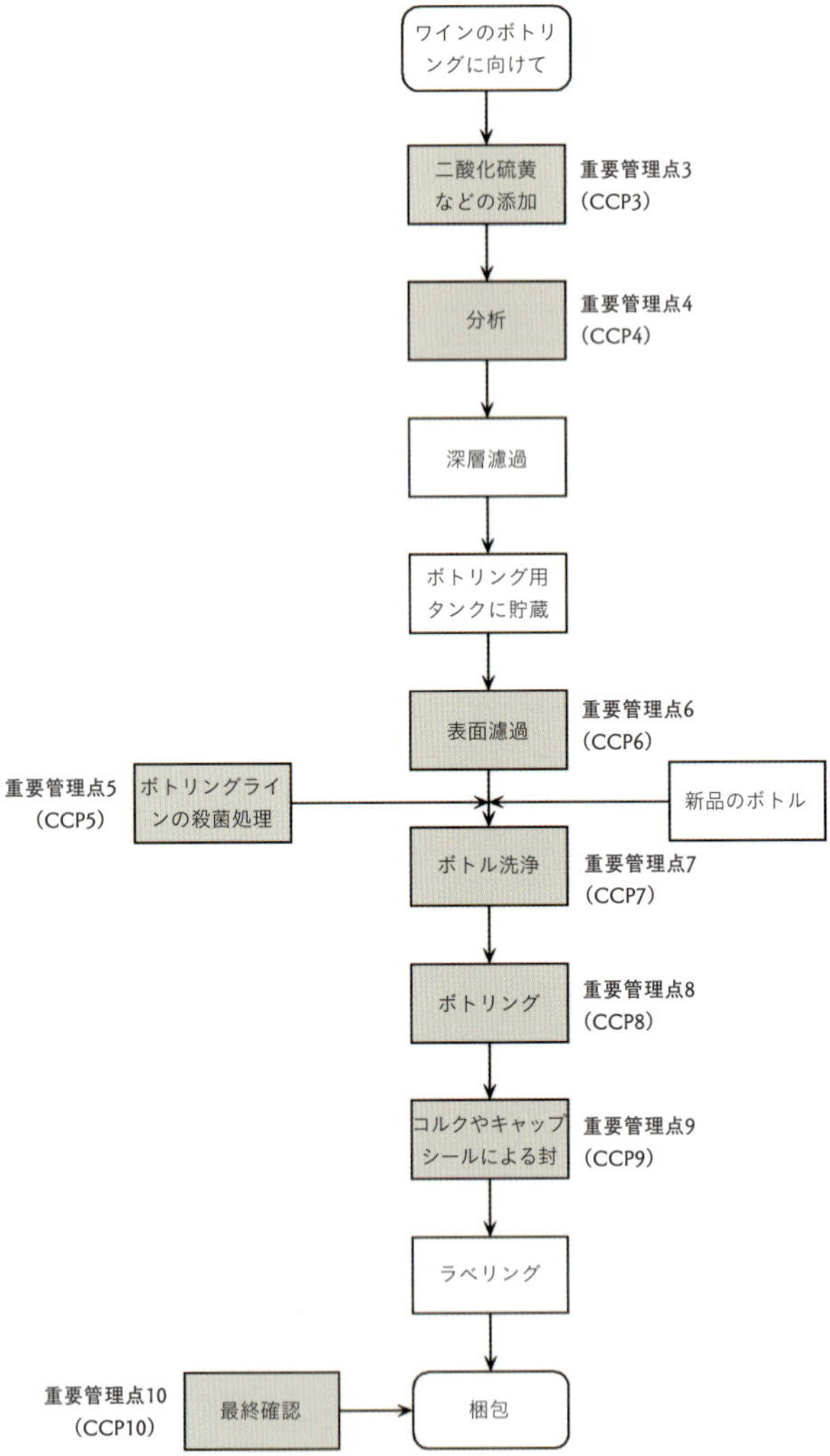
ワインのボトリングに向けて
二酸化硫黄などの添加
重要管理点3（CCP3）
分析
重要管理点4（CCP4）
深層濾過
ボトリング用タンクに貯蔵
表面濾過
重要管理点6（CCP6）
重要管理点5（CCP5）
ボトリングラインの殺菌処理
新品のボトル
ボトル洗浄
重要管理点7（CCP7）
ボトリング
重要管理点8（CCP8）
コルクやキャップシールによる封
重要管理点9（CCP9）
ラベリング
重要管理点10（CCP10）
最終確認
梱包

重要管理点（CCP）の一覧表

作業区分	CCP	問題点	予防対策	危険性・度	検証方法	是正措置	記録
ブドウ栽培	1	違法な農薬散布、残留農薬	栽培マニュアル作成	なし	農薬散布記録の確認	作業員の訓練	記録日誌
冷却安定処置	2	冷却装置による汚染	メンテナンスのルーティン化	なし	メンテナンス記録の確認	汚染が確認された場合に検証を行う	記録日誌
二酸化硫黄などの添加	3	過剰添加	分析	規則・基準値の範囲内	分析記録の確認	作業員の訓練	分析記録
分析	4	不適切な検査結果	基準ワインリング試験※	検査の正確性	分析記録の確認	作業員の訓練	分析記録
ボトリングラインの殺菌処理	5	不十分な殺菌洗浄	微生物検査	微生物不在	検査結果の精査	殺菌手順の見直し	製品記録
表面濾過	6	瓶内発酵	完全性試験の実施	瓶内の微生物不在	検査結果の確認	作業員の訓練	印刷物
ボトル洗浄	7	異物混入	ノズルなどの定期点検	異物なし	抜き取り検査	メンテナンスの向上	ボトリング記録
ボトリング	8	ガラス片の混入	充填機の監視強化	異物なし	目視確認	メンテナンスの向上と作業員の訓練	ボトリング記録
コルクやキャップシールによる封	9	コルクやシールの破片混入	ボトリング工程の監視強化	異物なし	目視確認	メンテナンスの向上と作業員の訓練	ボトリング記録
最終確認	10	確認不足	確認作業の強化	仕様に準拠	マネジャーによる確認	ワインの検疫	品質保証記録

※ 硝酸イオンを検出する反応試験

ＩＳＯ９００１

ＩＳＯ９０００シリーズは１９８７年3月、スイスのジュネーブに本部を置く国際標準化機構（ＩＳＯ：International Organization for Standardization）によって制定された品質マネジメントに関する国際規格の総称であり、その中心をなす規格がＩＳＯ９００１（品質）である。

もともと品質管理および品質保証という概念は、第2次世界大戦後、軍需品工場で完成前の兵器が爆発する事故が多発したことをきっかけに生まれた。製品の安全性を保証するための公式な手順の必要性が叫ばれるようになり、北大西洋条約機構（ＮＡＴＯ）が同盟国品質保証基準（ＡＱＡＰ：Allied Quality Assurance Publications）という規格を開発したのだ。同盟国が生産する軍需品に課せられたこの規格はほかのさまざまな技術分野に普及し、１９７９年には英国規格協会（ＢＳＩ：British Standards Institution）が産業界全般の品質システムに関するＢＳ５７５０規格を発行するにいたった。ＩＳＯ９０００シリーズは、この英国発祥の品質システム規格の成功を受けて制定されることとなったのだ。

その後、ＩＳＯ９０００シリーズは時代の流れを取り入れて１９９４年に改定されたが、導入のしづらさなどが解消されなかったため多くの批判にさらされた。そうした部分が大幅に改定されたのは２０００年のことだ。この改定によってＩＳＯ９００１、

ISO9002、ISO9003は、ISO9001「品質マネジメントシステム―要求事項」としてひとつにまとめられ、作業手順ではなく作業工程全般を基本とする新たなシステムとなった。要求事項とされていた「文書化した手順」の多くも削除され、4件が残るのみとなった。この時点でようやく、人は訓練を積めば仕事を完遂できるものであり、文書化された作業手順に頼る必要はないという原理が認識されたのだ。また2000年の改定には、継続的に品質の向上を目指して取り組むことや、消費者を重視するという意識改革も盛り込まれた。あらゆるビジネスにおいてもっとも大切な要素は消費者なのだから、これは当然のことと言える。

一方で、ISO9001は官僚的で膨大なペーパーワークを必要とするために作業量とコストが大幅に増えたという声もある。確かにありえる話ではあるが、それは導入の仕方しだいであり、適切に導入すればどちらも削減できるはずだ。なぜならISO9001に必要なシステムの導入準備は、既存のシステムを見直して改善する絶好の機会となるからだ。加えて準備作業の過程で各部門と連携をとることによって、必然的にコミュニケーションの質、量ともに向上する。

この準備作業を終え、すべての工程の詳細が明らかになると、誰が何をどのように行っているか、その責任の所在がどこにあるかなどが明確になり、企業に属するすべての人が認識を新たに仕事に取り組めるようになる。さらに、企業の内外に対して品質第一の姿勢を示すことで従業員のモラルが向上するだけでなく、消費者の信頼を得ることもできる。物流面でも、必要な資材を必要なときに必要な場所に配置することが可能になることから、効率化とコストカットにつながるはずだ。ＩＳＯ９０００シリーズはまさに、企業やビジネスの発展のために立案されたと言っても過言ではない。もし何らかの妨げが生じたとしたら、それは導入の仕方が間違っているからである。

ちなみに、１９９４年版のＩＳＯ９００１に記されていた20の要求事項は、２０００年版では次の５つに集約されている。

1 品質マネジメントシステム
2 管理者の責任
3 経営資源の管理
4 製品の実現
5 測定、分析および改善

ＩＳＯ９００１は、その後さらに２００８年と２０１５年にも改定されている。したがって、認証を目指す企業の方は必ず最新版の規格原本にあたっていただきたい。ＩＳＯ認証の申請をした際には、グローバルな認定機関［訳注：日本では公益財団法人日本適合性認定協会（ＪＡＢ）と一般社団法人情報マネジメントシステム認定センター（ＩＳＭＳ－ＡＣ）の２つ］が公式に認めた認証機関によって審査される。そうして晴れて認証を取得した後も、システムが有効に機能しているかどうかの審査が認定機関によって定期的に行われる。

ＩＳＯ９００１規格を十分に理解して適切に運用すれば、企業およびビジネスの発展の妨げになることも、改革の妨げになることもない。あくまでも、ＩＳＯ規格は企業が目標とする品質向上をサポートするためのマネジメントシステムなのであるから、もし何の役にも立たないのだとしたら、それは運用の仕方に問題があるということだ。

ＩＳＯ１４００１

今日の品質保証は単に製品やサービスの品質にとどまらず、環境に配慮した企業活動まで視野に入れている。そのために有用な環境マネジメントシステムが、ＩＳＯが１９９６年に発行を開始したＩＳＯ１４０００シリーズであり、その中核をなすＩＳＯ１４００１にはあらゆる規模や業種の企業に適応可能な要求事項が定められている。その概要は次のとおりである。

- 企業活動（製造からサービスにいたるまで）が環境に与える影響を測定し、管理すること。
- 環境に配慮した活動を持続的に行い、常にその質を向上させていくこと。
- 環境を意識した目的や目標を設定し、それを達成するために行動すること。そして、その達成度を明示すること。

これらの要求事項に基づき、ＩＳＯ１４００１のシステムを構築した際には、そのことを自ら宣言する（自己宣言）か、外部の機関に証明してもらう（第三者認証）ことが可能だ。後者の場合には、ＩＳＯ９００１認証と同様の手順を踏む必要がある。

ＩＳＯ２２０００

２００５年に発行したＩＳＯ２２０００シリーズは、品質マネジメントシステムであるＩＳＯ９０００にＨＡＣＣＰの原則と基準を組み込み、前提条件プログラム（ＰＲＰ：Prerequisite Programmes）〔訳注：食品安全衛生上における危険要因を減少させるために前提となる規則をつくり、管理する手法〕と呼ばれる衛生管理手法を具体化した規格である。つまりＩＳＯ２２０００とは、ＰＲＰとＨＡＣＣＰプログラムの優れた管理システムを融合させた素晴らしい食品安全マネジメントシステム規格である。品質保証を確かなものにするには、このＩＳＯ規格も取得することが望ましい。

ビジネス・エクセレンス・モデル

ヨーロッパ最高峰の経営品質管理システムは、欧州品質管理財団（ＥＦＱＭ）が推奨するビジネス・エクセレンス・モデルである。ＥＦＱＭは１９８８年、ヨーロッパを代表する企業の最高経営責任者14人によって設立され、現在の会員企業数はヨーロッパ全土の７５０社以上に上る。ビジネス・エクセレンス・モデルを取り入れたこれらの企業では、確実に経営品質を向上させていることから、このモデルは企業やビジネスの有効性と効率性を高める手法として世界的に認知されるようになった。そんなビジネス・エクセレンス・モデルは、企業のマネジメントにおける９つの重要事項を含む包括的なシステムとなっている。

1 リーダーシップ
2 人材の管理
3 戦略企画
4 経営資源の管理
5 品質管理システムとその工程
6 人材の満足度
7 顧客満足度
8 社会への配慮
9 企業業績

ビジネス・エクセレンス・モデルでは、ほかの品質管理システムのように規則や規格の順守に重きを置くのではなく、自己評価によって継続的な改善を続けることを目的とする。そして企業の経営陣が「自分たちの活動が評価されるにふさわしい」と誇れる段階になったら、ＥＦＱＭが毎年表彰する、欧州品質賞（European Quality Award）の各カテゴリーへの応募も認められている。このスキームに似た経営品質賞が世界各地で生まれており、なかでもアメリカで１９８７年に創設されたマルコム・ボルドリッジ国家品質賞［訳注：当時のマルコム・ボルドリッジ商務長官が中心となり制定した「国家品質改善条例」を基盤とする］は注目に値する。

なお、本章で紹介した品質保証に関するシステムについてさらに詳しい情報を知りたい方は、各統括機関のホームページやテキストを参照していただきたい。

第23章

法律と規則

CHAPTER 23

LEGISLATION &
REGULATIONS

自由とは、法の許す限りにおいて行動する権利である。
——シャルル=ルイ・ド・モンテスキュー（1689〜1755年）

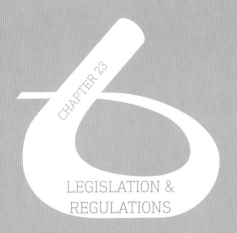

EU法は、1次法(Primary Legislation：基本条約)、2次法(Secondary Legislation：規則［regulation］、指令［directive］、決定［decision］、勧告［recommendation］など)、判例（Case-law：EU司法裁判所の判例）の3つに分類される。2次法のなかでワイン業に携わっている人たちが留意しなければならないのは「規則」と「指令」であり、EU規則は加盟国の国内法よりも優先され、加盟国の政府や企業、個人に直接的に適用される。一方、EU指令は、採択されると加盟国の国内法に置き換えることが求められるが、その際に一定の裁量が認められている。また、EU指令は企業や個人に直接的に適用されるものではない。

こう書くと規則も指令も非常にシンプルなものに思えるかもしれないが、EUのワイン法は時とともに厄介で複雑なものになっている。それは、新しい法案が可決されるたびに既存の法律が廃止されたり、現行の法律に新しい項目が追加されたり、いくつかの法律の解釈が拡大されたりといったことを繰り返しているからだ。EU法では、このように多数の規則や指令が複雑に関与しているため、ある製品に関連する法令をすべて入手しようと思っても、実際のところは不可能に近い状況となっている。白紙の状態から、すべての規則や指令を論理的かつ簡潔にまとめることができればどれだけいいだろう。とはいえ、そうはいかないのが現実である。EU法で唯一改善された点は、データベース(EUR-Lex：https://eur-lex.europa.eu/homepage.html）が無料で閲覧できるようになったことだ。

本章では、EUのワイン法のなかでも重要なものを抜粋し、それぞれの法律の主要目的をわかりやすく解説する（ただし、法令は頻繁に変更されるため、最新の情報は右記のデータベースで確認していただきたい）。

理事会規則479／2008号：ワイン共通市場制度に関する理事会規則

理事会規則479／2008号は、EUにおけるワイン共通市場の基本原則を示した枠組みである。以前は理事会規則1493／1999号が存在したが、時代にそぐわなくなったために479／2008号へと改正された。この規則では以下の項目が規定されている。

- EUのワイン産業に対する支援策
- 原産地呼称やラベルなどの規制措置
- 域外国との輸出入規定
- 生産調整に関する規定
- その他の一般的規定

これらの項目には財務的事項、ワイン学的事項、そしてラベルの記載義務などが複雑に入り混じっているため、非常に難解な文書となっているが、主な変更点は「特定地域産高品質ワイン（Quality Wine Produced in Specified Regions）」と、それよりも品質の低い「テーブルワイン（Table Wine）」いう用語が廃止され、委員会規制６０７／２００９号（Ｐ４９６参照）に詳述されているＰＤＯ（Protected Designation of Origin：原産地呼称保護）やＰＧＩ（Protected Geographical Indication：地理的表示保護）に置き換えられたことだ。この変更により、旧理事会規則でテーブルワインに分類されていたワインに、収穫年とブドウ品種を記すことも可能となった。

ラベル表示の基本的な規則は、記載義務のある事項（義務的記載事項）も、一定の条件を満たした場合に記載できる事項（任意的記載事項）も、以前とほぼ変わらない。主な義務的記載事項は次のとおりである。

- ブドウ生産物の種類
- 該当するＰＤＯまたはＰＧＩの記載（もしくは、旧来のＡＯＣなどの呼称も使用可能）
- アルコール度数は「% vol」にて表記すること

PDOとPGIワインのロゴマーク

- 原産国表示
- EU圏産ワインの場合、ボトリングをした業者名と、生産者名およびその所在地
- EU圏以外の第3国から輸入されたワインの場合、輸入元の名称とその所在地

これら以外にも、ワインの容量と二酸化硫黄（亜硫酸塩）が含まれている旨をラベルに表記する必要がある。一方、主な任意的記載事項は、次のとおりである。

- 収穫年、醸造年
- ブドウ品種
- 糖度表示
- PDOやPGIのマーク
- 醸造方法
- より限定された、またはより広範な、別の地理的単位の名称

この規則は当初ワインの共通市場制度のみに関するものであったが、2009年および2013年の改正によって水産物など他の産物も含むものとなった。

委員会規則606／2009号：詳細（ブドウ栽培やワイン醸造の実践における詳細と規制）

委員会規則606／2009号は、理事会規則479／2008号のワイン醸造における詳細を補足するもので、たとえば二酸化硫黄の最大許容含量や、オーガニック・ワインの醸造技術などが含まれている。しかしやはり、ワイン学的な事項や分析手法などがごちゃ混ぜとなってさまざまな付録や添付文書に記されており、秩序だっているとは言いがたい。それでも添付文書1は認可されているワイン醸造学的方法がすべて載っているので、非常に役に立つ。

委員会規則607／2009号：詳細（特定生産地や原産地呼称の保護ならびにラベルでの表記方法と伝統的事例）

先にも触れたが、委員会規則607／2009号はPDOとPGIの導入についての詳細を定めたものである。しかし、これまで各国で使用されてきたAOC（フランスのワイン法に基づく原産地統制呼称）やDOC（イタリアのワイン法に基づく統制原産地呼称）なども引き続き使用可能であるため、PDOやPGIを使用する生産者は稀であり、混乱を招く事態となっている。この規則には、ラベルの義務的記載事項の詳細も組み込まれている。

委員会規則1991/2004号：アレルゲンに関する規則

委員会規則1991/2004号は、規則753/2002号（理事会指令2003/89号によって運用されている規則）を改正したものである。この規則により、2005年11月25日以降にボトリングされ、10㎎/ℓ以上の二酸化硫黄を含むワイン（実質的にすべてのワインを指す）には、「Contains Sulfites（二酸化硫黄［亜硫酸塩］含有）」と明記することが義務付けられた（P321参照）。また、欧州食品安全機関（EFSA：European Food Safety Authority）の科学的見地に基づき、ほかのアレルゲン表記が追加されることもある。

理事会指令1989/396号：製造ロット番号に関する指令

理事会指令1989/396号に基づき、ワインを含むすべての食品が製造ロット番号の記載を義務付けられている。これは、可及的すみやかにリコール対応を行うためだ。そのロット番号はアルファベットの「L」または「Lot」から始まり、1回の製造単位（ボトリングなど）ごとの番号を記す決まりとなっているが、製造単位の数量については定義されていない。そもそもワインの場合、製造単位を取り決めること自体、難しい側面がある。というのも、ロット番号はある日のボトリング数を指すこともあれば、ある収穫年すべてのボトリング数を指すこともあるからだ。ひとつ言えるのは、万が一のリコールに備え、製造単位はできるだけ小さくしたほうがよいということだ。

委員会規則178／2002号：食品法一般原則（トレーサビリティに関する規則）

委員会規則178／2002号はEUの食品に関する一般原則と必要条件を規定したもので、第18条には「食品のトレーサビリティは（中略）製造過程から消費者に届くまでの全段階で追跡可能とすべきである」と定義されている。当然ワインもこれに該当する。そのため、すべてのワイナリーは生産した全ワインを追跡できるシステム（ブドウ畑の区画や品種、醸造からボトリング、梱包にいたるまでの全工程）を導入しなければならなくなった。これは、テーブルワインを大量生産する大規模なワイナリーにとっては難題である。なにせ、出来上がったワインにはさまざまな地域から集められたブドウで造られた種々のワインが使われているのだから。

理事会指令2000/13号：食品のラベル表示、広告などに関する指令

ワインラベルの表示や広告に関する規則については本章の冒頭に挙げた理事会規則479/2008号のなかで紹介したとおりだが、そこでは成分表に関しては触れられていない。すべての成分をラベルに表示することを義務付けているのが、この理事会指令2000/13号であり、表示義務が免除されるのは混合成分の構成比が最終製品の2%に満たない場合のみである。ただし、添加物についてはその場合も表示義務が免除されないことから、この指令はワイン業界各所から多くの非難を浴びている。というのもワインの添加物は非常に少ないうえに、添加物の大半がワインに残留しない加工助剤であるからだ。そもそも添加物はワイン法によって厳重に管理されているのだから、ワイン業界からそうした声が寄せられているのも無理からぬ話だ。

理事会指令2007/45/EC：消費者向け製品の容量およびサイズの規制緩和に関する指令

理事会指令2007/45/ECによってほとんどの製品で容量規制は廃止されることとなったが、ワインや蒸留酒では規定が改定されるにとどまり、引き続きEUレベルで

の容量規制を守ることが義務付けられている（P359参照）。この指令の付則に定められているワイン容量規制は以下のとおりである。

非発泡性ワイン：100、187、250、375、500、750、1000、1500㎖

発泡性ワイン：125、200、375、750、1500㎖

リキュール・ワイン（酒精強化ワイン）：100、200、375、500、750、1000、1500㎖

イエロー・ワイン（ヴァン・ジョーヌ［Vin jaune］）：620㎖

この指令では、容量誤差の許容範囲（容器に記載された名目容量と実質容量の誤差）も認めている。許容範囲の下限は、名目表示容量に対するパーセンテージか、グラムまたはミリリットルで規定されており、100〜200㎖のワインならば4.5％、200〜300㎖ならば9g、300〜500㎖ならば3％、500〜1000㎖ならば15g、1000〜10000㎖ならば1.5％までとなっている。この容量規定を満たしたワインは、その証としてラベルに「e」マークをつけることができる。

おわりに

ワイン造りの技術的な側面を学ぶ醍醐味は、真に正しい唯一の醸造方法など存在しないということに気づかされるところにある。実際、ワイン造りのどの工程においてもさまざまな選択肢が存在する。それらの選択肢のなかから醸造家は、ときどきに何が最良かを判断しなければならない。その判断は多くの場合、科学的な証拠に基づくものではなく、醸造家の知識と経験を頼りに下される。そして醸造家が下したその判断こそが、ワインの品質を大きく左右する。

素晴らしいワインを生み出す醸造家は、各工程で施す処置がワインにもたらす効果をよく知っており、求めるワインのスタイルの究極の仕上がりに向けて日々適切な判断を下す。もちろんそうした醸造家は、ワインの品質はブドウの良し悪しで決まることもよく理解している。古くからの格言にあるように、「よいワインはよい畑から造られる」のだ。そしてブドウが持つポテンシャルを消費者が口にするまで確実に維持するには、優れた品質管理ならびに品質保証を徹底することが非常に重要になる。

確かに、科学はワインの醸造技術にひと役買っている。だが科学的な見地や手法を駆使するだけでは、人々を虜にするようなワインは造り出せない。ワインというのは、一種の芸術品だからである。したがって優れた醸造家は、間違いなく芸術的な素養も備えている。そんな彼らはブドウを、人に至福と健康をもたらす世にも稀な飲み物へと変える巧みな術を持っている。醸造家が力を尽くせば、ワインは大いなる恵みとなってその努力に必ず報いてくれる。そしてその恵みは、無限である。

ワインを飲めば、ぐっすり眠れる。
ぐっすり眠れば、罪を犯さずに済む。
罪を犯さなければ、あなたは救われる。
それがゆえに、ワインを飲むということは、あなたを救うことになる。

——中世のドイツの言葉

プロフィール

著者

ディヴィッド・バード（David Bird）

イギリス王立化学会公認化学者、マスター・オブ・ワイン。分析化学者として食品業界で主にベビーフードやマスタード、フルーツスカッシュの成分分析に携わったのち、ワインへの情熱が高じて1973年にワイン貿易業に転身。1981年には第1子を授かるとともに、マスター・オブ・ワインとイギリス王立化学会公認化学者（Chartered Chemist）の2つの資格も獲得。現在は品質保証の分野を専門とし、特にISO9000やHACCPの導入を目指すワイナリーの指導にあたっている。これまでに品質保証の指導に訪れた国は、地元イギリスのみならず、フランスやイタリア、スペインといった西欧から、北欧や東欧諸国、さらにはオーストラリアまで約20カ国に及ぶ。また、イギリスの慈善団体「ザ・ナショナル・ガーデン・スキーム」が年に一度行うオープン・ガーデンというチャリティ企画にも参画しており、自身の所有する庭園も一般開放されている。

訳者

佐藤圭史（さとう・けいじ）

2001年オレゴン大学ジャーナリズム学部卒業。自動車メーカー、映像制作会社勤務を経て、2009年に東京・渋谷にオレゴンワインを中心としたビストロをオープン。2016年に閉店するまでソムリエ（2014年日本ソムリエ協会認定J.S.A.ソムリエを取得）として従事し、現在は南アフリカ共和国で自ら醸造を手掛けるなど、国内外でワインを中心とした活動をしている。訳書に『最高においしい自然ワイン図鑑』（エクスナレッジ）がある。

村松静枝（むらまつ・しずえ）

英日翻訳家。訳書に『土とワイン』（エクスナレッジ）、『世界のビール図鑑』（ガイアブックス）、『世界のウイスキー図鑑』（共訳、ガイアブックス）、『世界に通用するビールのつくりかた大事典』（エクスナレッジ）、『The Wine ワインを愛する人のスタンダード＆テイスティングガイド』（日本文芸社）、『偉大なアイディアの生まれた場所―シンキング・プレイス』（共訳、清流出版）、『ワインの味の科学』（翻訳協力、エクスナレッジ）などがある。

伊藤伸子（いとう・のぶこ）

英日翻訳者。訳書に『1分間サイエンス 手軽に学べる科学の重要テーマ200』（共訳、SBクリエイティブ）、『信じられない現実の大図鑑2』（東京書籍）、『ビジュアル大百科　元素と周期表』（化学同人）などがある。

索　引

ま

や

ら

わ

欧文

参考文献

- Beyond alcohol: Beverage consumption and cardiovascular mortality. *Clinica Chimica Acta*, 1995, 237, 155-187
- Campbell, Christie, *Phylloxera*, Harper Collins, 2004
- Clarke R. J. & Bakker J., *Wine Flavour Chemistry*, Blackwell, 2004
- Ford, Gene, *The Science of Healthy Drinking*,Wine Appreciation Guild, 2003
- Goode, Jamie, *Wine Science*, Mitchell Beazley, 2005(邦訳『ワインの科学』ジェイミー・グッド著、梶山あゆみ訳、河出書房新社、2008年)
- Hornsey, Ian, *The Chemistry and Biology of Winemaking*, The Royal Society of Chemistry, 2007
- Jackson, R. S., *Wine Science*, Academic Press, 2000
- Johnson, H, & Robinson, J, *The World Atlas of Wine*, 5th edition, Mitchell Beazley, 2001(邦訳『地図で見る世界のワイン図鑑 第5版』ヒュー・ジョンソン著、山本博訳、ガイアブックス、2002年)
- Rankine, Bryce., *Making Good Wine*, Pan Macmillan, 1989
- Ribereau-Gayon et al. *Handbook of Enology*,Wiley, 2000
- Robinson, Jancis (Editor), *Oxford Companion to Wine*, 3rd edition, Oxford University Press, 2006
- Sandler & Pinder,*Wine: A Scientific Exploration*, Taylor & Francis, 2003
- Skelton, S *Viticulture*, 18 Lettice Street, London, SW6 4EH, 2009
- Micro-oxygenation – A Review *The Australian & New Zealand Grapegrower & Winemaker 2000*, Wine Business Monthly – various papers(www.winebusiness.com)
- Wine, alcohol, platelets, and the French paradox for coronary heart disease. *The Lancet*, 1992, 339, 1523-1526
- Wine bottle closures: physical characteristics and effect on composition and sensory properties of a Semillon wine. *Australian Journal of Grape and Wine Research Vol.7, No 2, 2001*

化学用語集

あ

アイシングラス：魚（チョウザメなど）の浮き袋を精製して乾燥したもので、主成分はコラーゲン（ゼラチン）。主に白ワインの清澄に用いられる。

アミノ酸：アミノ基（$-NH_2$）と酸性のカルボキシル基（-COOH）を持つ有機化合物の総称。タンパク質の構成単位のひとつ。植物はタンパク質を構成している約20種類のアミノ酸を合成できるが、人間を含む多くの動物は合成できないので食物から摂取している。

アルカリ：水に溶けて塩基性（酸と結合して塩を生成する性質。水溶液では水素イオン指数［pH］が7より大きいときを言う）を示し、「-OH」となるヒドロキシ基を有する化合物の総称。一般に、アルカリ金属、アルカリ土類金属の水酸化物を指す。

アルキメディアン・スクリュー：アルキメデス（紀元前287頃〜同212年頃）が考案したとされる、細長い円筒の内部にネジ状の螺旋を持つ揚水装置のひとつ。「アルキメデスの螺旋」とも呼ばれる。

アルデヒド：アセトアルデヒドに代表されるアルデヒド基（-CHO）を持つ化合物の総称。ワインが酸化した際に強いにおいを放つ化合物を生成する。

アルブミン：卵白など、動植物の細胞や体液などに含まれる可溶性タンパク質の総称。単純タンパク質のひとつで、熱で凝固する。ワインの清澄に使用される。

アレルゲン：アレルギー反応を誘発する抗原、またはその抗原を含む物質を指す。

アントシアニン：植物に含まれるポリフェノールの一種で、赤色から青色までの色を呈する色素。その色調は水素イオン指数（pH）によって変化する。

イオン：正または負に帯電した原子または原子団を意味する。正の電荷を帯びたイオンを陽イオン、負の電荷を帯びたものを陰イオンと言う。

異性体：同じ種類の原子を同じ数だけ持っているが、立体的な構造が違うため、異なる性質を持つ化合物。

エステル：有機酸や無機酸とアルコールが脱水縮合して生成される芳香族化合物。酢酸エチルはその一種。

エポキシ樹脂：分子中に2個以上のエポキシ基を持つ高分子化合物。耐薬品性が高く、塗料や接着剤などに使われる。

塩《えん》：酸と塩基との化学反応により形成される化合物。一般的には、塩《しお》や塩化ナトリウム（NaCl）を意味する。

オーガニック：有機、すなわち生物体を構成する、炭素を主成分とする化合物を指す。現在では、農薬や化学肥料を使わず、太陽、水、土地、生物といった自然の恵みを生かした農法も意味する。

か

化合物：2種類以上の元素の原子が化合してできた物質。

加水分解：化合物が水と反応して起こす分解反応。たとえば、エステルが水と反応してカルボン酸とアルコールに分解される反応など。水解とも言う。

カゼイン：牛乳に多く含まれるリンタンパク質の一種。ワインの清澄に用いられる。

果糖（フルクトース）：強い甘味を持ち、果実や花、特に蜂蜜に多量に含まれる単糖。分子式は$C_6H_{12}O_6$。ブドウ糖は果糖の異性体である。

還元：化学的には酸化の逆。つまり物質から酸素が失われる反応、および物質が酸素を失い、水素と化合する反応を指す。

緩衝作用：溶液に酸または塩基を加えたときに起こる水素イオン指数（pH）の変化を軽減する作用。

気圧：気体または大気の圧力。もともと1気圧は水銀柱の高さを760mmまで押し上げる圧力と定義されていたことから、気圧を測る単位として水銀柱ミリメートル（mmHg：1気圧＝760mmHg）が用いられていたが、現在では世界的にヘクトパスカルが（hPa）が用いられ、1気圧は1013.25hPaとされている。

気孔：植物の葉の表皮にある小孔。周囲の孔辺細胞（保護細胞）の膨圧の変化によって開閉する。一般には葉の裏面に多く、ガス交換や水蒸気の通路となる。

揮発：常温で液体が気化すること。気化しやすい性質を揮発性と言う。

貴腐菌：学名はボトリティス・シネレア（*Botrytis cinerea*）。フランス語ではプリチュール・ノーブル（Pourriture noble）。灰色カビ病を引き起こすこともあれば、成熟し始めたブドウの果皮表面に付着し、水分を蒸発させて糖分を凝縮させることもある不完全菌類の一種。

凝集：気体や液体中に分散しているコロイド粒子が集まってより大きな粒子になる現象。

空気：地球表面を包んでいる無色透明な気体。約78%の窒素と約21%の酸素を主成分とし、そのほかにアルゴンや二酸化炭素、水素、オゾンなどを少量含む。地表での標準気圧は1気圧＝1013.25hPaである（「気圧」の項参照）。

珪藻土：藻類のひとつである珪藻の死骸に粘土などが混じり、海底や湖底などに堆積して化石化したもの。ワインの濾過助剤として用いられる。

ケトン：芳香性があり、付加や縮合しやすく、ケトン基を持つ有機化合物の総称。一般的にワインでは、酸化によって生成される化合物のひとつ。

嫌気性：酸素を必要としない性質または状態。好気性の対語。

原子：物質の構成単位であり、元素としての特性を失わない最小の微粒子。

原子量：ある元素の原子の相対的質量を表す値。具体的には、質量数12の炭素原子（^{12}C）1個の質量を12とし、これを基準として定めた原子の相対的質量のこと。

好気性：酸素を必要とする性質や状態。嫌気性の対語。

光合成：緑色植物が光のエネルギーを利用して、二酸化炭素と水から有機化合物を生成する過程。

酵素：生物の細胞内でつくられたタンパク質を主体とする高分子化合物。生体内の種々の化学反応を触媒する機能を持つ。

酵母：通常の生育状態が主に単細胞で、出芽または分裂により増殖する菌類の総称。そのなかでワイン醸造にもっとも適しているのが、サッカロミセス・セレビシエ（*Saccharomyces cerevisiae*）である。

コロイド：物質が0.1～0.001μm（マイクロメートル）程度の微粒子となって液体や気体、固体などの媒体中に分散している状態。

さ

細菌：原核細胞を持つ単細胞の微生物で、真核細胞を持つ酵母よりも小さい。

栽培密度：田畑など、単位面積当たりに植えつける作物の株数。栽植密度とも言う。

酸：酸っぱいものや酸味があるもの。化学的には水素イオン指数（pH）が7以下で、水に溶けたときに電離して、水素イオンを放出する物質を指す。その性質を酸性と言う。

酸化：物質が酸素と化合する反応、または物質から水素が奪われる反応。現在では一般に、原子や分子、イオンから電子が奪われる反応と定義されている。

酸化防止剤：酸素の影響を受けて起こる酸化や変質を抑える目的で添加される物質。

触媒：自身は変化せずに化学反応の速度を速める物質。触媒の大半は反応を速くする触媒（正触媒）だが、逆に速度を遅くする触媒（負触媒）もある。

重合：1種類またはそれ以上の単位物質の分子が2つ以上化学的に結合して、より分子の大きな化合物をつくること。

酒石酸：ブドウ果汁に豊富に含まれる酸で、ワインに含まれる酸のうちもっとも多い酸。分子式は$C_4H_6O_6$。

酒石酸水素カリウム：酒石結晶の主成分で、その結晶は無色または白色で無臭。分子式は$C_4H_5KO_6$。別名、重酒石酸カリウムあるいはクリーム・オブ・ターター。

準安定状態：ある状況、条件において物質が真の平衡状態に達せず、途中の不安定な状態に長時間とどまること。

蒸留物：液体の蒸留過程で、液体の各成分の揮発性や沸点の差により分離され、凝縮器から集められた液体。

ショ糖（スクロース）：サトウキビやテンサイなど多くの植物によって合成されるブドウ糖と果糖が1分子ずつ結合した二糖類。分子式は$C_{12}H_{22}O_{11}$。

生化学：生命体の構成要素や生物の体内で起こる化学反応を解明し、生命現象を理解しようとする研究分野。

青銅：銅とスズの合金。さまざまな比率の銅合金が存在する。

た

代謝：生命活動に必要なエネルギーや有機物質を合成するために、生体内で起こっているすべての生化学反応の総称。

タンニン：ポリフェノールの一種で、収斂性のある渋味や苦味を持つ。ワインのほか、紅茶や緑茶など他の食品にも含まれる。

タンパク質：生物の細胞の主成分であり、アミノ酸からなる高分子有機化合物の総称。

沈殿物：液体中の微小固体が液底に沈んでたまったもの。化学的には、溶液中で化学変化が起きる際に生じる生成物、または溶液が飽和に達し、その溶液中に溶解度以上に存在していた溶質が固体状の物質として現れる現象を意味する。

滴定：容量分析に用いられる操作のひとつで、濃度のわかっている標準溶液をビュレットで試料溶液に滴下し、反応に必要な滴下量から試料溶液の濃度を計算で求める方法。

糖：炭水化物のうち、水溶性で甘味のあるものの総称。

な

二酸化硫黄：硫黄や硫黄化合物が燃焼すると生じる、無色で刺激臭のある気体。俗に亜硫酸ガスとも呼ばれる。分子式はSO_2。

二酸化炭素：空気中に約0.03%存在する気体。炭素とその化合物が燃焼したり、生物が呼吸したり発酵したりすると生じる。分子式はCO_2。

熱交換器：熱を交換する装置の総称で、液体の温度をすばやく昇降させる。

粘性：流体の内部に働く抵抗のこと。いわゆる「ねばりけ」。

は

発酵：微生物の作用によって有機物が分解され、何らかの物質を生成する現象のうち、特にその作用が人間に有用な場合を言う。ワインの場合、微生物のひとつである酵母によって、糖からアルコールと二酸化炭素が生成されるアルコール発酵を意味する。

比重：ある物質の質量と、それと同体積の基準物質の質量との比。比重は「比」であるため、単位を持たない。

微生物：顕微鏡でなければ観察できないような細菌や酵母、菌類の一部などの極めて小さな生物の総称。

ピロ亜硫酸カリウム：食品の酸化による変敗を防ぐための酸化防止剤や、保存料として使用される無機化合物。漂白剤としても使用される。分子式は$K_2O_5S_2$。

ファイトアレキシン：植物の病原菌に対する防御機構で、病原菌に感染したときに植物体内で生合成される低分子の抗菌性物質の総称。

複合体：2つ以上の化合物が緩やかに結合して一体となっている物質。

ブドウ糖（グルコース）：自然界にもっとも多く存在する単糖で、動植物のエネルギー代謝の中心に位置する重要な物質。特に甘い果実に多量に含まれ、動物の血液中にも少量ながら存在する。分子式は$C_6H_{12}O_6$で、異性体である果糖と同一。

分解：ひとつの化合物が成分単体、あるいはより簡単な化合物に分かれること。

分子：物質を構成する原子の結合体で、化学的性質を失わない最小単位。

分子量：分子を構成する原子の原子量の総和。

ペクチン：植物組織のなかで隣接する細胞どうしを接着する役目を果たすゼラチン性の多糖類。特に果実などの細胞壁の中層を形成し、細胞間物質として多く含まれる。

ペクチン分解酵素：加水分解によってペクチンを分解する酵素。

ベントナイト：モンモリロナイト（分子式は$Al_4Si_8O_{20}(OH)_4.nH_2O$）を主成分とする粘土鉱物の一種。水中で膨潤し、強力な吸着特性を有する。

ポリフェノール：植物の光合成によって生成される色素や苦味成分。ワインに含まれるタンニンやアントシアニンもポリフェノールの一種で、強力な抗酸化作用を持つ。

ま・や

密度：物質の単位体積当たりの質量。国際単位系ではkg／㎥が使用される［訳注:日本ではkg／㎥のほかに、g/㎤、g/ℓも認められている］。

ミネラル：本来は鉱物（無機物）という意味であるが、栄養学ではカルシウムや鉄、リン、カリウム、ナトリウム、マグネシウムなどの生物体にとって必要な無機成分のことを指す。

溶解度：ある物質（溶質）が他の物質（溶媒）に溶けうる限度。つまり、飽和溶液中の溶質の濃度を言う。

イギリス王立化学会の化学者が教えるワイン学入門

2019年12月23日　初版第1刷発行
2022年 2 月 8 日　　　第3刷発行

著者　ディヴィッド・バード

訳者　佐藤圭史、村松静枝、伊藤伸子

発行者　澤井聖一

発行所　株式会社エクスナレッジ
〒106-0032
東京都港区六本木7-2-26
https://www.xknowledge.co.jp/

問合せ先　編集　Tel:03-3403-1381
Fax:03-3403-1345
info@xknowledge.co.jp
販売　Tel:03-3403-1321
Fax:03-3403-1829